袁涤非

湖南大学播音与主持艺术专业教授，国家级普通话水平测试员，湖南省礼仪文化研究会会长；中国首批大学精品视频公开课及国家首批精品在线开放课程慕课“现代礼仪”主讲。“现代礼仪”被认定为“国家级一流本科课程”，并入选“学习强国”平台。东北大学EMBA班、浙江大学继续教育学院、中南大学继续教育学院、电子科技大学、湖南信息学院等多所高等学校客座教授。多次受国家语委普通话与文字应用培训测试中心委派赴香港、澳门主持普通话水平等级测试工作。湖南省语言文字评估专家组成员，湖南省普通话水平测试员培训班主讲教师。编著《现代礼仪》《女性现代礼仪》《商务礼仪实用教程》《教师礼仪》，主编《中国礼仪文化丛书》。荣获“中国大学慕课2016年度杰出贡献奖”。

iCourse·教材

高等学校管理类专业互联网＋新实践系列教材

Practical Course of Business Etiquette

商务礼仪实用教程（第二版）

袁涤非　编著

高等教育出版社·北京

内容简介

本书系统介绍了现代商务礼仪的特点与要求、内容与规范，立足现代商务人员工作实践，围绕现代商务人员知礼、懂礼、学礼、用礼的需要，系统地介绍了现代商务人员的仪容仪态礼仪、服饰礼仪、言谈礼仪、社交礼仪、仪式礼仪、洽谈礼仪、文书礼仪、宴请礼仪和涉外礼仪等内容。本书在内容编排上集知识讲授、案例分析、技能训练等模块于一体，使教学内容具体清晰、形象直观；遵循规范与禁忌两条主线组织教学内容，具有较强的指导性、实用性、操作性。既便于教师教学，又利于学生自学。

图书在版编目（CIP）数据

商务礼仪实用教程 / 袁涤非编著. -- 2版. -- 北京：高等教育出版社，2022.2（2025.2重印）

ISBN 978-7-04-057792-1

Ⅰ. ①商… Ⅱ. ①袁… Ⅲ. ①商务-礼仪-高等学校-教材 Ⅳ. ①F718

中国版本图书馆 CIP 数据核字(2022)第 013374 号

商务礼仪实用教程（第二版）
Shangwu Liyi Shiyong Jiaocheng

策划编辑	刘 荣	责任编辑	刘 荣	封面设计	贺雅馨	版式设计	杜微言
插图绘制	黄云燕	责任校对	高 歌	责任印制	刘弘远		

出版发行	高等教育出版社	网　址	http://www.hep.edu.cn
社　址	北京市西城区德外大街 4 号		http://www.hep.com.cn
邮政编码	100120	网上订购	http://www.hepmall.com.cn
印　刷	北京宏伟双华印刷有限公司		http://www.hepmall.com
开　本	787 mm× 1092 mm 1/16		http://www.hepmall.cn
印　张	15	版　次	2016 年 7 月第 1 版
字　数	330 千字		2022 年 2 月第 2 版
购书热线	010-58581118	印　次	2025 年 2 月第 4 次印刷
咨询电话	400-810-0598	定　价	48.00 元

本书如有缺页、倒页、脱页等质量问题，请到所购图书销售部门联系调换

物 料 号 57792-00

第二版前言

当我将《商务礼仪实用教程》的书稿于2015年5月交给高等教育出版社时，我正好在中共中央党校参加中央六部委举办的“哲学社会科学教学科研骨干研修班”。十六场专题报告，五次同行间的热烈讨论，十天延安革命老区的学习考察，使我如久旱逢甘霖。不仅对“四个全面”的战略布局有了深层次的理解，更明白了作为一个新时代的教育工作者肩上所担负的责任和使命。同时，我也欣喜地发现，这些年自己潜心探索，孜孜以求的不正是在为“以德树人”的工程添砖加瓦吗？

2011年11月9日和2014年10月13日，“爱课程”网上线了由我主讲的视频公开课“现代礼仪”及中国大学慕课“现代礼仪”。中国大学慕课“现代礼仪”于2017年12月被认定为“国家精品在线开放课程”，于2018年入选“学习强国”平台，于2020年11月被认定为“国家级一流本科课程”。这一系列的荣誉，是教育部对我礼仪教学的认可与肯定，更是对我的鼓励与鞭策，我由衷地感激和自豪。作为一名普通的教育工作者，看到这么多朋友从我的所学所思、所感所悟中受益，我由衷地感到欣慰。我所说的一定是我所信的，我所信的一定是我照做的。礼仪是一个人思想觉悟、道德修养、精神面貌和文化教养的综合反映。孔子曰“不学礼，无以立”。“修身齐家治国平天下”更是将“修身”放在首位，可见“礼”于人之重要。

2016年7月，《商务礼仪实用教程》正式出版，至今已使用五年。这五年中，我在很多大型企业和公司讲授商务礼仪，每当我向大家提及此书时，总会有读者告诉我，他们从教程中学到了更为系统、更加全面的商务礼仪知识。确实，该书既有商务活动中礼仪细节的介绍，又有典型案例的引用和分析；既有我自己的示范图片，又有针对性强的实训练习，还提供了相应的延伸阅读材料，通过立体的呈现，一定能使读者朋友学有所获，学有所用。

今天，我将《商务礼仪实用教程》的修订稿交给高等教育出版社，修订稿书末有商务礼仪讲解视频的二维码，读者可以手机扫描观看，也可以根据提示登录课程页面进行学习。

《商务礼仪实用教程》一书凝聚着我的智慧和心血，是我对长期以来从事礼仪教育教学研究与实践的提炼和提升，同时又借鉴吸收了同行研究的优秀成果，在此，特别感谢同行给予我的灵感和启迪。

袁涤非
2021 年 8 月于湘江之滨

第一版前言

当我将本书稿交给高等教育出版社时，我正好在中共中央党校参加中央六部委联合举办的“哲学社会科学教学科研骨干研修班”的学习。十六场专题报告，五次同行间的热烈讨论，十天延安革命老区的学习考察，使我如久旱逢甘霖，不仅对“四个全面”的战略布局有了深层次的理解，更明白了作为一个新时期教育工作者肩上的责任和使命。同时，我也欣喜地发现，这些年自己潜心探索、孜孜以求的不正是在为“以德树人”的工程添砖加瓦吗？

2011 年 11 月 9 日和 2014 年 10 月 13 日，在教育部“爱课程”网上线的由我主讲的中国大学精品视频公开课“现代礼仪”及中国大学慕课“现代礼仪”，迄今已分别有 30 万人次及 12 万多人次上网收看学习。作为一名普通的教育工作者，看到有这么多朋友乐意通过网络课程了解中国的礼仪文化，希望提高个人礼仪修养、道德修养，真的很感动。看到这么多朋友从我的所学所思、所感所悟中受益，我由衷地感到欣慰。我所说的一定是我所信的，我所信的一定是我照做的。礼仪是一个人思想觉悟、道德修养、精神面貌和文化教养的综合反映，孔子曰“不学礼，无以立”。“修身齐家治国平天下”，更是将“修身”放在首位，可见“礼”于人之重要。

为了更好地配合视频课程，2014 年 12 月，高等教育出版社出版了我编著的《现代礼仪》。今天，我编著的《商务礼仪实用教程》又与读者朋友们见面了。本书既有商务活动中的礼仪细节的介绍，又有典型案例的引用和分析；既有我自己的示范图片，又有相应的实训练习，还提供了相应的延伸阅读材料，力图通过立体的呈现，使读者朋友学有所获，学有所用，在商务活动中少一些尴尬，多一份融洽。

袁涤非
2015 年 5 月于北京

目　录

第一章 绪　论

拓展资源

更多资源请访问爱课程网→中国大学 MOOC→现代礼仪/袁涤非→第一章绪论。

引例

曾有一批应届毕业生，实习时跟导师到某部委实验室参观。全体学生坐在会议室里等待部长的到来，这时有秘书给各位学生倒水，同学们表情木然地看着她忙活，其中一个人还问："有绿茶吗？这天太热了。"秘书回答道："抱歉，刚刚用完了。"林晖看着有点别扭，心里嘀咕："人家给你送水还挑三拣四。"轮到他的时候，他轻声说："谢谢！这大热天的，辛苦您了。"秘书抬头看了他一眼，满含着惊奇，虽然只是一句极为普通的客气话，却是她今天听到的唯一一句。

此时，部长走进来和大家打招呼。不知怎么回事，静悄悄的，没有一个人回应。林晖环顾四周，犹犹豫豫鼓了几下掌，同学们这才稀稀落落地跟着拍手，由于不整齐，越发显得零乱起来。部长挥手说道："欢迎同学们来这里参观，平时这些事一般都是由办公室负责接待，因为我和你们导师是老同学，十分要好，所以这次我亲自来给大家讲一些有关情况。我看同学们好像都没有带笔记本，这样吧，王秘书，请你去拿一些我们部里印的纪念手册，送给同学们做纪念。"接下来，尴尬的事情出现了，大家都坐在那里，很随意地用一只手接过部长双手递过来的手册。部长的脸色越来越难看，来到林晖面前时，已经快没有耐心了。就在这时，林晖礼貌地站起来，身体微微向前倾，双手握住手册，恭敬地回应一声："谢谢您！"部长闻听此言，不觉眼前一亮，伸手拍了拍林晖的肩膀："你叫什么名字？"林晖如实回答。部长微笑点头，回到自己的座位上，早已汗颜的导师看到此景，才微微松了口气。

两个月后，毕业分配表上，林晖的去向栏里赫然写着某部委实验室。有几位颇感不满的同学找到导师："林晖的学习成绩顶多也是中等，凭什么选他没选我们？"导师看了看这几张尚显稚嫩的脸，笑道："是人家点名来要的，你们的机会其实完全是一样的，你们的成绩也比林晖要好，但是除了学习之外，你们还有一门需要学习的课程，那就是礼仪修养。"

本章知识结构图

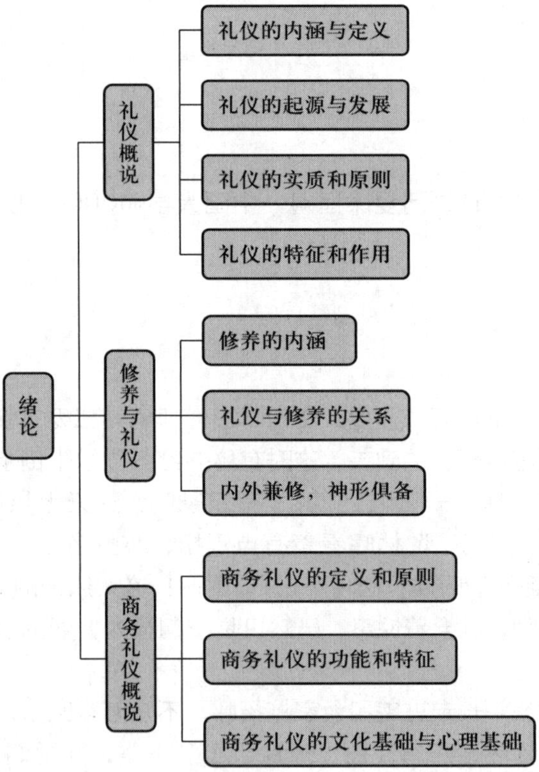

礼仪是人类文明发展的产物，它随着社会的进步、历史的发展而逐渐形成。孔子曾说，礼是"修身齐家治国平天下"的基础，他认为人"不学礼，无以立"。荀子的《修身篇》中"人无礼则不生，事无礼则不成，国家无礼则不宁"的论述更是说明了礼仪的重要。礼仪是人际交往的标尺、和睦相处的准则、营造和谐的法宝、维系感情的线绳，是一个人思想觉悟、道德修养、精神面貌和文化教养的综合反映，更是一个国家和民族社会风貌、道德水准、文明程度、文化特色、公民素质的重要标志。

中国是一个具有五千年悠久历史的文明古国，素有“礼仪之邦”的美誉，礼尚往来、彬彬有礼、相敬如宾、礼贤下士等成语都是人际交往所遵循的礼仪规范。所以，中华民族的历史就是一部文明史，一部礼仪形成发展、不断丰富完善的历史。

第一节 礼仪概说

一、礼仪的内涵与定义

在古代，礼仪指的是为敬神而举行的各种仪式。如《诗·小雅·楚茨》中“献酬交错，礼仪卒度”，讲的是古代在酒宴中主宾敬酒交互错杂，礼仪合乎法度。《周礼·春官·肆师》中“凡国之大事，治其礼仪，以佐宗伯”，意思是凡是涉及国家的事务，都应讲究合乎礼仪，用礼仪来辅助宗伯。由此可知，礼仪当时是为维护统治阶级利益、巩固统治阶级地位而制定的基本制度和行为规范。

在现代，通常我们说的礼仪是一种待人接物的行为规范，是一种交往的艺术。它是人们受历史传统、风俗习惯、宗教信仰、时代潮流等因素影响而在长期的社会交往中形成的。礼仪既为人们所认同，又为人们所共同遵守，是在建立和谐关系的基础上，各种符合客观要求的行为准则和规范的总和，具体表现在礼貌、礼节、仪表、仪式等方面。

礼貌，是指人们在彼此交往过程中表示尊敬、重视和友好的态度。比如，我们经常会用“这个孩子真有礼貌”来表扬一个孩子主动与客人打招呼的举动。礼貌是以尊重他人、不侵害他人利益为前提的，是表达人与人之间和谐相处的意念和行为。如尊老爱幼、尊师重教、乐于助人、热情好客等。

礼节，是指人们在日常交际活动中，相互表示尊重、祝愿、问候、致意、慰问等待人接物方面的形式。如拜会、握手、互赠礼品、挥手致意、吊唁等。我们也经常会用“这个人很注重礼节”来形容一个人在与他人交往时言行举止很到位，很合乎礼仪规范。

仪表，是指人的外表、穿着，主要指美的外在形象，引申为人的精神状态。如容貌、服饰、举止、表情、姿态、风度等。

仪式，是指在一定场合举行的具有专门程序和形式的社会活动。如升旗仪式、签字仪式、开业庆典等。

所以，我们可以理解为“礼”是内在的，是人们对自己、对他人尊重、敬意的态度；“仪”是外在的，是人们通过一定的动作、形式等表现出来的“礼”。礼仪是人们在社会交往活动中，为了相互尊重，在仪容、仪表、仪态、仪式、言谈举止等方面约定俗成的，共同认可的行为规范。

二、礼仪的起源与发展

（一）礼仪的起源

礼仪作为人际交往过程中约定俗成的共同认可的行为规范，不是随意编造或可有可无的。了解礼仪的起源，更有利于理解礼仪的本质，从而意识到礼仪的重要性，学礼，知礼，懂礼，用礼。对于礼仪的起源，研究者从不同的角度有不同的见解，归纳起来大致有以下几种。

1. 礼仪起源于祭祀

从甲骨文中的“豊”字不难看出，当时的“豊”是把串珠盛在盒子里，将盒子放在桌子上来敬奉神灵。由甲骨文演变成篆书时，“豊”变成了“禮”，“禮”字是会意字，“示”指神，从中可以分析出，“礼”字与古代祭祀神灵的仪式有关。古时的祭祀活动不是随意进行的，它有非常严格的程序，按照一定的方式进行。因此，就有了“礼立于敬而源于祭”的说法。

2. 礼仪起源于法庭的纪律

在西方，“礼仪”一词源于法语的“etiguette”，原意是“法庭上的通行证”。古代法国为了保证法庭中活动的有序，将印有法庭纪律的通行证发给进入法庭的人，要求人们遵守法庭的纪律。后来“etiguette”一词进入英文，演变为“礼仪”的含义，就成了人们交往中应遵循的规矩和准则。所以，也有“礼仪起源于法庭的纪律”一说。

3. 礼仪起源于风俗习惯

人们在长期的交往活动中，渐渐形成了一些约定俗成的习惯，久而久之这些习惯成了人与人交际的规范，当这些交往习惯以文字的形式被记录并同时被人们自觉地遵守后，就逐渐成了人们交往中固定的礼仪礼节。遵守这些约定俗成的风俗习惯，不仅使人们的社会交往活动变得有序，同时也能使人与人在交往中更和谐融洽。

中国是“礼仪之邦”，礼仪文化博大精深，源远流长。自原始时期，礼仪之根就已经萌芽，主要体现在以下几个方面。

一是出于对神灵的敬畏。那时人类同变幻莫测的大自然相比显得十分稚弱，无法解释千变万化的自然现象和突如其来的自然灾害，于是便认为是鬼神、祖先在主宰这一切。人们开始用一些当时精致、豪华的食具作为礼器进行祭祀，以表示他们对神灵、祖先的敬畏，祈求保佑。这种祭祀活动可以视为礼仪的萌芽。

二是对家庭成员言行规范。做父母的要抚养、关爱幼小的尚不能独立生活的子女，子女长大成人之后，则要赡养年老的父母，兄弟姐妹之间也要互相关爱。早在尧舜时期，“五礼”已形成，即父义、母慈、兄友、弟恭、子孝，这是对家庭成员之间的关系做出的明确规定。这时，礼仪把家庭成员之间的言谈举止规范化了。

三是促进人们交往沟通。在社会活动中，人类渐渐形成了最初级、最原始的礼仪。在狩猎、耕种及部落之间的争斗中，同一群体中的人通过用眨眼、点头、拉手来示意互相之间如何配合。在日常生活中，人们不自觉地用击掌、拥抱、拍手来表达欢快的情绪，用手舞足蹈来表达狩猎获得食物的喜悦之情，人们之间的这种相互呼应、模仿，逐步形成了一种习俗，这便是最初待人接物的礼节。

四是维系等级差别。随着社会的发展，人们在生产和生活中的分工越来越细，产生了发号施令的领导者和服从安排的被领导者。为了维护领导者的地位和利益，体现领导者和被领导者的等级差别，出现了尊卑有序的现象，体现为左尊右卑，即重大场合上，习惯以主人或东道主的左方位为尊位，其右侧为卑。

所以，从礼仪的起源可以看出，礼仪是人们在社会活动中，为了维护一种稳定的秩序，保持一种交际的和谐而产生的。一直到今天，礼仪依然体现着这种本质的特点与独特的功能。

（二）礼仪的发展

中国拥有五千年的文明史，是非常注重礼仪的国度。每当中国进入大变革、大发展的历史时期，礼仪这一时代的产物也随着时代变迁不断演变、发展、充实、更新，漫长的礼仪发展史可以大致分为礼仪的孕育时期、礼仪的形成时期、礼仪的变革时期、礼仪的鼎盛时期、礼仪的衰落时期和现代礼仪时期。

1. 礼仪的孕育时期

礼仪起源于百万年前的原始社会时期，随着人类逐渐进化而不断演变。在原始社会中、后期就孕育出了早期礼仪的胚胎。比如，约 1.8 万年前的北京周口店人已经会使用穿孔的兽齿、石珠来作为修饰品，穿戴在脖子上和手上。他们还会向逝去的族人周围撒放赤铁矿粉，以表示对族人去世的哀悼，这也是中国历史上出现得最早的宗教葬礼。

2. 礼仪的形成时期

公元前 21 世纪至公元前 771 年，中国由金石并用的时代进入了青铜器时代。金属器皿的使用，把农业、畜牧业、手工业生产带入一个全新的时期。这时生产力水平大幅度提高，社会财富除消费外开始有了剩余，出现了劳动者和不劳而获者，因而产生了阶级对立，宣布原始社会彻底瓦解。

在这个时期，由于中国刚从原始社会解放出来进入早期的奴隶社会，尊神活动仍在延续，并有日渐升温的趋势。由于缺乏科学知识，人们对于许多自然现象还不太理解，因此他们敬畏和祭祀“天神”“河神”。在某种意义上，早期的礼仪是指原始社会人类生活的若干准则，也是原始社会宗教信仰的产物。

直至周朝，礼仪开始有所建树。周武王、辅佐周成王的周公，对周代礼制的确立都起到了重要作用。他们制作了礼乐，将人们的行为举止、道德情操等全部纳入当时的封建体制中，形成了一个尊卑有序的社会。《周礼》是中国流传至今的第一部礼仪专著，整理了整个周朝的官职表，用于讲述周朝的典章制度。由此可见，许多基本礼仪在商末周初便已基本形成。

在西周，青铜礼器已开始盛行，它是个人身份的象征。礼器的多寡代表了身份地位的高低，显示权力的等级。在当时，贵族身上一般都是佩戴成组的玉石，以显示身份、地位。尊老爱幼这类深入人心的礼仪规范在西周已蔚然成风，如孟子的“老吾老以及人之老，幼吾幼以及人之幼”，孔子的“入则孝，出则悌，谨而信，泛爱众，而亲仁。行有余力，则以学文”等都成了教育后人要尊老爱幼的名言名句，一直流传至今。

3. 礼仪的变革时期

春秋战国时期，以孔子、孟子为代表的儒家系统地阐述了礼仪的起源、本质和功能。儒家文化一直主导着我国封建社会，影响达几千年之久。儒家思想宣扬“礼教”，提出以“修身”“真诚”为本，认为在各种伦理关系中对人诚实无妄才是“礼”的最高境界。孔子非常重视礼教，将“礼”作为治国、安邦、平天下的基础，倡导人们用礼来作为约束和规范人的行为的准则，认为“不学礼，无以立”“君子义以为质，礼以行之，孙以出之，信以成之。君子哉”（君子要以义作为根本，用礼加以推行，语言表达要谦和，待人处世的态度要忠诚，这才称得上是君子）。孟子提出“五伦”，即君臣、父子、兄弟、夫妇、朋友，倡导父子之间有骨肉之亲，君臣之间有礼义之道，夫妻之间挚爱而又内外有别，老少之间有尊卑之序，朋友之间有诚信之德，这是处理人与人之间关系的道理和行为准则。除儒家之外，还有其他一些主张，如道家崇尚自然无为，主张废除一切礼仪；法家推崇强权政治，主张以法代礼；墨家主张平等、博爱、利他，以义代礼。各家的主张虽然不同，但百家争鸣，相互吸收和融合，使礼仪的内涵产生了较大的变革。

4. 礼仪的鼎盛时期

公元前221年，中国历史上建立了第一个中央集权制的封建王朝——秦朝。秦始皇在全国推行“书同文”“车同轨”“行同伦”，这也成了延续两千余年的封建体制的基础。

西汉初期，思想家董仲舒把封建专制制度的理论更加系统化，提出了“唯天子受命于天，天下受命于天子”，他把儒家礼仪概括成“三纲五常”，即“君为臣纲，父为子纲，夫为妻纲”和“仁义礼智信”，他还提出了“罢黜百家，独尊儒术”，让儒家礼教成了定制。

汉代，一部包罗万象，堪称集上古礼仪之大成的著作《礼记》问世，它把奴隶社会和封建社会的礼仪汇集成册，成了封建时代礼仪的最经典的著作。其中，有讲述古代风俗的《曲礼》，有谈论饮食和居住文化的《礼运》，有记录家庭礼仪的《内则》，有记载服饰礼仪的《玉藻》，有论述师生礼仪的《学记》，还有教授人们道德修养的《大学》，内容丰富全面，几乎涵盖了生活的方方面面。

唐宋时期，《礼记》已由“记”上升到了“经”，出现了以儒家思想为基础，融合道学、佛学思想的理学，朱熹便是其中的代表人物。他指出：“仁莫大于父子，义莫大于君臣，是谓三纲五常之本。人伦天理之至，无所逃于天地间。”对于家庭礼仪的研究也是硕果颇丰，在大量的家庭礼仪著作中，以《朱子家礼》和《司马氏书仪》最为著名，前者相传为朱熹所著，后者为司马光撰写。

所以，这个时期的礼仪研究硕果累累，礼仪形式的发展也日趋完善，忠、孝、节、义等礼仪也日趋繁多，无论是内容还是形式，礼仪都进入了鼎盛时期。

5. 礼仪的衰落时期

清初，统治者逐渐接受汉族的礼制，并使其复杂化。例如，清代的品官相见时，当品级低者向品级高者行拜礼时，一般是一跪三叩，甚者三跪九叩。在清代后期，清王朝贪污腐败盛行，官员腐化堕落，封建社会由盛转衰。可随着洋务运动兴起，西方礼仪开始传入中国。但西方礼仪与中国推崇的礼仪思想有很大的差异，西方礼仪推崇自由、平等、解放的思想。所以，这一时期，中国的传统礼仪规范无论是内容还是形式都受到强烈冲击，出现了大杂烩式的礼仪思想，封建礼教开始土崩瓦解。

6. 现代礼仪时期

清末，鸦片战争把中国长期封闭的大门打开了，国人开始了解西方的政治、经济、文化。大批的爱国人士为寻找富民强国的道路，在把西方的文化、科技引进国门的同时，也把西方礼仪介绍进来。辛亥革命之后，封建王朝覆灭，中国人为摆脱封建礼教的束缚而不断地进行着变革。直到新中国成立以后，中国进入了一个崭新的时期，封建礼教彻底被废除，逐步形成了现代礼仪。

尤其是 1978 年改革开放以来，随着中国与世界各国的交往日趋频繁，在我国传统礼仪的基础上融入了西方先进的礼仪文化，形成了具有中国特色的新型社会关系和人际关系，那就是：平等相处，团结友爱，互帮互助，礼尚往来。礼仪从内容到形式都在不断变革，构成了社会主义礼仪的基本框架，现代礼仪进入了全新的发展时期。随着 2005 年中央电视台一系列“迎奥运，讲文明，树新风”的公益广告热播，各行各业的礼仪规范纷纷出台，如政务礼仪、商务礼仪、服务礼仪、教师礼仪等，人们学习礼仪知识的热情日益高涨。随着科技的发展、社会的进步及国际交往的增多，礼仪必将得到进一步完善和发展。

三、礼仪的实质和原则

（一）礼仪的实质

纵观礼仪的起源与发展，我们知道，礼仪是人们在长期的社会实践和相互交往中逐渐形成的，包括约定俗成的习惯和传统。在古代，广义上的礼仪既表现为一般的行为规范，又涵盖政治、法律制度，如中国古代传统的“礼制”。近代以后，礼仪范畴开始逐渐缩小，像政治体制、法律典章、伦理道德等内容基本从中分离。在现代，礼仪一般不再作为制度来制约人们，而是人类社会为维系正常生活所遵循的最简单、最起码的交往规范。它是人们在长期相互交往过程中逐渐形成的，以风俗、习惯等形式固定下来，表达人际友好、尊重并赋予事物以价值的礼节和仪式。礼仪，实际上是由一系列的、具体的、表现礼貌的礼节所构成的体系，是一个表示礼貌的系统而完整的过程。它不是法律所规定的，是约定俗成的。它既是行为规范，也是人文素养，更是生活艺术。所以，它的实质可以概括为一个“敬”字，敬人敬己。孟子曾说：“尊敬之心，礼也。”人的一切文明礼貌的言行举止都源自内心的敬意。

（二）礼仪的原则

歌德曾说过："一个人的礼仪，就是一面照出他肖像的镜子。"礼仪也有规范和衡量的标准和尺度，礼仪水平的高低，客观反映个人或群体的整体素养和境界。所以，讲礼仪应遵循以下基本原则。

1. 尊重原则

礼仪的核心就是尊重，既尊重他人，也尊重自己。这要求人们在社交活动中，与交往对象相互尊敬、相互谦让、和睦相处。实际运用中，可引申为：尊重上级，是一个人的天职；尊重下属，是一个人的美德；尊重所有的人，是一个人的教养；尊重客户，是一种常识。在人际交往中不管年龄大小、职务高低都应当受到尊重。对待他人要有敬重的态度，不可失敬于人，不可伤害他人的尊严，更不可侮辱他人的人格。特别是对待自己的下属和晚辈，即使他们做错了事，虽可严厉批评，但切不可表现出任何对他人的不尊重，否则你也不可能得到他们对你的尊重。所以我们说人与人之间相互尊重，是人际关系中讲究礼仪的基本出发点。如果遇到对方有意伤害个人尊严时，要坚决维护自己的尊严。

2. 遵守原则

礼仪是社会生活的行为准则，它反映了人们的共同意识。世界上各民族、各阶层、各党派、各国家都应当自觉维护、共同遵守礼仪。尤其在公共场所，更要遵守礼仪规范，否则，将受到公众的批评和指责。如在马路上，要遵守行人走人行道，骑自行车走自行车道，遇红灯要止步，见绿灯才前进等规则；在日常交往过程中，尤其是拜访他人或求人办事之时，要遵时守约，诚恳待人；等等。

3. 适度原则

俗话说"礼多人不怪"，但在实际运用礼仪时，礼多了人也怪。热情过度，礼节繁多，会显得人太过迂腐，反而让人反感、厌恶。因此，人际交往中既要合乎规范，又要得体适度。例如，招待宾客时，周到地为客人端茶添水，请人就座，这都在情理之中，但如果宾客第一次来访，用餐之后起身告辞，主人却硬要留人夜宿，反而会显得太过热情，让人为难，甚至还会引起对方的反感。商务接待中，有人劝人喝酒也很执着，不喝到尽兴，不喝到胃出血似乎都无法体现诚意，于是强劝人喝酒。劝人喝酒也应适可而止，讲究一个度。

4. 自律原则

个人是礼仪行为的实施者，每个人应当首先"从自我做起"，而不能只去苛求别人，自己也要人前人后一个样，才能创造出自然和谐的相处氛围。因此，要加强自身修养，完善个人的人格。在学习、应用礼仪中，最重要的是要自我要求，自我约束，自我检点，从我做起。古人尚且常将"慎独"二字挂在书房，作为一种修身养性的方法，也就是时时提醒自己独处的时候也要"谨小慎微"，今人更应懂得自律。其实，不断地自律就逐渐形成了习惯，养成了好的习惯，也就会随时随地表现得有礼有节，所谓"习惯成自然"就是这个道理。养成了良好的习惯，既消除了自我约束的感觉，自律也会成为自觉。

四、礼仪的特征和作用

（一）礼仪的特征

同一个历史时期，不同国家、民族会有不同的礼仪规范；不同的历史时期，礼仪更会打下那个时代的烙印。礼仪的内容虽存在差异，但其基本特征却是一致的，主要有以下四个方面的特征。

1. 继承性

礼仪，是一种文化修养，是人类在长期共同生活和交往中，为维持正常生活秩序而逐渐演变或约定俗成的。在这个过程中，传统礼仪当中的那些烦琐、保守、与社会发展不适应的内容被不断摒弃，只有那些体现了人类精神文明和社会进步的精髓才得以世代传承。比如，生活中我们常说的“礼尚往来”“来而不往非礼也”，说话要谦恭、和气、文雅，仪态要大方、恭敬、从容，仪表要端庄、得体、简洁，对待他人要明爱亲、敬长、尊师、亲友之道，等等。古往今来，这些优良的传统在古代适用，在当今社会同样也适用，并且已经成为人们生活中的一种习惯和规范，具有明显的继承性。

2. 差异性

礼仪，作为一种共同遵守的行为规范，在实际应用当中还要受到时间、环境及不同因素的制约，具有很大的灵活性。任何国家、民族、地区都有其礼仪的特色，这是按照地域和群体来划分的，是礼仪的一个十分重要的特点。所谓“十里不同俗”，一方面它表现了在某个地域中或某类群体中具有共同的礼仪习俗，另一方面又说明地域与地域之间或群体与群体之间的礼仪习俗有不同的地方。各自不同的文化背景和历史原因等多方面因素造成了这种不同，也由此产生了多姿多彩的礼仪文化。比如，西方人在见面礼仪中讲究拥抱，提倡“女士优先”，但东方人大多是握手。有的地方把抚摸小孩的头当作亲切的表示，有的地方却认为这是极无礼的表示。有的民族在庆典活动时喜欢跳舞，有的民族喜欢唱歌，有的民族喜欢泼水。所以到一个新的地方，最好能先了解一下当地的礼仪习惯，以做到入乡随俗，以免闹出笑话，造成尴尬。

同一种礼仪对不同年龄、不同性别、不同阶层的人也会有不同的表现方式。同样是打招呼，男性之间与女性之间问候的方式不同，老朋友之间与新朋友之间问候的方式也不同。再比如，同样的话语，站在不同的角度表述也会不同，对年轻人来说可能没有什么，可是对于中老年人来说，就可能伤害他；对同性来说很正常，对异性来说可能就失礼了。正因为礼仪存在如此大的差异性，那么就要求我们在不同的时间、场合运用相应的礼仪来展现自己的风采，而不是生搬硬套、千篇一律。

3. 针对性

“投之以桃，报之以李”“礼尚往来”，社会交往中每个人都希望得到尊重。傲慢、冷漠，或曲意逢迎，都会被视为不礼貌。人际交往应公平大方，主动友好，讲究对等的原则。尤其在公务接待时，应当派出与对方身份、职位基本平衡的人员进行接待，迎送人员要适宜，不可过多或过少，基本上与对方对口、对等。比如，一个学校的校长出访另一所学校，被访学校也应由校长出面接待，至少要安排会见，否则就是失礼的表现。

4. 规范性

礼仪，是人们在交际场合中待人接物所必须遵守的行为规范。“必须遵守”，就是不能依据个人的意愿随意改变，它已经成为人们彼此交往的通用语言，成为衡量他人和判断自己是否自律、敬人的一杆标尺。如果人们能自觉地遵照并维护这一准则，那便是符合礼仪要求。如果在人际交往过程中，自行主张，出乎意料，或是一味按照自己的喜恶做事，就会给他人造成许多困扰。别人握手时伸出右手，你偏伸左手；在宴席上，别人都在小口品酒，你却大口干杯；开会时别人都把手机调到了静音或震动，你的手机却不时响起……这样偏离常规的做法，轻则造成沟通的障碍，使别人不清楚你要表达的意思，重则令人觉得你是对他人的不敬。所以礼仪一旦约定，必须俗成，具有规范性。

（二）礼仪的作用

礼仪是人类精神和物质文明的精髓与成果，内容丰富，应用广泛，它主要具有以下几种作用。

1. 教育作用

礼仪以一种道德习俗的方式对社会中的每一个成员发挥维护社会正常秩序的教育作用。人们通过礼仪的学习和应用，建立新型的人际关系，从而在交往中严于律己、宽以待人，互尊互敬、互谦互让，讲文明、懂礼貌，和睦相处，形成良好的社会风尚。

2. 美化作用

礼仪之美在于它帮助人们完善自身，美化生活。个人形象，包括仪容、仪表、举止、谈吐、教养在内，在礼仪方面都有各自详尽的规范，因此学习和运用礼仪，有益于人们更好地、更规范地设计和维护自身形象，充分展示个人的良好教养与优雅风度。如面对他人面带微笑，有礼貌地打招呼，不小心碰撞到他人说声“对不起”，大庭广众之下轻言细语，这些都能展现自己美的形象。构成社会的人变美了，这个社会也就变美了，和谐了。

3. 协调作用

礼仪作为人们在社会生活中逐渐形成的行为规范和准则，它约束着人们的态度和动机，规范着人们的行为方式，维护着社会的正常秩序，协调着人与人之间的关系，在社会交往中发挥着巨大的作用。比如，上学前向父母打个招呼，作为同学，见面热情问声好，这些看似细小的礼节礼貌，会像一条美丽的纽带，把自己同对方紧密地联系起来，营造良好的人际交往氛围，让生活环境更加宁静、舒心，真正实现“人和”。

4. 沟通作用

自觉遵循礼仪规范，能使交往双方的感情得到良好的沟通，在向对方表示尊重、敬意的过程中，也会获得对方的理解和尊重。如古时的人们为了表示友好，就会扔掉手上的工具，摊开手掌，双方击掌，示意手中没有任何武器，逐渐演变成现在人们见面时常用的握手礼。这样的无声语言，起到了互致友好、沟通情感的作用。

党的十四届六中全会审议通过的《中共中央关于加强社会主义精神文明建设若干重要问题的决议》提出：“在把物质文明建设搞得更好的同时，切实把精神文明建设提到更加突出的地位，认真解决当前一系列紧迫问题，进一步开创新形势下精神文明建设的新局面，已经成为全党和全国各族人民极其关注的大事。”这就要求社会主义思想道德建设以为人民服务为中心，以集体主义为原则，倡导文明礼貌、助人为乐、爱护公物、保护环境、遵纪守法的社会公德。礼仪修养既属于道德规范体系中的社会公德，是社会主义精神文明的内容，也符合千百年来优良传统的习惯，是适应最大多数人需要的道德伦理规范。因此，礼仪是和谐社会的基本要求，是人们希望有安定和平生活环境、有正常生活秩序的共同要求，更是和谐社会中全体居民为维系社会的正常生活而共同遵循的最基本的公共生活准则，是不可或缺的行为规范。

第二节　修养与礼仪

时间可以蜕变一个人的容颜，但它抹不掉经过岁月积淀所焕发出来的淡定和从容，而这份淡定和从容就是一个人历经沧桑岁月的洗礼而成就的修养和内涵，正如秋天弥漫的稻香、地窖陈酿的美酒一样，是由内而外散发的芬芳。修养之于人是内心的博爱与忍让，是为人的自信与谦恭，是情感的丰盈与独立，是不苛刻的万物审度，更是懂得得失之间慧心的平衡与选择。

修养是文化、智慧、善良和知识所表现出来的一种美德，是崇高人生的一种内在力量，也是一个人综合能力与素质的体现。修养美到底包含哪些内容呢？我们应该从哪些方面来提升自身的修养呢？

一、修养的内涵

修养的内涵十分丰富，归纳起来主要有三个方面，即思想修养、文化修养和审美修养。

（一）思想修养

一个人可以没有华丽的外表，但不可以没有自己的思想和智慧。深厚的思想修养体现在以下三个方面。

1. 高尚的道德情操

（1）诚实守信是道德修养的核心。浙江省温州市海亮集团有限公司董事长、总裁、党委书记冯亚丽，始终恪守商业道德，坚持诚信经营、诚信立业、诚信待人，创建了“以人为本，诚信共赢”为内核的企业文化体系。

她对客户讲诚信，重合同，守信用。2007 年，海亮集团工作人员发现，有一笔到期账款应支付给一位姓赵的供货商，但赵老板已返回山西老家，始终联系不上。冯亚丽得知情况后，派人到工商部门查找赵老板注册登记时的个人信息，然后与山西当地户籍部门联系，辗转找到了他，并支付他13万元账款。赵老板感激地说，根本没想到冯亚丽会费这么大周折找他，还主动把钱送过来。

她对员工讲诚信，重良知，践诺言。2008年年底，金融危机来袭，冯亚丽承诺，海亮集团不降薪、不裁员。她说："企业与员工是休戚相关的命运共同体，越是金融海啸，越不能把员工当包袱一甩了之。'海亮'要对9 200名员工负责，要对社会负责，要对道德良知负责。"特殊境况下，冯亚丽带领海亮人攻坚克难，同舟共济化解危机，不仅给全体员工吃了一颗定心丸，更在民营企业中树起了守信践诺的榜样。

她对社会讲诚信，守公德，行公益。海亮集团成立30多年来，持续为办校兴教、扶弱助残、帮困助学、抗震救灾等捐资。2021年2月25日，被中共中央、国务院授予"全国脱贫攻坚先进集体"荣誉称号。

如今，海亮集团所属48家子公司都悬挂着诚信承诺牌，形成了独具特色的"海亮"诚信文化体系。冯亚丽先后荣获全国五一劳动奖章、首届全国诚实守信道德模范提名奖，被评为全国十大优秀民营女企业家，成为民营企业家中诚实守信的优秀代表。

（2）谦恭虚心是道德修养的标尺。俗话说："满招损，谦受益。"人不能没有自信心，但自信并不等同骄傲。骄傲是前进路上最大的障碍，它总是会怂恿人对镜自赏、洋洋得意，自我感觉超过现实。这种感觉就像是无知、傲慢、偏激的同义词，与积极进取、朴实谦恭完全背道而驰。因此，我们要善于正视自己的优缺点，无论人家如何夸赞你，自己的心里都要保持谦虚，因为金无足赤，人无完人。人们之所以会赞誉你，多半是希望你能从中汲取经验，多方面进行自我反省和教育，努力使自己做得更好。

著名节目主持人杨澜是美丽优雅、智慧知性、谦虚好学的典范。从北京外国语大学英语学院英语系毕业后，她成了中央电视台《正大综艺》节目主持人。1994年，她放弃主持红极一时的《正大综艺》，远赴美国哥伦比亚大学国际和公共事务学院主修国际传媒，获得国际事务学硕士学位。这段时间的求学充电，为她后来创办"阳光卫视"，制作并主持国内首个高端访谈电视栏目《杨澜访谈录》打下了坚实的基础。2010年2月25日，因"奋发有为，在传媒领域和国际文化交流中追求卓越"，杨澜被全国妇联授予"全国三八红旗手标兵"荣誉称号。同年4月22日，她被任命为联合国儿童基金会中国大使，成为联合国儿童基金会（UNICEF）驻中国办事处所任命的第一位大使。她不仅开创了成功的事业，而且成为公益慈善的形象大使。这些成绩的取得都源于她的谦虚好学，不断进取。

（3）刚强正直是道德修养的根本。刚强正直的品性总是被睿智者和成功者推崇，他们表现为坚持不懈、一心一意地追逐自己的目标，不断努力，体现坚韧不拔的精神和毅力。英国前首相丘吉尔曾说过："我们绝不屈从，无论事物的大小巨细，永远不要屈从，唯有屈从于对荣誉和良知的信念。"他也是这样做的。

正直、刚强的人内心都是抗震的，有一种超然物外的平静，即使受到挫折或者不公平的待遇，他们也同样不会放弃生活，放弃目标。

2008 年 11 月当选为中国残联主席的张海迪，5 岁时因患脊髓血管瘤高位截瘫，15 岁跟着父母到农村生活。在农村，她处处为别人着想，为人民做事。她发现小学没有音乐教师，就主动到学校教唱歌。她发现村里缺医少药，就决心学习医疗常识和技术，用零花钱买医学书、体温表、听诊器和常用药物。短短几年，她居然成了当地年轻的“名医”，为群众无偿治疗达 1 万多人次。高位截瘫的她在病床上用镜子反射看书，以惊人的毅力学会了 4 国语言，并成功翻译了 16 本海外著作。1991 年张海迪在做过癌症手术后，继续以不屈的精神与命运抗争，开始学习哲学专业研究生课程。经过不懈的努力，她写出了论文《文化哲学视野里的残疾人问题》，并于 1993 年被吉林大学授予硕士学位。张海迪以自身的勇气证实着生命的力量，正像她所说的：“像所有矢志不渝的人一样，我把艰苦的探询本身当作真正的幸福。”她以自己的言行，回答了亿万青年非常关心的人生观、价值观问题，被誉为“八十年代新雷锋”“当代保尔”。

（4）善良温厚是道德修养的源泉。善良的品格可以让人以最简单、自然的方式进入人际交往的领域，为人格魅力增添一抹靓丽的色彩。

“勿以善小而不为”，善良是具体的行动，每个人难以做到日行一善，但可以做到尽力而为。上要孝敬父母，下要保护弱小，真诚地对待自己的朋友，即使对待动物也同样要有爱心。当他人遇到困难或者不愉快的事情时，要尽可能给予力所能及的帮助和关怀。真正的朋友不是锦上添花，而是雪中送炭。

曾担任联合国扫雷大使的英国王妃戴安娜，在参加扫雷行动时，多次把因踩中地雷而成残疾的孩子拥入怀中。她还经常向老年人慈善基金组织捐款，多次探望孤苦无依的老人。尤其令人感动的是，她把艾滋病患者紧紧抱在胸前，眼睛里闪烁着泪水，她的善良和爱心就像是永不凋落的玫瑰绽放在每个人心里，她的香消玉殒让全世界人民都为之惋惜。

2. 积极的进取精神

人类历史的车轮向前驶进，社会瞬息万变，处处充满竞争，稍有松懈就会被时代淘汰，这就需要我们时刻保持一颗积极进取的心。积极进取不仅是一种人生态度，更是一种做事方式。它能及时修正每个人对自我的认识，正确对待周边环境，从而在人生道路上走得更自信。

动物界有这样一件有意思的事情：在美丽的非洲大草原上，生活着羚羊和狮子。羚羊每天一早醒来，就在思考如何跑得更快一些，才能不被狮子吃掉。同样，狮子每天一早醒来，也在思考如何能比跑得最慢的羚羊更快一些，才不会饿死。羚羊和狮子的故事告诉我们，工作、生活就是这样，不论你是羚羊还是狮子，每当太阳升起的时候，就要毫不迟疑地迎着朝阳向前奔跑！

我们要时刻给自己设定目标，一个时期的目标，一个阶段的目标，一个年度的目标。一个人只有把目标设定得直接、具体，凭借着不断进取的努力和毅力，才会收获成功。

3. 乐观的人生态度

众多成功者不一定都拥有像爱因斯坦那样超常的智商，大多也没有特殊的机遇和优越的条件，可他们都是历经坎坷，在不幸的境遇和屡次尝试失败中始终保持着乐观向上的心态奋起前行的人。

卡耐基的办公室和家里的镜子上都悬挂着一块牌子，上面写着：有信仰就年轻，疑惑就年老；有自信就年轻，畏惧就年老；有希望就年轻，绝望就年老。岁月只可使你皮肤起皱，而失去热忱就丢掉了灵魂。这几句话正是对热忱、对乐观的最好诠释。一个乐观的人，会认为自己无论做的什么工作都是一份神圣的天职，并怀着浓厚的兴趣；一个乐观的人，总会去发现生活中的亮点，发现他人身上的优点，寻找到快乐的源泉。所以，乐观的人生态度能够鼓舞和激励一个人对所着手的工作采取积极主动的行动。不仅如此，它还可以感染身边的每一个人，让他人为这种特质所吸引。

人一定要自信。在这个到处充满着激烈竞争的社会，自怨自艾、自暴自弃的人已经失去市场，只有勇敢地面对现实，接受挑战，做一名乐观开朗、积极进取的人才能取得事业的成功。

（二）文化修养

人类社会已经步入了知识大融合的时代，知识已越来越重要，它是一种资本，是时代的第一生产力。学习和积累知识是取得成功的基础，是人一生最有价值的财富。俗话说：知识改变命运。古往今来，凡是立于事业巅峰的人，都必定有渊博的知识，是知识为他们搭设了成功的阶梯。

1. 渊博的人文知识

人文知识，即文、史、哲、艺术等方面的科学知识，它能提高人的修养，提升人的气质，锻造人的品格。提高人文素质关键在于加强以下三个方面的学习。

（1）了解源远流长的民族精神。中国五千年的历史文化浩如烟海，中国人用自己的勤劳和智慧，缔造了强汉盛唐、康乾盛世等辉煌的过去，引领世界风骚数百年。有“先天下之忧而忧，后天下之乐而乐”的范仲淹，有“精忠报国”的岳飞，有“苟利国家生死以，岂因祸福避趋之”的林则徐，有以“警世救国”自我鞭策、三易其志的鲁迅，也有“为中华之崛起而读书”的周恩来。从孙中山到陈独秀，从林觉民到秋瑾，从李大钊到毛泽东，他们无不为了中华的崛起，为了振兴华夏而发愤图强，这凝聚了以爱国主义为核心的伟大民族精神，这些气节和德行都是中华民族精神的瑰宝，我们必须世代传承。

（2）掌握公民基本的职责义务。作为社会的一员，要有社会责任感、使命感，要树立正确的法制观念和社会公德意识。既要依法行使法律赋予的权利，也要履行法律赋予的义务，形成正确的公民意识。在享有个人所拥有的权利时，不忘尊重和承认他人的合法权益，不忘履行对国家、对社会、对他人的义务和责任。只有遵守法律的约束和社会公德，才能在商海游刃有余。

（3）强化集体主义观念。中国的传统文化是以“和”为贵，在个人与集体、个人与家庭、个人与个人的关系处理方面留下了丰富的经验，这些经验对处理人与社会的关系、人与人之间的关系都有很大的启迪。“一个篱笆三个桩，一个好汉三个帮”，作为一个社会的人，要想取得成功，必须具有团结协作的精神，必须具有集体主义观念，融洽各种关系，为构建和谐社会而努力。

2. 务实的科学精神

科学既是一种文化，又是一种精神，它的核心就是四个字：求真务实。改革开放的总设计师邓小平曾说过："空谈误国，实干兴邦。" 正是他务实的科学态度，才让国民经济快速发展，人民生活水平迅速提高。但总有些人，以科学的名义做着有悖于科学的事情，以科学的名义阻碍着经济社会的持续稳定发展，比如某院士论文抄袭，某学者学术造假，某种伪科学盛行，某大学生只顾赚钱、不顾学业，等等，都折射出了当代人科学道德、科学素养的缺失。

居里夫人一生不求名不求利，凭借着自己对科学的执着和狂热，克服重重困难，呕心沥血，终于在 1898 年 12 月发现了镭，最终问鼎科学界的最高奖项——诺贝尔奖，她的科研成果也成了全人类共同的财富。她曾说："人类看不见的世界，并不是空想的幻影，而是被科学的光辉照射的实际存在，尊贵的是科学的力量。" 她一生所信奉的最高原则就是对任何困难都绝不屈服。正是这种对待科学务实求真的态度，让她成了一位没有被盛名所累的令人敬佩的科学家。

3. 扎实的专业功底

当代大学生之所以努力拼搏，认真学习，为的就是厚积而薄发，创造并实现自己的人生价值。而人生价值的实现必须具备一定的客观条件，如解决吃、穿、住、用、行这些我们赖以生存的物质条件。如何凭借我们自己的力量来实现它呢？那就是要参加社会实践，而参加社会实践的敲门砖就是我们扎实的专业功底。另外，在社会竞争如此激烈的今天，如果没有扎实而过硬的专业功底，根本无法在社会上立足，更不要说实现远大的理想了。所以，扎实的专业功底就是我们有力的竞争武器。

首先，我们要培养自己对本专业的兴趣爱好，正所谓兴趣是最好的老师，有了兴趣才有钻研的动力。其次，我们要多读书，读好书，尤其是和自己专业有关联的书籍，争取将自己打造成"专家"与"杂家"。最后，我们要多参加实践活动，将理论与实践结合起来。"纸上得来终觉浅，绝知此事要躬行"，我们应学以致用。不论当初出于什么原因选择了现在的专业，既来之则安之，要努力夯实专业基础，这样，在实现个人理想与价值的道路上，才有了强有力的武器。

（三）审美修养

人类已迈进了现代文明的门槛，现代物质文明为人类创造了比以往任何时代都绚丽繁荣的物质成果。现代精神文明要求人们在追求内心真、善、美的同时，还要具有较高的法律意识、公民道德、行为操守等，而其中较为重要的是要具备较高的审美修养。一个国家或民族如果缺乏对美的追求，那么这个国家或民族不可能创造出灿烂的物质文明和精神文明，甚至还会被时代的潮流湮灭。如果一个人缺乏对美的渴望，就无法摆脱粗俗，也绝不能迈向现代文明，融入当今这个日新月异的现代社会。培养审美修养可以从以下三个方面着手。

1. 增强审美意识

任何的审美活动都离不开审美对象和审美主体，在具体的审美活动中，个体审美素养的高低决定了审美活动的成功与否。在审美素养的培育中，最重要的层面就是审美意识的培养。这种意识就是一种认识，认识的高度决定行动，最终决定事情的结果。俗话说："世上本不缺乏美的事物，而是缺少发现美的眼睛。"

审美意识是审美活动进行之初所必备的一种心理状态，它要求审美主体能将自己从现实生活中抽离出来，保持一种超然物外的态度。从前有位秀才跟一位农夫同时进城，天色渐渐暗了下来，明月升上了天空。秀才看到这美丽的明月情不自禁地吟诵出王维的诗句："独坐幽篁里，弹琴复长啸。深林人不知，明月来相照。"秀才看见身边走过的农夫，便对农夫说："你瞧今夜的月色多美啊！"农夫急着进城卖东西，天黑了，眼看卖不成东西了，根本没心思赏月，便叹息道："月亮有啥美的，不就跟我卖的烧饼一个模样吗？"这实际上是在同一审美客体上各人持有不同的审美观点，因而也产生了不同的审美效果。

在日常生活中，人们往往带着功利性的目的去处理各种实际的事务，考虑成败得失，因而对事物难以从实用功利性的角度转到审美的角度上。故事中的秀才对月亮是站在审美的角度上做出了充满诗情画意的评价和描述，而农夫则是采取实用功利的态度去审视，因此难以进入审美的境界，这就是缺乏审美意识的表现。

要提高审美意识，就不能去对对象进行实用功利的计较，也不能对对象进行科学抽象的分析，而应该对对象采取一种"观照"的态度，直接从对象的感情特征中细细品味出同人生的自然相联系的某种情调、韵味、精神和境界。如李白从月亮中体味到个人在外漂泊的孤独和冷落，于是创作"床前明月光，疑是地上霜。举头望明月，低头思故乡"的千古诗篇；曹雪芹在《红楼梦》中"两弯似蹙非蹙笼烟眉，一双似喜非喜含情目"，将林黛玉初进荣国府那种微带轻愁、多情又道不明的美丽描写得惟妙惟肖，给人一种美的享受。大学生具有较高的文化素养，也应该有较为独到的眼光，如果抱着一种积极乐观的心态，细心去发现生活中的美，增强审美意识，会发现我们的身边处处都是美。

2. 把握审美标准

有了强烈的审美意识，还必须掌握审美标准，以真正达到美化个人形象和言行举止的目的。人们在审美的过程中往往会出现"仁者见仁，智者见智""深者见深，浅者见浅"的现象，这个"仁""智""深""浅"又是通过什么标准来衡量和评价的呢？其实，这种现象的产生都是基于各人的生活和心理背景，每个人的心里都有衡量、评价对象审美价值的尺度，它是人们在长期的审美实践中形成、发展，又受一定社会历史条件、文化心理结构和特定对象审美特质制约的，既有主观性和相对性，也有客观性和普遍性。

审美具有一定的道德标准。道德修养是制约审美的主导因素，没有较高的道德修养就不会有较高的审美素养。如俄国大文豪契诃夫的两位哥哥，都从事艺术创作：一位叫亚历山大，是颇有才华的作家；另一位叫尼古拉，是一位画家。然而，他的这两位哥哥的道德修养都较差，亚历山大对待自家的佣人甚至妻儿都非常粗暴专横，不讲礼貌，任性妄为。尼古拉则是工作懒散，生活放荡不羁，成天酗酒。正是由于他们的道德修养差，没有崇高的理想，没有明确的生活态度，道德观念薄弱，思想空虚，所以审美修养也不高。结果亚历山大越来越堕落，碌碌无为地虚度一生，没有留下任何有价值的作品；尼古拉的结局更令人痛心，他尽画些庸俗、一文不值的东西，把才华都湮没在酒精里，31 岁就英年早逝。相反，由于契诃夫拥有较高的道德素养，热爱祖国，同情人民，对社会和公益事业具有强烈的责任心，对朋友、家庭都有爱心，他能分辨善恶美丑、是非曲直，在他的作品中能明显地辨别美与丑，符合大众的审美观，所以才会有那么多的艺术珍品流传至今。

审美具有一定的文化标准。审美不仅需要高尚的道德修养，还需要具备一定的文化素养。审美活动可以说是一种受制于文化意识的心理活动，因为它必然包含着一个“刺激—反应”的过程，即外在的事物通过人的感官，刺激人的大脑皮层，人的大脑作出一定的反应，而反应的结果必然受文化意识的影响和制约。

我国著名科学家钱伟长曾举过这样一个例子：洛阳有位工程师，在指挥施工过程中遇到了古墓，为了节省工时，他未等文物部门做完清理工作就强行实施爆破。这轰隆一下便把三层古墓瞬间化为了平地，相比所节省的工程开支，所损失的文物价值简直无法估量。这位工程师尽管是建筑领域的行家，可他还是缺乏真正的审美修养。正如著名教育家苏霍姆林斯基所说：“在受过高等教育甚至获得学位的人中，也还有愚昧无知、没有修养的人。”培养一个工程师容易，但是要培养一个具有较高审美修养的工程师却很难。

3. 提高审美能力

对于一个人来说，审美能力不是先天就有的，而是在后天的生活、学习、审美实践过程中逐步培养发展起来的。审美能力提高是通过知识的积累和不断的实践才能实现的。那么，如何提高审美能力呢？

首先，要加强对美学知识的学习，增加审美知识储备，明确什么是美，为什么要审美。这样才能为审美能力的提高奠定基础。

其次，要树立正确的审美态度。它是一个人在进行审美活动中所秉持的观点和看法，这就要求我们摆脱庸俗的功利心，用眼睛、用心去观察周围的世界。这样，才不至于偏离人生的方向，看到的才是真实的世界。

再次，要坚持用真诚、诚实、善良的心态去审美，因为审美活动本身就是一种情感的体验。这就要求我们怀着一颗敬畏的心，秉持谦逊的态度和自信的目光去看待周围缤纷的世界，看待社会现象中的真善美和假恶丑。

最后，要注重提高自身的道德和文化修养。美丽不仅反映在外表，也是心灵和情感的升华。这就要求自己平时多加强对艺术作品的欣赏，如书法、舞蹈、歌剧等，逐步积累审美经验，善于观察生活，在点点滴滴中逐步提升。还要时刻保持健康向上的心态和整洁的外表，在追求高雅格调的同时，不断完善自我。

二、礼仪与修养的关系

礼仪是对礼貌、礼节和仪式的统称，是一个人、一个民族、一个国家文化修养和道德修养的外在表现形式。现代社会，虽然一个国家、一个民族的综合实力所包含的内容十分宽泛，但在评价一个国家、一个民族时，通常是从这个国家、这个民族人们的言行举止、文明习惯所体现的公民素质与精神面貌入手的。因为，从国家和民族的角度而言，礼仪是一个国家、一个民族社会风貌、道德水准、文明程度、公民素质的重要标志。从个体的角度而言，礼仪是一个人思想觉悟、道德修养、精神面貌和文化教养的综合反映，是一个人在工作及交际活动中仪容、仪表、仪态、举止、言谈等所体现出来的特定的风格，是一种外在形象和风度。

修养是一种气质，是一个人的内涵由内而外的体现。气质，是心理学范畴的概念，是人的心理活动中典型的、稳定的个体动力特征，它不是短时间能提高的，需要长年累月的积累。修，可以理解为修炼内心；养，就是培养自己多方面的能力。

所以，修养美是一种精神美、内在美、气质美；礼仪美是一种韵致美、外在美、风度美。修养美需要健康的心理品质和丰富的知识根基；礼仪美需要良好的外表训练和得体的言行举止。一个人在社会生活中礼仪规范的程度，可以反映其修养程度和道德水准，彰显一个人的品位和价值。具有良好个人修养的人，往往在人群中是最具个性和人格魅力的人，因为他一定会呈现出从容淡定、优雅得体的外在形象。所谓“腹有诗书气自华”“慧中才能秀外”就是这个道理。

三、内外兼修，神形俱备

要想成为一个有修养、有品位、有风度、有气质、懂得爱己爱人的商界成功人士，既要注重外在的训练，又要注重内在的修为。内外兼修，才能表里如一、神形俱备。修炼自身不妨从以下几个方面着手。

1. 改心改性

一个人如果心理不健康、不乐观、不积极，性格偏执，就总会用有色眼镜去看人、看世界，遇事也总往坏处想，所以要想在修养上有所提高，就应该学会不断地调整心态，改善性格，改掉陋习。与人为善、心念端正才是世界上最美的人，正所谓“相由心生”。

2. 善学善思

开卷有益，所以博览群书是修身养性最好的法宝。在幽幽书香潜移默化的熏陶下，浊俗可以变为清雅，奢华可以变为淡泊，促狭可以变为开朗，偏激可以变为平和。读书被誉为“生命的美容”，“书卷气”是一个人最美的气质，一个人的床头应该永远有本好书。当然，会读书还应该会思考，学而不思则罔。思想是智能，遇事三思而后行，任何事在经过深思熟虑后再去做，就能少走弯路，事半功倍，从而表现出从容淡定、处变不惊的气质。

3. 敢为敢当

敢于创新，勇于担当，应该是现代人应有的素质。不敢担当就不会负责，不会负责就无法获取别人的信任。所以，作为一名新时代的大学生，不仅要敢于表达自己的思想和观点，善于与人沟通，还要敢于将自己的想法付诸行动，并且勇于承担一切责任。

4. 勤做勤练

礼仪是人际交往中约定俗成的行为规范，如协调的体语、艺术的表达等，除了用心体会和揣摩，更需要反复的练习和实践，对着镜子练站姿、走姿、坐姿，练各种肢体语言。多锻炼自己的心理素质，多登台演讲。要有事业心，要自强自立，更要脚踏实地，勤奋努力。

一个人的魅力体现在修养上，而修养通常来自细节。行为养成习惯，习惯形成品质，品质决定魅力，细节影响成败。从点滴做起，从细微处着手，识大体，拘小节，从自己的一言一行开始，努力提高个人综合素质，就一定可以成为有修养、有品位、有风度、有气质，懂得爱己爱人的现代人。

第三节　商务礼仪概说

礼仪是每个人都应该遵循的共同认可的行为规范，但不同行业的人在实际工作中会有本行业的一些礼仪规范，或者在运用礼仪知识时会有一些对本行业的侧重。那么，商务礼仪会有什么特点呢？

一、商务礼仪的定义和原则

（一）商务礼仪的定义

商务，就是商业上的事务。商务礼仪是人们在商务活动中，用以维护企业形象或个人形象，对交往对象表示尊重、友好的行为规范和惯例。简单地理解，商务礼仪就是人们在进行商务活动时所遵循的约定俗成的行为规范的总和，它是一般礼仪在商务活动中的具体运用和体现。

一个在商务活动中懂得礼仪的人，能在众人面前树立良好的个人形象，给大家留下深刻的印象。在商务活动中重视礼仪，不仅能帮助企业赢得较高的美誉度，而且能大大提高企业的核心竞争力。所以，商务礼仪因其具有很强的规范性和可操作性，并且与商务人员或组织的利益直接关联，从而扮演着越来越重要的角色，影响力也逐步全球化。

（二）商务礼仪的原则

商务活动的内容包罗万象，参与活动的相关人员可能拥有不同的文化背景，来自不同的国家，处于不同的地位阶层，遵循不同的风俗习惯等，所以遇到的具体商务情况也会不一样，我们不可能穷尽商务活动中的每一个细节，但是我们可以了解并遵循其共同的原则和规律，使我们在纷繁复杂、瞬息万变的商务环境中立于不败之地。

1. 以右为尊

虽然我国古人认为“左吉右凶”，崇尚以左为尊，但国际上通行的做法是“以右为尊”。所以在相关的商务活动中，有必要确定尊位和位次排序的情况，一般都应遵循“以右为尊”的原则。

2. 职位优先

在日常生活中，我们一般会以年龄的高低作为位次排序的重要依据，但是在商务活动中，若年轻者的职位高于年长者，则年轻者为尊，因此在各项规则中处于尊者地位。商务活动中，职位的高低与资历的深浅是判断其优先权的首要依据。因此，职位优先原则是商务活动中位次排序的主要依据。

3. 注重形象

英国有这样一句谚语：你没有第二次机会给人留下第一印象。一个人的仪容、仪表、仪态已经不仅仅代表着个人形象，更是企业、公司的“代言人”，是公司的名片。所以，商务人士更要注重首因效应，所谓细节决定成败。在商务活动中，穿衣讲究、言谈得体、举止大方是商务人士的必修之课。

4. 遵时守信

时间就是效益，时间就是金钱，时间就是生命，尤其在商务活动中，十分强调时间观念。所以，一切与时间有关的约定一定要遵守。例如，按时出席会议、按时到达指定地点、按时回复客户的要求、按照约定时间去拜访客户等，这些不仅体现出对交往对象的尊重与重视，也从侧面反映一个人的自我管理能力及自控能力。

遵守时间也是守信的表现，所谓“言必信，行必果”。只有这样，才能赢得交往对象的信任与尊重，才能架起永不坍塌的商业之桥。

5. 尊重他人

尊重他人是一个人精神境界的写照。在商务活动中，要注重交往对象的生命权，例如男士在吸烟之前应先询问周围的人，尤其是女士，并征得他们的同意；喝酒要分场合，而且要分对象，劝酒也要适度，点到为止；应学会用商量的语气，使谈话气氛和谐愉快；要尊重他人的隐私，诸如年薪收入、个人工作情况、年龄、家庭、政治倾向、宗教信仰等问题在谈话中应尽量避免。

6. 慎独自律

在商务活动中，与他人交往不可以随心所欲、目中无人，要做到自律与自重，达到“慎独”的境界。自律是考验一个人自我约束的能力，我们应时刻规范自己的言行举止。在餐桌上贪嘴胡吃海塞的人，在宴会上贪杯喝醉还大喊大叫的人，出差时随意乱花差旅费的人，都不可能成为商界精英。这样的行为是完全没有自律意识的行为，是商务人士应坚决避免的行为。

7. 入乡随俗

事物是处在不断运动、变化和发展之中的，没有一成不变的标准。墨守成规，生搬硬套，不懂得根据不同的条件和场合灵活掌握和应用各种礼仪规范的人只能陷入死板的漩涡。商务人士在实际运用商务礼仪时，要审时度势，入乡随俗，懂得变通，以应时应景。例如，初次见面是握手还是拥抱，用餐时用筷子还是刀叉，都可以根据当时的场景有所变化。这样不仅可以体现出用心处事之道，也可以迅速拉近彼此的距离，融洽双方的关系，达到事半功倍的效果。

总之，在商务礼仪中应遵循的原则有许多，我们不仅要注意外在形象，更要潜心修炼我们的内涵修养，要遵时守信，尊重他人，更要懂得随机应变，入乡随俗，做一个有心、用心、细心、真心的商务人士，快人一步、先人一步地走向成功。

二、商务礼仪的功能和特征

（一）商务礼仪的功能

当今社会，商务竞争日趋激烈，行业内部以及相近行业间的产品和服务趋同性不断增强，企业或者公司如何在这样的情况下脱颖而出？服务质量与商务礼仪将成为企业制胜的法宝。商务礼仪促进商务活动蓬勃发展的功能，已经越来越引起管理者和商务人士的重视。

1. 沟通功能

商务活动是一种双向交往活动，交往的成功与否，首先取决于沟通的效果如何。交往对象有其自己的思想、情感、观点和态度。由于立场不同、观点不同、目的不同，人们对同一个问题有不同的看法与期望值，这时有效的沟通就极其重要了。如果沟通不畅，不仅交往的目的达不到，甚至会引起误会，这样势必不利于企业口碑、形象的建立，长久下去，会影响企业或公司的利益与长期发展。

商务礼仪正好可以消除差异，有助于双方找到利益的平衡点，通过一些有效沟通情感的方法，如拜访、礼品馈赠、冷餐会、晚宴等，在轻松愉快的氛围中创造良好的商业合作平台，从而建立友谊，实现双赢的目的。

2. 塑造形象的功能

礼仪的基本目的就是树立和塑造良好的形象。一个商务人员形象的好与坏，是推断他所在公司或企业的实力和信誉状况的标准之一，良好的个人形象无疑是企业或公司的名片。而一个具有良好信誉和形象的公司或企业，才容易获得社会各方的信任和支持。这样，个人的形象就成了企业或公司的无形资产。所以，商务人员要十分重视自身形象的塑造，不论仪容、仪表还是仪态方面都要十分重视。出席活动时的着装、迎来送往时的言谈举止都是要非常重视的细节。具体运用时，还要做到因时制宜，因地制宜，因人而异。

3. 协调功能

在商务活动或者商务谈判中，由于立场不同，难免会遇到沟通不畅的情况，有时甚至还会有言语上的冲突。生意场上出现分歧本来很正常，但是如果不及时处理协调，不仅会给交往对象留下不好的印象，从长远的眼光来看，还会影响企业的形象，甚至会影响企业长期的发展。这时，若巧妙地运用商务礼仪，则可能化解矛盾，消除分歧，互相理解，达成谅解，协调人际关系，使之趋于和谐，从而妥善地解决商务纠纷，达到商业目的。

（二）商务礼仪的特征

商务礼仪是商务活动中不可或缺的重要内容，也是商务活动成功的重要条件，这与商务礼仪的特征是分不开的。商务礼仪的特征主要表现在以下几个方面。

1. 普遍认同性

伴随着经济全球化，商务礼仪的使用范围迅速扩大，普遍认同度也越来越高。虽然礼仪因国家、民族、地区不同而有差异，但是许多礼仪规范是全世界通用的，如微笑、握手等。再加上世界经济的发展，使得世界各国的礼仪规范有一个融合和趋同的过程，这就使商务礼仪成为不同国家、不同民族、不同地区人们之间开展商务交往的通行证成为可能。

2. 形式规范性

商务礼仪的表现形式在一定程度上具有较高的规范性。例如，在办公室少谈私事，在开业典礼上要制造喜气洋洋的气氛；什么时候谈判，怎么谈判；举行交接仪式有怎样的手续和过程；宴请时怎样安排座次；在上述场合中，商务人员的衣着要符合怎样的要求等等。如果这些没有做到位，势必影响正常的商务交往。我们国家在排序中历来崇尚“以左为尊”，但我们的商务活动却是与国际接轨，崇尚“以右为尊”，如举行签字仪式或宴请时，主方应让客方坐在自己的右侧，这些都体现了商务礼仪表现形式上的规范。

3. 地域差异性

商务礼仪的内容与形式会受到不同文化、不同地域、不同习俗的影响，因此它具有差异性。例如，初次见面时，有的会握手致意，有的会拥抱致意，有的会双手合十，有的会亲吻面颊，有的会脱帽点头致意，有的会手扶胸口致意，等等，这些礼仪的形式都具有约定俗成的影响力。所以，商务人员要明白其差异性，认真了解各个地方的风土人情、礼仪规范，从而更好地应用于实践，以最大限度地尊重交往对象。

4. 文化内涵性

商务活动虽然是一种经济活动，但是它同样需要较高的文化内涵。商务人员要想将自己的企业或公司文化发扬光大，就需要通过仪容、仪表、仪态、言谈举止等来表现。因此，要不断提高自身文化素质，增加自身文化内涵，树立文明的企业形象，从而在商务活动中表现出优于常人的行为规范，这样才能赢得精彩，赢得漂亮。

三、商务礼仪的文化基础与心理基础

（一）商务礼仪的文化基础

随着经济的全球化，商务活动也正向多元化方向深入发展。商务交往中的客户，包括外部客户（用户、政府机关、社会）和内部客户（同事、领导、下属、股东），也随之跨越文化、跨越民族、跨越地域而向多元化方向发展。多元化的市场中，客户受到来自各国文化的影响而表现各不相同，文化对其中成长、生活、工作的人的影响非常大，在一个市场适用的策略不能一成不变地用于其他市场。所以，在商务活动中面对不同客户，了解和掌握各个客户的文化背景就显得非常重要。只有了解对方的宗教信仰、价值观、风俗习惯、商务习惯等，了解不同地区的文化差异，掌握在不同文化背景下进行商务活动的原则和方法，才能更好地深入交流并探寻商务合作的良机。

1. 文化因素层面

从文化因素层面，商务礼仪的行为差异主要体现在时间观念、空间观念和价值观念等方面。

（1）时间观念。中国的传统文化对时间观念的认识深受儒家和道家思想的影响。孔子主张“克己复礼”，他认为自己是“信而好古”，因此儒家文化主张以史为鉴，借研究过去以期对现在和将来有所指导。道家思想认为，所有事物皆源自“道”，经过发展变化之后又都复归于“道”。在这种观念的影响下，中国人认为时间是分始终的，因而对时间的使用是很有灵活性的，一定程度上也可以说，中国人对时间并不严格遵守，随意性较强。与东方人的时间观念不同，西方人认为时间是一条有始有终的直线，他们安排时间非常精准，事情会严格按照日程安排，绝不随意更改。如在美国、西欧，商务活动应提前两个星期甚至更长时间来安排好约会。正是这种强烈的时间观念，使他们做事时总是周全细致，游刃有余。由于对时间认知的不同，中西方在商务活动中对时间的处理方式也不同。例如，西方商人在谈判和会晤中喜欢开门见山，直入主题。在会谈的过程中，他们喜欢集中精力，速战速决。由于西方人觉得时间是有限紧缺的，因此有强烈的惜时意识，这种意识使西方人的注意力主要集中在对未来事情的计划和实现上。而中国人经商比较注重关系，通过宴请对手或非正式会晤等生活活动，慢慢和对方建立良好的合作关系，再伺机进入主题。

（2）空间观念。商务礼仪所讲的空间，是指人们在交往时，特别是个人与个人、个体与群体、群体与群体交往时，因彼此的关系不同、周围的环境不同，而无形中感到彼此间应保持的一种特定的距离。当然这种人际交往的空间距离不是固定不变的，它具有一定的伸缩性。意大利人和阿拉伯人交谈会凑得很近，而对俄罗斯人来说西班牙人交谈时显得过于靠近。英国人与意大利人交谈时，意大利人不停地靠前，英国人却不断后退。实际上他们交谈时都只不过是在保持自己的习惯，保持自认为适当的距离。在对个人空间的要求方面，西方人比中国人、日本人以至大多数亚洲人要大得多，这是源于不同的文化传统。西方人看中宽松的氛围，崇尚个人自由和个人权利；而东方人看中彼此关系的亲密无间。

（3）价值观念。中国人在交往时，多把家庭中处理人际关系的模式移至君臣关系和其他社会关系中。也就是说，中国传统的价值观是人情式的，人们在交往时多注重情义。而西方的人际关系相对中国人来讲比较冷漠，很少顾及人情、面子，他们往往公事公办。中国人比较注重面子，在商务活动中，如果要在面子和利益中作出选择，中国人往往会选择面子，美国人则会选择利益。另外，西方文化比较重视青年人，青年人是未来和希望的象征。与之相比，中国传统文化中则强调尊重长者，从汉语的称呼中便可看出，对待年长者常加一个“老”字以示尊敬，如“老领导”“老先生”“老同志”等。

2. 文化背景层面

从文化背景层面，商务礼仪的差异主要体现在文化结构、人与自然关系、感情表达方式等方面。

（1）文化结构。东方文化结构强调整体性和综合性，西方文化重视个体性。如在时间、地址的书写表达顺序上，东方人习惯以年、月、日从大到小依次为序，地址也是按照省、市、县进行排序，突出从整体到个别。而西方人恰好相反，突出从个别到整体，以日、月、年从小到大依次排序。

（2）人与自然关系。东方文化在人与自然的关系上有着自己的执着。东方文化强调“天人合一”，把自然人格化，追求人的精神消融于自然界之中，人与自然共呼吸的和谐状态。西方文化则认为天人处于对立斗争的状态，即人应征服、控制自然，强调人与自然的对立，把自然看作敌对力量。对人与人之间的关系，西方国家关注的也不是伦理，而是竞争，遵从优胜劣汰原则。

（3）感情表达方式。东方人彼此问候时，所包含的信息较多，他们认为问候提出的问题越具体越能表现对他人的体贴和关怀。但西方人问候语包含的内容相对简单，其主要目的是表示礼貌，并不注重情感的表达，他们通常围绕天气等话题，内容比较形式化。东西方人对他人的称赞反应也完全不同，东方人向来以内敛、谦逊为美德，面对他人的称赞一般持否定态度，表达自己没有自满骄傲的情绪；西方人面对称赞的态度则恰恰相反，他们乐于肯定别人，也乐于接受他人的赞赏，并对他人的赞赏及时表达谢意，认为过分谦虚是缺乏自信和无能的表现。

（二）商务礼仪的心理基础

商务礼仪行为的发生，必然带来人的心理变化。人的心理活动是客观事物在人脑中的反映。在十分复杂的交际过程中，人们会形成各种各样的印象，这就出现了商务礼仪心理。商务礼仪心理，就是在商务活动中人与人之间相互作用时的心理，这存在于礼仪实施者自身和接受对象之间。

1. 商务礼仪心理的特征

商务礼仪心理既然是人与人之间相互作用、相互联系的产物，这就决定了它十分明显的特征。主要表现在以下几个方面。

（1）社会的制约性。人的本质在于他的社会性，而不在于每个个体的生物共性。我们必须从人们在社会中所处的地位、从人们所处的社会关系来看待人的本质。现实的人总是活动于一定的历史时代，在一定生产方式中的人总要受当时的生产关系以及家庭、亲属、民族、政治、法律、道德、宗教等各种社会关系的影响和制约，是多种社会关系的承担者。

个体心理虽是客观事物在头脑中的反映，但并不意味着众多的个体心理都一样，即使同一事物摆在两个人面前，也不可能有一致的反应，因为人对客观事物的反应浸润着个人的认识、观点、经历和感情。

然而，客观事物的变异性又会引起个体心理发展变化。礼仪活动开展、外部信息不断输入，人们的心理也随之发生变化，不可能停留在原有的状态上。进行商务礼仪活动的人越多，获得的内容就越丰富多彩，这就是所谓商务礼仪心理的兼容作用，也就是商务礼仪的社会制约性。经过大脑整合后的辩证兼容，才能具有更加敏捷的思维，提高识别能力，为以后的礼仪活动卓有成效地进行创造极为有利的理论依据和丰富的实践经验。

（2）反映的主观能动性。商务礼仪心理一经产生，便会影响人们在商务活动中的交际行为方式，因为个人意识不仅受客观因素影响，它还反作用于客观因素。比如对信息的反馈，人们总是从自己的一定的礼仪和需要出发，根据自己的目的，作出有选择的反应，并对它进行重新组合和改造，使之超越于现实，成为一种新印象。

礼仪的主体是具有主观能动性的人，人不是社会环境的消极产物，而是一个积极的活动者。在实践的基础上，能动地认识客观世界和在认识的指导下能动地改造客观世界，都是人类特殊的能动性，是人之所以区别于动物的关键所在。

（3）鲜明的主体意识性。商务礼仪心理是通过人与人之间心理上的作用形成的，因而它必然带有极为鲜明的主体意识，具有交际者独特的个性特点。一切商务交际方式，诸如观察、探知、询问、谈判、论辩，都离不开人这一主体，因而构成礼仪关系的双方，都存在着如何认识自己、如何揣测和对待对方的问题，而解决这一问题，必须经过认真的调查和思考，最后形成一个鲜明的观点。观点的形成，就是主体意识的确定，是制约行为的内定法则。如果观点模糊，主体意识就会淡化，势必影响礼仪心理的健康发展。只有具备了鲜明的主体意识，才能形成健康的礼仪心理，才能在礼仪活动中取得积极的效果。

（4）功能的辩证统一性。礼仪具有十分重要的作用，这不仅已经并将继续为实践所证实，而且能够也必须从理论和逻辑上科学地予以阐明。从根本上说，礼仪的作用是社会意识能动作用的一种重要表现。但礼仪毕竟不是法律，它只是人们约定俗成的一种行为规范，它只能约束道德，没有强制性，它能否被人们自觉接受并运用，不仅取决于其内容是否正确，方式是否恰当，还取决于它与其他条件配合是否协调，更重要的取决于其自身的质的规范性。

礼仪的作用是有限的，它一般是运用理论灌输、说服教育、典型示范、批评说理、情感感化等“软”的方式去确立和改变接受对象的思想观念及行为方式。人的素质的提高，不是礼仪教育独有的功效，而是许多工作所共有的，如理论的说服力、文学的熏陶力、艺术的感染力、道德的约束力和法制的强制力等的综合作用。只有摆正礼仪的位置，扬长避短，才能充分发挥其功能和作用。

（5）礼仪的心理层次性。礼仪活动的多样性和复杂性，决定了礼仪心理的层次递进性。任何事物都是由低级向高级发展的，尽管这种发展是复杂的、曲折的。礼仪心理也是这样，具有层次递进性。一方面，作为礼仪的主体，在实际礼仪活动中担任的角色不是单一的，而是多元的。人在不同场合中可以扮演不同的角色，即使在同一场合，由于对象不同，也可以充当不同的角色。另一方面，从礼仪需要而言，其层次递进性也是显而易见的。人们有各种各样的需要，总的来说不外乎两种需要：一种是生理性需要，另一种是社会性需要。后者指人在社会生活中不断施展自己的抱负，以达到自我实现的目的。社会性需要可以分为几个不同的层次，即使在同一层次的交际中也有深浅宽窄的不同，这些都决定了实施礼仪行为的人和接受者都会呈现出不同的心理层次。

2. 商务礼仪心理的类型

商务礼仪心理的类型主要依据其反应的主动与被动分为积极的心理效应和消极的心理效应。

（1）积极的心理效应。

① 首因效应。首因效应奠定交往的基础，简单而言，就是第一印象。首因是指人们在初次接触时各自给对方留下的印象。首因对人们交往印象的形成有着决定作用，占据着主导地位。人际交往中，首因作用强，持续的时间也很长，比以后得到的信息对于事物整体印象产生的作用都要强。

首因效应是长期交往的基础，是取信于人的出发点，因此，我们在首次交往中一定要注重自身形象，言谈举止要大方、适度，不要为了取悦对方而使自己失态，力争给对方留一个好的第一印象，所谓良好的开头是成功的一半。

② 自己人效应。自己人就是指对方把你与他归为同一类型。自己人效应是指对自己人所说的话更信赖、更容易接受。在社交活动中与他人建立亲善的关系，使对方与自己有一些共同点，便会使社交活动取得较大的成果。在日常生活中，我们常常会看到，人生观、宗教信仰相同，甚至有同样爱好的人更容易谈得来，感情更融洽。有相同经历的同龄人更容易组成一个群体，立场观点、处世态度、追求目标一致的人更容易相互扶持，“人以群分”就是这个道理。从心理学角度上来看，如果交往双方发现对方与自己意气相投，会倍感亲近。在自己人面前，人们容易相互肯定，也比较有安全感，在行动中受到的阻力也会比较小。在社交场合中，如果能够改变对方的观点或态度，使双方的共同语言增多，你就更容易让人信服。

③ 角色换位效应。礼仪活动实际上就是遵循同一原则，是一个人在特定的环境下的角色扮演。每个人都有不同的社会角色，但在跟具体对象交往时又总是以特定角色出现的。人们在社会生活中，总是期待他人发挥角色作用，同时也发挥他人期待自己发挥的角色作用。角色换位，简而言之，就是尊重人、理解人、关心人原则的具体运用，就是将心比心。一方面，设身处地地替对方着想，就能通情达理地理解对方的行为和态度；另一方面，通过角色换位，以对待自己的方式对待他人，就能适时地调整自己的思路，采取较为适当的行为。正如《论语》所言，己所不欲，勿施于人。良好的同类反应，能增进交往对象的交往频率和深度，从而建立越来越亲密融洽的人际关系。

④ 情感效应。情感效应是指在商务活动中，通过对交往对象的感情和当时的心境等情绪因素来调节个人态度，影响其对外界信息的接受。无论一个人外表多么强硬、职位多么高贵，其内心深处都有一定的感情需要，也希望从别人那里得到关怀、体贴和重视。心理学认为，令人愉快的情感会强化与之相随的行为，反之则会抑制与之相随的行为。一个

人对于自己喜欢的人较少持批评的态度，往往乐意接受他的意见；反之，对自己不喜欢的人，往往对他的观点和提供的信息会不由自主地表示怀疑或否定。这是因为，个人与他人形成亲近的关系后，从心理上就会力求维持这种亲近关系，所以就会从融洽、协调角度去思考问题，从而导致对亲近的人更相信、更接受。所以，学会动之以情是人际交往中积极的心理反应。

⑤ 保龄球效应。在行为科学领域，有一个著名的“保龄球效应”。保龄球场上指导者评价打球人，一个人一球打过去，倒了 7 个瓶子，剩下 3 个。当面对这样的确定事实，有两类指导者：一类会板着脸指责，怎么还有 3 个没打倒！另一类则微笑着用期待的目光和肯定的语气说，很好，打倒了 7 个。两种评价对打球人的心理产生了两种截然不同的反应：一种是认为打倒了 7 个已经很好了，而你还不满意，还要指责，心理上很不服气。另一种会内疚地想，还有 3 个没打倒，下一次要再努力些。这就说明在人际交往中，鼓励和期望往往比批评更能达到评价的目的。商务活动是人与人之间的交往活动，若想交往成功，不能只对他人期望过高，也不能把人看得太低。

（2）消极的心理效应。

① 晕轮效应。晕轮效应是指人际交往中，我们在评价他人的时候，常常喜欢从某一点特征出发来得出或好或坏的全部印象。就像光环一样，从一个中心点逐渐向外扩散成为一个越来越大的圆圈，即人们常常会有以偏概全、爱屋及乌的认知评价错误。有的是以点带面，忽略其他，以个别推及一般，由部分推及整体，就像盲人摸象，随意抓住某个好或坏的特征就下断言；有的则是看人识面，忽略内心，当对某个人的了解不够深入，处于感知觉的阶段，就容易受感觉的表面性、局部性和知觉的选择性影响，而忽略个性品质等内部实质，整体感觉停留在表面；有的是感情弥散，忽略理性，对一个人的整体态度还会连带影响到跟这个人的具体特征有关的事物上，或者是因一时之感情而连带评价与其相关的人和事，就如常说的“因人废事”。

② 从众效应。从众效应是指个体在真实或臆想的群体压力下，在认知上或行动上以多数人或权威人物的行为为准则，进而在行为上努力与之趋向一致的现象。从众是一种普遍的社会心理现象，它分为积极的从众效应和消极的从众效应。积极的从众效应可以互相激励情绪，有利于建立良好的社会氛围，并使个体达到心理平衡；消极的从众效应则是不顾是非曲直，服从多数，随波逐流，这是人际交往中很不可取的。

③ 刻板效应。刻板效应是指人们用刻印在自己头脑中的关于某人、某一类人的固定印象，以此固定印象作为判断和评价人依据的心理现象。这种做法习惯把人进行机械的归类，把某个具体的人看作某类人的典型代表，对某类人的评价视为对某个人的评价，因而影响正确的判断，进而形成一种偏见。这种心理主要是受习惯性思维、本位主义思想的影响，不能对事物多角度进行分析，加之个人交际的圈子狭窄，所处环境单一，对外界事物认知存在局限性，就会产生刻板印象。如很多人认为“80 后”“90 后”没有担当、没有协作精神，于是，当与自己进行商务交往活动的对象就是“80 后”或“90 后”时，便想当然地把人们对这一类人的评价带入对交往对象的评价中，结果往往使自己犯错而失去

商机。

所以，我们在商务活动中应学会用积极的心理，用应时、应景、应人的礼仪规范来对待人和事，使自己永远能掌控眼前的局面，从而实现交往的目的。

3. 商务礼仪心理的原则

在商务活动中，由于各地区、各民族以及各个国家的风俗习惯不尽相同，在交往中除了要遵循诚实守信、宽宏大度、互惠互利等基本礼仪心理原则之外，还要了解各地区、各民族、各国家的基本社交礼仪习惯以及种种禁忌，遵循信守时间、不妨碍他人、女士优先、维护个人隐私、尊重信仰、注重环保、平等交往、信守诺言等原则。如果我们能够认真遵守这些基本原则，那么在商务交往中就一定可以做到张弛有度，得心应手。

第四节　案例分析

案例 1：小李是某公司的职员，平时沉默寡言，总是默默地工作，有时还会主动加班，帮同事分担工作，因此，大家都很喜欢他。可是在一次公司组织的冷餐会后，大家渐渐地远离他，不再喜欢他。

小李觉得莫名其妙，于是鼓足勇气问了平时和他关系最好的小张到底发生了什么事情。原来，小李在聚餐的时候喝得酩酊大醉，乱骂人，还乱摔东西，酒品极差，在领导和同事面前出尽了丑。大家终于认清了他的真面目。小李听了觉得无地自容，追悔莫及。

我们从这个故事中应吸取什么教训？如果是你，你会怎么做？

案例 2：一位销售代表去机场迎接负责这个地区业务的经理。那天，这位销售代表穿着很随意，T 恤衫、牛仔裤、帆布鞋，和西装笔挺的地区业务经理形成鲜明的对比。更过分的是，车子停在很远的停车场，销售代表也没有帮区域经理拿行李，好不容易到了车里，销售代表还不停地与电话那头的女朋友打情骂俏。结果，他没被列入提升职位的名单。

你认为文中的销售代表哪些行为不妥？如果是你，你会怎么做？

案例 3：我们公司的场地构造有点特殊，进门的玄关旁边有一个座位，因为我是财务人员，不用和项目组的同事坐在一起，所以玄关旁边的位子就是我的座位。我们公司前几个月新来了一位大学毕业生，每次进门首先看见我，招呼不打一声，头也不点一下，直瞪瞪看我一眼就走进去了。我怀疑她可能以为我只是一个前台的阿姨，所以如此不屑一顾。后来过了几天，大概她终于搞清楚我并非是什么接接电话、收收快递的阿姨，而是“掌管”她每个月工资的“财政大臣”，猛地就开始殷勤了起来，一进门“刘老师”叫得山响。可是，我心里的感受却不一样了，即使她现在对我再怎么尊敬，毕竟是有原因的，我对她也生不出什么好感来。我就很纳闷，怎么一个堂堂大学生，刚进社会就学会了势利？如果我真的是前台阿姨，是不是她这辈子都不打算跟我打招呼？新人刚进职场，礼貌很关键，人际关系一定要妥善处理，不能以貌取人或者想当然，要记得职级低的员工同样也是前辈或者长辈。哪怕是打扫卫生的阿姨，如果正好清理到自己的纸篓什么的，不忘记说一声“谢谢”，会平添亲和力和人缘。

本章关键词

礼仪（etiquette）　　商务礼仪（business etiquette）

文化基础（culture foundation）　　心理基础（psychological basis）

思考题

1. 概念辨析：礼仪、礼貌、礼节。
2. 简述礼仪的内涵和实质。
3. 结合生活中的实例，论述礼仪的功能和作用。
4. 简述商务礼仪的定义、作用、原则与特征。
5. 商务人员怎样才能成为商务达人？

延伸阅读

[1] 姬仲鸣，周倪. 孔子(上卷)[M]. 北京：中央民族大学出版社，1998.

[2] 杨朝明. 荀子[M]. 开封：河南大学出版社，2008.

[3] 孔教学院. 三字经　千字文　神童诗[M]. 香港：香港孔教学院，2008.

[4] 朱熹章句. 大学[M]. 香港：香港孔教学院，2011.

[5] 黄怀信. 大学　中庸讲义[M]. 北京：清华大学出版社，2013.

[6] 司马光. 资治通鉴[M]. 太原：北岳文艺出版社，2013.

[7] 刘同. 谁的青春不迷茫[M]. 北京：中信出版社，2012.

[8] 李清如. 跟杨澜学做完美女人[M]. 武汉：武汉出版社，2012.

[9] 周小平. 请不要辜负我们这个时代[M]. 海口：南海出版公司，2014.

第二章
商务形象礼仪

拓展资源

更多资源请访问爱课程网→中国大学 MOOC→现代礼仪/袁涤非→第二章个人形象礼仪。

引例

1995 年的冬天，如果我再找不到工作，灰溜溜地回国几乎就成了唯一的选择。

可我再一次被拒绝了。想起那个面试官的表情，我非常抓狂。她竟然说我的形象和我的简历不相符而拒绝继续向我提问。我低头看自己的打扮，很明显，因为穿着问题，我被她鄙视了。我发誓我可以用我的能力让她收回她对我的鄙视。但我没有得到表现我的能力的机会。

我的房东莎琳娜太太是个很苛刻的中年女人。她规定我必须 12 点之前熄灯睡觉，规定我必须在 10 分钟之内从浴室出来，规定我如果不穿戴整齐就不准进入她的客厅，不准我用她的漂亮厨房做中餐，她甚至规定我在她有客人来访的时候必须涂口红！ 我非常讨厌莎琳娜这种所谓英伦女人的尊严。但所有人都说，莎琳娜是最好的寄宿房东。我看不出她好在什么地方。就好比，当我很多次面试失败回来后，厨房里一点吃的都不会有。并且如果我上楼发出声音，她会站在卧室门口很大声地指责我。

我刚刚洗完头发，坐在床上一边翻看报纸的招聘信息，一边吃我带回来的面包卷。这严重违反了莎琳娜的原则。她冲上前来，一把夺过我的面包和报纸，用英文大吼：你这个毫无素质的女孩！滚出我的家！

于是我披散着头发，在睡衣外裹上大衣冲出了门。25 年来，我以非常漂亮的成绩和能力一路所向披靡，从来没有人说我没有素质。

我们家并不贫穷，但 25 年来我的妈妈一直告诉我，能力才是最重要的。我不能明白以貌取人在这里居然成为一个正义的词语。这简直是对我 25 年的人生观的侮辱！

我愤怒地冲进一家咖啡馆。天气实在太冷，我也很饿，咖啡馆里的人居然很多，侍者以一种奇怪的眼神把我引到一个空座位边。那是咖啡馆里唯一的空位。我的对面是一个英国老太太。她看起来比莎琳娜更加讲究，就像伊丽莎白女王一样尊贵与精致。我不由下意识地收起自己宽松睡裤下的运动鞋。然后我看到她裙子下着了丝袜和漂亮高跟鞋的腿，以她这样的年纪，却仍然把这样的鞋子穿得非常迷人。

在欧洲的很多高级餐厅里，衣衫不整是被拒绝进入的。我想我能进来的原因大概是因为我穿了价值不菲的大衣。我不由得暂时收起自己的愤怒，说："给我一杯热咖啡。谢谢。"

侍者走开后，对面的老太太并不看我。而是从旁边拿了一张便笺写了一行字递给我。那是非常漂亮的手写英文：洗手间在你的左后方拐弯。我抬头看她，她正以非常优雅的姿势喝咖啡，并没有看我半眼。我的尴尬难以言明。第一次觉得不被尊重是应该的。

我的头发被风吹得非常凌乱，我的鼻子旁边甚至还沾了一点面包屑！ 虽然我的大衣质地非常好，但我的睡裤被它衬得很老旧。我第一次有点看不起自己。这样的打扮，我有多不尊重自己，以致使别人觉得我也不尊重他们。我想起下午去面试时自己的日常便装，那应该也是对一个高级经理职位的不尊重吧？

当我再次回到座位的时候，那个老太太已经离开了。那张留在铺了细柔的格子的餐桌上的便笺多了另一句漂亮的手写英文：作为女人，你必须精致。这是女人的尊严。我逃也似的走出了那家咖啡厅。莎琳娜竟然坐在客厅里等我，一见我就对我说我超过了 12 点 10 分钟才回来，所以明天必须去帮她清洗草坪。我答应了她，并向她道歉。

我发现莎琳娜教了我许多同样有用的东西：12 点之前睡觉能让我第二天精力充沛，穿戴整洁、美观能让别人首先尊重我，穿高跟鞋和使用口红使我得到了更多绅士的帮助，我开始感觉自己的自信非常充足而有底气，我不再希望别人看我的简历来判断我是不是有能力。

我最后一次面试，是一家大化妆品公司的市场推广。我得体的着装打扮为我的表现加了分。那个精致、干练的女上司对我说：你非常优秀，欢迎你的加入。

我没有想到，我的上司居然就是我在咖啡馆里遇到的那位英国老太太。她非常有名，是这个化妆品牌的销售女皇！

我对她说：非常感谢你。我是真的非常感谢她。非常感谢她那句：作为女人，你必须精致。虽然她没有认出我。是的，没有人有义务必须透过连你自己都毫不在意的邋遢外表去发现你优秀的内在。你必须精致，这是女人的尊严。我在后来的后来，都一直记得！

本章知识结构图

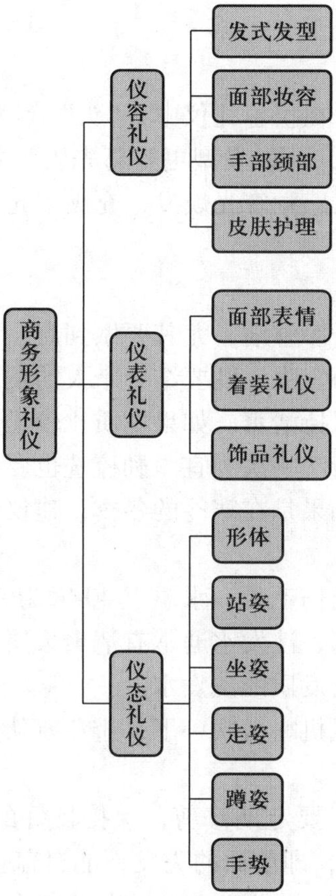

随着社会的发展，形象的包装已不再是明星的专利，普通职场人士越来越重视自己的形象，商务人士更是注重自己的商务形象，毕竟“形象是金，形象至上”。好的形象不仅可以增加一个人的自信，影响别人对你的第一印象，决定他人对你职业能力的判断，更是企业或公司的名片，代表了团队的形象。所以，如何塑造美的外在形象是商务礼仪中首要的环节。一个人的外在形象是一个整体，它由仪容、仪表、仪态等方面构成。

第一节 仪容礼仪

仪容，通常是指人的外观、外貌，其中重点是指人的容貌。它由发型、面部妆容以及人体所未被服饰遮掩的肌肤，如手部、颈部等构成。俗话说，三分人才，七分打扮。无论是服装、饰品，还是发型、妆容，任何一方面的疏忽都有可能影响整体形象。

一、发式发型

俗话说，远看头，近看脚。在仪容礼仪中，“头”等大事自然不能被轻视。

由于人们习惯“从头打量”，所以发型更容易先入为主，抓人眼球。得体的发式发型能凸显个人的魅力和气质，让人感觉容光焕发，充满阳光和朝气，因此修饰头发是非常重要的。

（一）头发的护理

一要勤梳洗。保持头发的干净整洁，尤其要做到肩、背无落下的头皮屑和碎头发，头发应散发自然光泽。究竟多勤为宜呢？既要结合个人的发质，也要结合季节。如果头发经常出油，那最好每天洗头发，保持清爽。如果发质比较干燥，过于频繁地清洗头发反而会损伤发质，一般以两天至三天清洗一次为宜。勤梳洗也要结合天气和季节，如果是在炎热的夏季，建议每天清洁头发。如果是在寒冷的冬季，建议每周清洗两到三次头发。头发干净、清爽是基本的要求。

洗发时水不要太热，以免烫伤毛囊，水温以 40 ℃为宜。

根据自己的需要选择洗发水，洗发水通常有清爽去屑、营养焗油、柔顺秀发、强韧发根等种类，因此要选择适合自己发质的洗发水。

头发清洗过后，最好用吹风机略微吹一下，避免寒从头入，但是也不要吹得过干，以免损伤发质。

二要常打理。如果是短发，要定期修剪，保持良好的发型。男士的发型要做到“前不覆额，侧不掩耳，后不及领”，即前面的头发不能遮盖住额头，侧面的头发不要掩盖住耳朵，后面的头发不能压住衣领。根据头发的生长规律，一个月修剪一次头发是正常的。

女性的短发较男性的短发式样更多样化，更不能忽略头发的打理。从修剪、烫染到造型，女性的发型都要精心设计。

女性如果选择留长发，在商务活动中一定要将长发扎起或盘起，不可披散着头发。

三要善保养。头发需要保养，健康的发质会提升个人形象。可以经常用手指旋转轻揉发根，每天坚持按摩头皮 20 分钟，这样有助于头发生长，减缓头发变白。同时，还要注意户外保护，在强烈阳光下，应戴上遮阳帽或撑遮阳伞，避免过度日晒使头发干枯变黄。游泳时要注意戴泳帽来保护头发，特别是在海边游泳时，海水中的盐分会令头发更多地吸收阳光中的紫外线而变得干枯。

（二）发型与脸型

发型的选择首先要符合典雅、大方、简洁的原则。可以根据头发的发质，个体的脸型、体型、年纪、心情、服装和场合等因素选择不同的发型，这样才能找到自己最美、最得体的形象。

也许你有这样的感受，平常在电视上或者海报上看到某位明星的发型特别有气质，自己剪出来却不一定能达到相同的效果，这就说明发型同脸型尤其同一个人的气质是相辅相成的，恰当的发型可让两者相得益彰。盲目追风，看到流行什么发型自己也做什么发型，这样不但无法体现出美感，有时还会弄巧成拙，影响形象。

下面分析几种不同脸型适宜的发型发式，尤其对女性而言。

1. 椭圆脸型（图 2-1）

椭圆脸型，又俗称鹅蛋脸，是一种较为标准、非常优美耐看的脸型，这种脸型对发型的要求不严，一般来说，任何发型与这种脸型搭配，都能取得美的效果。

2. 圆脸型（图 2-2）

圆脸型较之于椭圆形脸稍短，有点类似娃娃脸。这种脸型两颊较宽，因此可以选择头前部或顶部略微隆起的发型，两侧的头发不要掩盖耳朵，将两颊和耳朵稍稍露出，这样会在视觉上稍稍拉长脸型，又显得利落大方。圆脸型的人尤其适合纵向线条垂直向下的发型，或者把头发高高盘起，显得非常秀美。

图 2-1　椭圆脸型

图 2-2　圆脸型

3. 长脸型（图 2-3）

长脸型的人，由于脸型瘦长，会显得老成持重，因此可以选择稍微活泼、复杂的发型，令人显得年轻。由于脸型长，故顶发和前额的头发不能隆起，两侧的头发则要适当蓬松，这样能缩短脸型的长度。

4. 方脸型（图 2-4）

方脸型的特点是前额较宽，两腮突出，脸型短阔。这种脸型适合自然的大波纹状长发，用头发将脸衬托得圆润些。两颊的头发可以蓬松，遮住较宽的脸颊，用圆滑的发型线条，冲淡方脸型的直线条感。

5. 三角脸型（图 2-5）

三角脸型的特征是额头窄小，两腮宽大，给人沉着大方和威严的感觉。这种脸型适合将额头的发型维持一定宽度，这样才不会凸显两颊的宽大线条。同时，可选择比较温柔的波浪卷发，长度以中长或及肩的长度为佳，太短就起不到遮掩和修饰两颊的作用了。

图 2-3 长脸型

图 2-4 方脸型

图 2-5 三角脸型

男性的发型相对而言要简单很多，但也应与脸型相配。下巴较方的男性可以留适量的鬓发，长脸的男性不宜留太短的头发。下面是商务男士常用的几种发型（图 2-6）。

图 2-6　商务男士常用发型

二、面部妆容

面部妆容是仪容礼仪的重点，往往决定了人与人见面时的第一印象。商务礼仪中对面部仪容的基本要求可以概括为四个字：干净清爽。女性要适当化些淡妆，给人以美感。

（一）面部清洁

具体来说，眼部的分泌物要清理干净。如果佩戴眼镜，要时刻保持镜片干净明亮，不可有污垢。

定时清洁鼻腔，修剪鼻毛。不要在公共场合挖鼻孔，这样既不卫生，也自毁形象。

耳朵是平时容易忽略的部位，在洗脸、洗澡时，要把耳朵内外特别是耳后清洗干净。

坚持早晚刷牙，保持口腔清洁，没有异味。尤其是饭后，一定要照照镜子，看有无食物残留在牙齿上。参加商务活动之前，不吃葱、蒜、韭菜等刺激性强的食物。

作为男士，要勤刮胡须。留着乱七八糟的胡须，会让人觉得邋里邋遢。

基础护肤是日常生活中每个人都会做的，包括清洁皮肤、给皮肤补充水分等，它可以保护我们的皮肤。基础护肤的步骤如下：

1. 清洁面部

由于不同的季节人体肌肤呈现的状态不一样，比如秋冬季节皮肤常常比较干燥，夏季皮肤略显油腻，因此对肌肤进行清洁时要根据实际情况进行。当肌肤灰尘比较厚重甚至非常油腻之时就要用清洁力较强的洁面产品进行深度清洗，而当脸部皮肤呈现出干燥脱皮现象之时则应选用温和的洁面产品进行清洁。

一天中清洁皮肤的次数以早、晚各一次为宜。太多容易伤害皮肤，造成水分流失，太少清洁力度不够。早上，皮肤经过一夜的新陈代谢，产生油脂等分泌物，还有老化角质的脱落，这时如果不好好清洁面部的话极有可能造成毛孔堵塞、黑头等现象。晚上清洁皮肤更是重中之重，因为经过一整天，皮肤已经积存了较多垃圾和油污，用洗面乳可以将皮肤表皮和毛孔内的化妆品、护肤品清洗干净。

2. 擦化妆水

用化妆水的目的是对皮肤进行必要的再次清洁以及软化皮肤角质，平衡肌肤酸碱度，帮助皮肤顺利吸收接下来的营养成分。各种不同性质的皮肤要选择适合自己的化妆水，如干性皮肤选择补水成分高的，油性皮肤选择收缩毛孔、收敛性质的化妆水。

使用化妆水时最好不要直接把它倒在手上然后才擦到脸上，因为化妆水的质地比较轻盈，这样容易造成浪费，而且会把手部的细菌带到脸部，造成二次污染。擦化妆水的正确方法是，将化妆棉缠绕在右手的中指上，用食指和无名指压紧，蘸取化妆水，沿肌肉走向轻拍整个脸部及颈部，应按照前额、眼部、鼻部、脸颊、口周的顺序轻拍，面部 T 形区应多拍几次。化妆水的用量一定要充足，特别在干燥的部位应当拍上大量化妆水。

3. 用精华液

精华液是一种浓度更高、滋养能力更强的护肤品，通常含有较多的活性分子，分子小，渗透力较强，有防衰老、抗皱、保湿、美白、祛斑等功效。但由于精华液含有大量维生素、蛋白质，它们正是滋生细菌的温床，所以如果每天都使用精华液，会给肌肤造成负担，一般说来，每周使用 2~3 次精华液足矣。

建议不要把精华液当水用，适度适量才是对皮肤最好的保养。精华液一次使用量约为一毛钱硬币的 1/2。涂抹额头的时候注意方向是由下而上，用中指和无名指指腹，以按压的手法将精华液抹在皮肤上。全脸只有涂抹鼻子的时候，方向要由上而下，鼻翼部位也是这样。接下来轻轻地用中指和无名指指腹按压眼睛周围，最后沿着脸迹线轻轻地按压，让肌肤充分吸收精华液，长期坚持这样做还有紧肤的功效。

4. 护理眼部

眼部肌肤是全身最薄的部位，也很敏感，因此需要特别小心护理，不要拿面霜当眼霜涂，这很可能引起敏感或油脂粒。

涂眼霜的正确方法是，用无名指取绿豆粒大小的眼霜，因为无名指的手法最轻，眼部肌肤娇嫩禁不起用力拉扯，然后顺内眼角、上眼皮、眼尾、下眼皮做轻轻环形按摩，直到让肌肤完全吸收。

5. 涂抹乳液和面霜

脸部肌肤通常要经受风吹日晒，所以一定要每天擦乳液和面霜。油性肌肤最好选用质地清爽的乳液，干性肌肤则适合质地滋润的乳霜。乳液和面霜的涂抹方法和精华液相同。

（二）面部化妆

女性的面部仪容要复杂得多，除了要完成以上的基础护肤之外，在参加商务活动甚至日常出门时，还应该化一个合适的彩妆，不仅可以美化自己，也能让他人感受到尊重和愉悦，所以每位女性都应该学习较为专业的化妆。化妆的基本步骤如下：

1. 涂粉底液

粉底液有隔离、防晒、均匀肤色的功效，要选择接近肤色的粉底液为基础底色，用化妆海绵蘸取少量粉底液由内而外，全脸均匀地拍擦，切忌来回涂抹。如果第一遍没有把肤色调匀，可以擦抹两遍，每遍宜薄不宜厚，脸部与颈部相连处要有过渡，避免出现边缘线。

2. 扑粉

扑粉也称定妆，可以防止妆面脱落、抑制脸部出油。定妆粉分为散粉和湿粉。如果皮肤较干，建议选择湿粉；如果皮肤较油，则以散粉为宜。使用时，用粉扑均匀蘸取散粉，粉量以粉扑向下，粉不落下为宜，轻轻按压全脸，然后用大粉刷刷去多余散粉。如果使用湿粉，则用粉饼轻轻按压全脸即可。

3. 画眉毛

一个人眉毛的形状、颜色的浓淡对提升容貌发挥着十分重要的作用，合适的眉形与眼睛搭配，更显神采。画眉毛前一般要先修眉，刮除或剪掉那些杂乱的眉毛。不提倡拔眉毛，经常拔眉毛会导致眼部皮肤松弛，还有可能使眉毛变稀少甚至不再生长。画眉毛时一定要画出形状，这需要结合个人不同的脸型及妆容需要。画眉时要注意两头淡，中间浓，上边浅，下边深，这样才能使眉毛有立体感。

4. 涂眼影

眼影的主要作用是加强面部的立体感，使五官分明，并且着重用眼部吸引人的注意。商务活动中不适合用颜色过分鲜艳的眼影，除非是在较为盛大的晚宴中，因为过于鲜艳的眼影会让人觉得不够庄重。在涂眼影时还要注意突出层次，深浅有别，这样能强化眼部轮廓，最忌讳均匀地抹一片。

5. 画眼线

眼线的优势在于，它能在视觉上使眼睛变大，富有光泽，更加有神。画眼线时，要把它画得紧紧贴住眼睫毛根部。上眼线从内往外画，下眼线由外而内画，并且在距内眼角1/3 处停笔。上下眼线不应当在外眼角处交合，所以，上眼线在外眼角处可适当稍稍上扬，而下眼线则不要紧紧贴着外眼角。

6. 上腮红

上腮红即在笑肌上涂抹适量的胭脂，它可以使人面颊红润，面部轮廓更加立体，显示出健康与活力。上腮红时，要微笑，这样便于准确地找对位置。用腮红刷蘸取少量腮红，在笑肌周围，高不及眼睛、低不过嘴角、长不到眼睛的 1/2 处，由内往外晕染。

7. 涂口红

涂口红不仅可以改变不理想的唇形，还可使双唇亮丽迷人。涂口红时要先用唇线笔描好轮廓，确定好理想的唇形。唇线笔的颜色应略深于口红的颜色。涂口红时，应从两边往中间涂，注意涂抹均匀，不能超过用唇线笔画出的唇形。涂完口红之后要检查牙齿上是否沾有口红。

8. 刷睫毛膏

刷睫毛膏是彩妆的最后一步，睫毛膏有加长和加密两种类型，要根据自己的需要选择适合自己的类型。刷睫毛膏时，将睫毛分成前后两段，从眼尾开始刷，以达到卷翘的效果。刷眼头睫毛时，沿 Z 字形来回涂刷，能让睫毛根根分明。

要想按以上步骤化妆，不仅妆前的准备必不可少，化妆的时间也较长。如果时间很紧，也有简化的化妆步骤：洗脸—涂护理液—涂 BB 霜—上腮红—描眉毛—涂唇蜜，这样化妆可节约时间，但是不会很精致。化妆的基本要求以修整自然为准则，要根据不同肤质选择适宜的化妆品。

化妆通常是在家里或者无人在场的情况下悄然进行，修饰避人也是人们日常交际过程中的一条重要礼仪原则，不要在公共场所或者众目睽睽之下化妆或补妆，这样会显得缺乏修养。同时，也不要在异性面前化妆，以免引起误会，让人觉得有炫耀之嫌，也可能让自己“花容失色”。

男士可以不化妆，保持清爽整洁即可。

三、手部颈部

手部，被喻为人的“第二张脸”。在待人接物时，手作为联系友谊的桥梁和纽带，是仪容中重要的组成部分。手作为人类重要的组成器官和劳动器官，经常接触外界事物，暴露在服饰之外，容易受到细菌和污垢的侵染，它也成了许多传染性疾病的主要传播媒介，因此，要养成勤洗手的习惯。在商务活动中，有一双清洁、柔软、温暖的双手，会带给人更多好感。比如，我们通常以握手的礼节来表示对客人的欢迎，那么就应当保持一双清洁、温暖的双手同人握手言谈，然后伸出双手递送名片等，客人会通过接触我们的双手而形成第一印象，由此可以判断一个人的修养及卫生习惯，微小的细节往往能折射出一个人的生活态度和原则。

手部的保洁，首先要勤于修剪指甲。从生活的角度看，留长指甲似乎可以满足日常生活的需要，比如抠取电池，刮去物体上的污垢；从爱美的角度看，长指甲从视觉上给人手指纤细的感觉，尤其是女性，自古以“指如削葱根”为美。但不管怎么样，干净整洁是第一位的。如果指甲内还残留污垢，就会折损整体形象。

一般的商务活动中，女性可以适当地涂点指甲油，让指甲有光泽，通常使用与指甲相近的颜色或无色的指甲油；在出席演出或晚会等场合时，可以选择色泽亮丽的指甲油或花纹。男士则不要涂抹指甲油。

颈部容易成为人体显现年龄的部位，所以有人认为颈部是人的“第三张脸”。当你把最好的护肤品用在脸部时，也要用在颈部。要注重保持颈部的清洁，加强颈部锻炼和按摩，按摩颈部不仅可以帮助去除皱纹，延缓衰老，还能使颈部皮肤光滑、亮泽。

四、皮肤护理

皮肤包括表皮、真皮和皮下组织。健美的皮肤是有一定的标准的。例如，皮肤是否湿润，水分的重量通常是皮肤总重量的 70%；皮肤是否有弹性，明显的标志是光滑，不皱缩，不粗糙；皮肤是否健康、有光泽等。

北方地区较南方地区气候干燥，风沙又大，皮肤的湿润度较低，所以北方人更要注意皮肤的日常护理与补水。

很多人觉得爱美是女人的天性，皮肤护理这样的事情对于男性来说根本没有必要，其实这种看法是片面的。男性受雄性激素的影响，皮脂腺较发达，皮肤纹理粗，角质层也较厚，大多数男性又是油性皮肤，因此，更需要清洁和调理。所以，无论女性还是男性都要注意皮肤的日常护理。具体方法如下：

1. 保持乐观开朗的情绪

笑一笑，十年少，笑是最好的润肤剂。人笑的时候，面部肌肉在做运动，能保持皮肤健美的状态。

2. 养成良好的睡眠习惯

是否有良好的睡眠习惯直接影响人的皮肤是否健美。一个晚上不睡觉，100 天都补不回来。经常晚睡或熬夜的人会有很多皮肤问题，例如黑眼圈加重，色斑增多，皮肤暗黄、发黑等。所以，要养成晚上 11 点之前睡觉，中午小睡 30 分钟至一个小时的睡眠习惯，保证每天都有充足的睡眠，每天都有好的精神状态。

3. 养成多喝水的好习惯

人和其他动物一样，体内含有大量的水分。一个成年人体内的含水量约占人体体重的 65%。喝水不仅可以满足正常的生理需要，而且有助于排毒，促进皮肤的新陈代谢。

4. 注意合理的饮食结构

合理摄取维生素，可以使皮肤获得自然健康的美。摄取维生素最适合的方法是食补，胡萝卜、番茄、柑橘、橙子及动物的肝脏含有丰富的维生素 A，可润滑皮肤，防止皮肤粗糙干燥；牛奶、鸡蛋、瘦肉、豆类、谷物、菠菜、油菜及海产品中的贝类含有可以消除色素斑、展平皱纹、保持皮肤光滑的维生素 B；维生素 C 可以消除皮肤上的斑点，起到美白效果，柠檬、苹果、草莓及绿色蔬菜都富含维生素 C；维生素 D 可以增强皮肤的抵抗力，含维生素 D 较多的食品有鱼类、蛋黄、花生及鱼肝油等；黄豆、木耳、花生、蜂王浆、卷心菜、甲鱼及萝卜等含有可以促进人体荷尔蒙分泌，增强肌肉的细胞活力，避免早衰、容颜憔悴的维生素 E。每个人可以根据自身的需要合理搭配饮食，既可以强身健体，又可以达到食物美肤的效果。

5. 防范紫外线等的辐射

皮肤在强紫外线照射下，皮下的纤维组织会断裂，使得皮肤粗糙、变暗，所以要避免长时间在强光下暴晒。有人认为只有夏天才需要防晒，这是错误的认识。其实，只要有光，就会有紫外线，只是夏天太阳光最强，紫外线最厉害。所以，一年四季都应该防晒，最好在出门前半小时就涂好防晒霜，这样皮肤会有一些时间吸收，防晒效果更好。另外，现代人常常长时间面对计算机，如果不注意防辐射，用完计算机后不及时清洗脸部，久而久之皮肤也会长斑、变暗。

第二节　仪表礼仪

在商务活动中，每个人的仪表都会引起他人的关注。仪表是除了仪容外，评价一个人的重要因素，同时也体现着个人的审美修养、生活意趣等。美国行为学家迈克尔·阿盖尔曾做过实验，他本人以不同的装扮出现在同一地点，结果却截然不同：当他身着西装时，别人对他的态度大都彬彬有礼；当他身着无业游民装扮时，接近他的人大多是流浪汉。这表明，仪表不仅仅是人的外表，更是一种无声语言。

什么是仪表？从广义的角度来讲，我们说到某人的仪表，是指这个人外在的容貌、表情、举止、服饰等给人的总体印象。狭义的仪表则只指动态的面部表情和静态的衣着配饰。在这一节中我们着重从狭义的仪表来谈仪表礼仪。

一、面部表情

面部表情，顾名思义是从面部的变化上表达出来的心理活动和思想感情，而“面部的变化”指的是眼睛、眉毛、嘴巴、鼻子和面部肌肉的变化以及它们的综合变化。

表情真实可信地反映着人们内心的思想情感、心理活动变化，表情蕴含的感情比语言要丰富得多。美国心理学家艾伯特·梅拉比安把人的感情表达效果总结为一个公式：感情的表达=语言(7%)+声音(38%)+表情(55%)。所以，在商务活动中，表情的重要性更是不言而喻。

（一）面部表情应遵循的原则

1. 表现真诚

人与人之间的交往，重要的原则是以诚相待，所谓相由心生，面部表情是可以反映出你的内心的。所以与人交往要真诚，给人表里如一、名副其实的感觉，在此基础上建立的信任才坚不可摧。

2. 表现友好

一个人对人友善与否，从面部表情甚至一个眼神就完全可以判定，有时甚至比言语传递的信息来得更真实。所以，人际交往中，一定要秉着与人为善、一视同仁的原则，才能真正传递出友好。

3. 表现谦恭

如果一个人很有才气，但他趾高气扬，不懂谦恭，往往还是会被人拒于千里之外。人际交往中，人们不仅欣赏你的才华，而且更看重一个人谦恭的态度。因此，在工作或生活中要使自己的表情神态于人恭敬，于己谦和。

4. 表现适度

面部表情视时间、地点、场合不同而变化，所以我们应做到与现场氛围和实际需要相符合。例如，当你看望一位病人时，万万不能显得非常高兴，否则会被误认为幸灾乐祸，这样肯定不会受欢迎。

（二）面部表情的具体体现

1. 眉毛

通过眉毛的形状变化而显示出来的表情，一般叫作眉语。除了配合眼神表达感情外，眉语也可单独表达意思。如：

皱眉：双眉紧皱，表示忧虑、烦恼、不赞成、不愉快。

耸眉：眉峰上耸，表示惊讶、惊惧或欣喜。

竖眉：眉角下拉，表示气恼、愤怒。

挑眉：单眉上挑，表示询问、疑问。

动眉：眉毛上下快动，表示愉快、同意或亲切。

2. 眼神

眼神，是对眼睛的总体活动的一种统称。常言道：眼睛是心灵的窗户，内心情感的传达靠的主要就是眼神。我们可以从一个人的眼神中读懂他的喜怒哀乐，它能够最直接、最自然、最准确地显示出一个人的内心活动。同时，眼睛注视的时间、角度、部位、方式不同，表示的态度与意义也是不同的。

一般而言，在和对方相处的时间里，人们都会不时地注视对方，随着人们之间相互熟悉程度和感情亲密程度的变化，注视的时间长度也会发生变化。

若注视对方的时间占全部相处时间的 1/3 左右，表示友好；表示重视的比重为 2/3 左右；若注视对方的时间不到相处时间的 1/4，则表示轻视。

在商务活动中，眼神的注视角度能传达出与交往对象的亲疏程度，大致看出一个人对另一个人的看法。出于尊重或敬仰，人们会主动抬眼注视别人；平视（正视）说明双方关系平等；向下注视他人可能表示轻视，也可能是对小辈的宽容或怜爱；若面对面斜视对方，会让人觉得被冒犯。

在交际场合中，眼神注视的部位也是有一定规范的，有些区域很安全，有些区域则不能触犯。一般不能注视他人头顶、大腿、脚部与手部，尤其不是情侣的异性，通常不应注视其臀部以下，如裆部、腿部。关系平常的人之间可以注视对方面部，亲密的异性朋友可以注视双方的眼部到裆部。

注视方式不同，其含义也不同。直视表示认真、尊重；凝视即全神贯注地注视，表示对交往对象的专注；目光游离、眼神飘忽不定的虚视，多表示胆怯、走神、疲乏、失意等；盯视表示好奇，但不可多用，尤其对异性禁用；环视适用于与多人打交道，可表示一视同仁；从眼角把目光投向别人的斜视，传递默然甚至轻蔑的心理。

3. 笑容

在千变万化的面部表情中，微笑是最美的。它可以拉近人与人之间的心理距离，为交谈创造友好和谐的氛围。一位经理人曾说过："我宁愿雇用一个没有上完小学但有愉快笑容的女孩，也不愿意雇用一个神情忧郁的哲学博士。"商务活动中尤其要学会微笑。

（1）笑的种类。

① 含笑：不笑出声，不露出牙齿，只是面带笑意。表示友好、友善。

② 微笑：嘴巴略微打开，露出上齿。表示更深程度的友好、欢迎（图 2–7）。

图 2–7　微笑

③ 轻笑：笑的幅度略重于微笑，嘴巴适当张大。

④ 浅笑：笑时抿嘴，上齿含住下唇，多见于年轻女性害羞时的笑。

⑤ 大笑：嘴巴大张，笑出声音。大笑太过张扬，不宜在商务活动中使用。

（2）笑的方法。微笑的目的是传达出愉悦、友好等信息，但是如果笑的方法不恰当，就可能出现"笑比哭还难看"，或者显得非常虚假。正确的笑应注意以下几点：

① 发自内心：一个人从内心自发地笑，和不情愿地"挤"出来的笑是完全不一样的，微笑是真正从内心自然而然散发出来的。

② 动作自然：微笑时一般露出上面的 6~8 颗牙齿。要配合肢体语言，而不只有表情，以免显得单调、僵硬。

③ 气质优雅：微笑时要善于运用眼睛，让笑意从眼睛里都能看得到，再配合饱满的精神，才会显出优雅的气质。

甜美的微笑是可以练习的，具体方法如下：

① 对着镜子练习。使眉、眼、面部肌肉、口形在笑时和谐统一。

② 诱导练习。调动感情，发挥想象力，或回忆甜蜜的过去，或展望美好的未来，使微笑源于内心，有感而发。

③ 众人面前练习。按照要求，当众练习，使微笑规范、自然、大方，克服羞涩和胆怯心理。

④ 演讲一段话，脸上保持笑容，请听众评议，然后加以纠正。

（3）笑的禁忌。在商务活动中，严禁出现下面几种笑：

① 假笑：人们常说的“皮笑肉不笑”，让人看上去非常假。

② 冷笑：冷笑传达出讽刺、蔑视、不屑一顾的意思，自以为是，让人生厌。

③ 怪笑：笑得怪里怪气，让人看了心里发怵。

④ 媚笑：有意讨好他人而装出的笑，含有很强的功利性。

⑤ 窃笑：偷偷地笑，有洋洋得意或幸灾乐祸之意。

二、着装礼仪

俗话说：三分人才，七分打扮。着装是一种无声语言，通过它可以看出一个人的社会地位、艺术品位、文化修养等，甚至还能显示出一个人对待事情的态度。得体的着装不仅能够掩饰缺点、美化自己，给他人留下美好印象，也能在商务活动中更加自信，赢得他人的信赖。当一个人的着装与自己的个性、气质、身份、年龄、职业以及周围环境、时间相匹配时，就能达到完美统一的境界。

（一）着装的原则

1. TPO 原则

TPO 是英文单词 time、place、object 首字母的缩写，意思是人们着装时要考虑时间、地点、目的，使自己的着装与之相配。

time 是指与时间相配。四季更迭，气候变化，服装的款式与质地也应发生变化。如秋风乍起时，你买了一件特别好看的貂皮大衣，即使再喜欢，也不能这时穿上，因为它不符合穿的季节。夏季的衣着应轻松凉爽，春秋应注意防风，冬季应保暖舒适，切不可只追求风度而忘记了温度，追求时尚要在身体健康的前提下；服装要适应时代的变化，紧跟时尚与潮流，太超前与太滞后都是不合适的。

place 是指与地点相配。穿着要因地制宜，根据地点不同选择服装，如在家里穿舒适的家居服，在体育馆穿运动装，在办公室穿正装。

object 是指着装随目的不同而不同。目的主要从两个方面考虑：一是做事的目的，例如你要去谈判或参加签字仪式，必须穿正装，显得成熟、干练，重视这次活动；你要去健身，那就要穿宽松的运动服。二是想要给别人留下什么印象，活泼开朗还是严肃稳重，抑或知性高雅，要根据这一目的来选择服饰。

2. 整体原则

正确的着装应考虑自己的年龄、体型、脸型、肤色以及周边的环境等诸多因素，各个因素相互配合，形成和谐统一的整体。

（1）与体型搭配。人与人的体型千差万别，并且大多数人的身材都或多或少有些不完美，因此在选择服装时要充分了解自己的体型，尽量使着装能扬长避短。

如矮胖的人，适宜选择具有收缩效果的竖条纹深色系服装，从视觉上产生一种横向收缩、纵向延伸的效果，款式上可选择宽松一点或呈 H 形的服装，避免穿紧身衣、百褶裙、横条纹或掐腰类服装，否则会更加显胖。

瘦高的人，宜选择具有扩张效果的横条纹暖色系服装，最好穿长袖、长裤、高领连衣裙，不要穿无领、无袖或竖线条纹的上衣，也不要穿紧身衣，否则会让人显得更加瘦削。

（2）与肤色搭配。我们国家同属黄种人，大多数人的皮肤是偏黄色，但也有肤色偏白或偏黑的人，选择着装时要考虑自己的肤色，选对衣服的颜色会显得气色好，更有精神。

肤色偏黄的人，适宜选择与自己肤色色差较大的、明亮的服装，如红色、白色、蓝色、粉色、淡紫色等，最好不要选择深色系的或与肤色接近的土黄色、橙色等，这样会显得皮肤更黄、更暗淡，缺乏生机。

肤色偏黑的人，适宜选择色彩明亮、图案较小并且柔和的服装，颜色上应选用灰色、浅咖啡色、藏青色、米色或浅黄色等，不可选择纯黑色、紫色、深褐色或白色，这些颜色会显得肤色更黑。

肤色偏白的人对颜色不大挑剔，穿各种颜色都可以。

（3）与年龄搭配。年龄是选择服装颜色、款式的重要参照，不同年龄层次的人选择服装时要与自己的年龄相配。如超短裙、热裤穿在少女身上显得青春洋溢、活泼可爱，也能展现出少女美好的身姿，可如果穿在中年人身上，就有卖弄之嫌。旗袍穿在成熟女性身上可以显示出女性的含蓄柔美、高雅华贵，但穿在青少年的身上就少了那种韵味，显得不伦不类。

从衣着搭配的整体而言，鞋子比裤子重要，裤子比上衣重要，打底衫比外衣还重要。

着装时还应注意细节与整体效果的检查，跳线的丝袜、脱落的装饰纽扣都有可能破坏整个着装效果，所以，这些微小的细节都值得我们在出门前仔细检查。

3. 三色原则

三色原则是指穿在身上的衣服颜色不要太多，以不超过三种为宜，尤其是商务男士的西服。当然，这里的颜色主要指色系，如穿深灰色的西服、系浅灰色的领带，这仍属一种颜色。而且三种颜色应该相互协调，才会给人简洁、大方的视觉感受。如果身上衣服颜色过多，会给人眼花缭乱、冗杂的感觉。

4. 个性原则

意大利影星索菲亚·罗兰说："你的衣服往往表明你是哪一类人，它不仅代表你的个性，还能展现出你的兴趣爱好、心理状态等等。"每个人都应该穿出属于自己风格的衣服，在合适的前提下，穿出自己的个性与风格，这样才能彰显魅力。

（二）着装搭配

着装搭配要考虑很多因素，每个人的情况不一样，搭配的方式也会有所不同。接下来我们重点介绍男士西装与女士套装的相关搭配。

1. 男士西装礼仪

西装指在西方国家较为通行的两件套或三件套，它是统一面料、统一色彩的规范化的正式场合的男士着装。对商务男士来说，穿西装能体现身份，展示企业形象。尽管它起源于欧洲，有着独特的着装标准，但在日趋国际化的今天的中国，也成了商务人士的正装。所以，如何挑选合适的西装，西装如何与衬衣、领带、鞋袜、皮带、公文包等搭配，也成了初入商界男士的必修课。

（1）西装的选择。选择适合自己的西装，才能穿出风度。

西装面料应力求高档，选择不易起皱的面料。一般情况下，毛料为西装面料的首选。

西装的色彩必须显得庄重严肃，不能显得随便轻浮。所以商务活动中男士要选择深蓝色、黑色、灰色、藏青色等颜色的西装，而不能选白色、米色或艳色的西装。

男士西装以无图案为宜，因为商务人士推崇的是成熟、稳重。

西装通常有两件套与三件套之分，两件套包括一衣和一裤，三件套包括一衣、一裤和一背心。三件套西装比两件套西装显得更加正规，所以在参加较正式的商务活动时，最好选择三件套西装。

西装的版型主要有欧式、英式、美式和日式四种，四种版型各有特色。

欧式西装的特点是：上衣呈倒梯形，多为双排两粒扣或双排六粒扣，纽扣的位置较低。衣领较宽，强调肩部与后摆，不重视腰部，垫肩与袖笼较高，腰身中等，后摆无开衩。

英式西装的特点是：不刻意强调肩宽，而讲究穿在身上自然、贴身。多为单排扣，衣领是V形，并且较窄。腰部略收，垫肩较薄，后摆两侧开衩。

美式西装的特点是：外观上方方正正，宽松舒适，较欧式西装稍短一些。肩部不加衬垫，其领型为宽度适中的V形，后腰宽大，后摆中间开衩，多为单排扣。

日式西装的特点是：上衣的外观呈现为H形，不过分强调肩部与腰部，垫肩不高，领子较短、较窄，不过分地收腰，后摆不开衩，多为单排扣。

总的来说，欧式西装洒脱大气，英式西装剪裁得体，美式西装宽大飘逸，日式西装贴身凝重。具体选择时，欧式西装要求穿者高大魁梧，美式西装穿起来稍显散漫，中国人在选择这两类时要慎重。相对来说，英式西装和日式西装更适合中国人。

西装的尺寸最好能量体裁衣，量身定做。如果选择成品，一定要试穿好。一般来说，尺寸合适的西装，上衣领子应紧贴后颈部衬衫的领口，并且低于衬衫领口1.5厘米左右。上衣的长度与垂下手臂的虎口相平，或上衣要盖过臀部。袖子的长度应是手臂伸直时，袖口到手心处。西裤的腰围应该是裤子穿在身上，拉上拉链，扣好裤扣，裤腰处正好还能伸进一只五指并拢的手掌。如果插进一只手掌后还有很大的余地，则腰围太大；如果一只手掌插不进去，则腰围太小。合适的裤长是裤子穿上后，裤脚下沿正好触及地面，并确保裤线垂直，不可太短或太长。

（2）西装的搭配。

① 西装与衬衫的搭配。能与西装一起搭配的衬衫很多，最常见的是白色或其他浅色衬衫，但白色最庄重。衬衫领子是硬领，领口要直，不能有折痕。合适的衬衫领子是：扣上衬衫纽扣后，还能自由插进一个食指。衬衫领子要比西装上衣的领子高出 1.5 厘米左右，衣袖要长出西装袖口 1.5 厘米左右。衬衫的下摆要塞进西裤里，不能散在外面。

有人冬天穿西服时为了保暖而在衬衫里面穿保暖内衣，这样也不是完全不可，但务必做到在袖口和领口看不到保暖内衣，所以里面的保暖内衣必须是 V 领的，最好穿小一码。

② 西装与领带的搭配。领带是男性商务人士穿西装时最重要的饰物。在欧美各国，领带、手表和装饰性袖扣礐称为“成年男子的三大饰品”。

领带的面料应选择真丝、桑蚕丝或羊毛的，不能选择山棉、麻、绒、皮等物制成的领带。在商务活动中，领带以蓝色、灰色、棕色、紫红色等单色为首选，并且尽可能与西服同色系。图案以条纹、圆点、方格等规则的几何形状为主。注意领带的颜色不能超过三种，颜色过浅或过艳的领带（红色除外）也不宜佩戴。

领带的形状外观有宽窄之分，选择时要使领带的宽度与自己的身材成正比。下端为箭头的领带显得比较传统、正规，下端为平头的领带显得较时尚、随意。

打领带结有三点技巧：一是要把它打得端正、挺括，外观上呈倒三角形；二是在收紧领带结时，有意在其下压出一个窝或一条沟来，使其看起来美观、自然；三是领带结的大小应与所穿衬衫领子的大小成正比。

日常所用领带通常长 130~150 厘米，领带打好之后，外侧应略长于内侧。标准长度应当是下端的大箭头正好触及皮带扣的上端。这样，当外穿的西装上衣系上扣子后，领带的下端便不会从衣襟下面显露出来。如果领带打得太短，它容易从衣襟上面“跳”出来。所以，不提倡在正式场合选用难以调节其长度的“一拉得”或“一挂得”领带。

领带夹过去是西装的重要饰品，现在国外已很少使用。如要固定领带，可将后面稍短的一层放入前一层后面的标牌内。用领带夹的话，应将领带夹夹在衬衫自上而下的第四粒至第五粒纽扣之间。

③ 西装与皮带的搭配。穿西装时如果不穿背心，西装上衣敞开或脱下时，皮带就会露在外面，因此皮带的质感、美感就显得特别重要。与西装搭配的皮带宽度一般为 2.5~3 厘米，颜色以深色为首选，黑色和褐色是百搭的颜色。皮带扣应美观、简洁、大方，不要过于花哨。皮带系好后，带头内藏，不可露在外面。

④ 西装与鞋袜的搭配。穿西装时，鞋袜一定要搭配好，达到统一、规整的效果。与西装搭配的鞋只能是皮鞋，而且应当是真皮制品而非仿皮。磨砂皮鞋、翻毛皮鞋大都属于休闲鞋，不太适合与西装搭配。与西装搭配的皮鞋应为深色、单色，黑色最好。穿皮鞋时

要注意保持鞋内无异味，鞋面无灰尘，鞋底无污泥。

穿西装、皮鞋时，选择的袜子必须是深色、单色，而且一定是棉袜，切忌穿黑皮鞋白袜子。穿袜子前要检查一下袜子有无破损。袜子太小容易从脚上滑下去，太短容易露出脚踝，所以袜子宜长不宜短，最短不能低于自己的踝骨。

⑤ 西装与公文包的搭配。公文包，被称为男性商务人士的“移动式办公桌”。

准备一个与着装相配的公文包是非常必要的。公文包要选择真皮制品，以牛皮、羊皮为最佳。颜色上，以黑色、棕色的公文包为好。款式上，公文包应选择手提式的长方形，夹式、挎式、背式等款式的均不能与西服相配。使用公文包时一定要拆除其所附的真皮标志，包内的物品要摆放整齐，以便取物时能快速、准确。不能把公文包塞得鼓鼓的，要避免取物时翻寻半天而不得。

（3）西装的规范（图 2-8）。穿西装时，一定要先了解西装的正确穿法，以免闹出笑话。

图 2-8 西装的规范

① 拆除商标。穿西装时一定要拆除左衣袖上的商标，即使你的西装是非常名贵的品牌，也不能让商标挂在袖子上。

② 熨烫平整。穿西装之前，一定要熨烫平整，才能显出穿者的风度和气质，皱巴巴的西装只会让人不堪直视。

③ 系好纽扣。西装纽扣是区分款式、版型的重要标志，能否正确地给西装系纽扣直接反映对西装礼仪的掌握程度。单排两粒扣，只扣上面一粒。单排三粒扣，只扣中间一粒，也可扣上面两粒，但不可全扣。双排扣西装可全部扣，也可以只扣上面一粒。落座后，西装上衣的纽扣要解开，防止西装走样。起身时，要把该系的纽扣系上，表示庄重。

④ 不挽衣袖和裤管。穿西装时，无论如何也不能挽起衣袖和裤管，这样会显得很粗俗。

⑤ 用好口袋。西装口袋的装饰作用多于实用价值，所以不要把它当成功能性的口袋使用。西装上衣外侧的口袋原则上不能放入任何东西，千万不能放钢笔、钱夹、眼镜等物品，上衣内侧的口袋可用来放钢笔或名片，但不能放厚重的物品，以免显得鼓鼓囊囊。西裤两侧的口袋只能放纸巾等轻薄物品，后侧的口袋不能放任何物品。

2. 女士套装礼仪

女性的套装分为套裙和套裤。

商务活动中，相对于男士西装的单调，无论是从服装的款式上还是颜色上，女性着装则有更多的变化和选择。但是无论选哪种服装，都要遵循礼仪规范，着装应既体现出女性的性别特点和职业气质，也符合商务礼仪的要求。商务活动中女性着典雅大方的套装，有助于塑造良好形象，气质和风度倍增。套裤显得干练，套裙则更能体现女性的性别特点，并且套裙的讲究比套裤更多。

（1）套裙的选择。女性选择的套裙应该面料高档，最好是纯天然质地，要满足滑润、光洁、丰厚、柔软、悬垂等要求，不仅弹性和手感要好，而且不能起球、起毛、起皱。

套裙的款式大体上可以分为 H 形、X 形、A 形、Y 形四种类型。

H 形套裙的主要特点是上衣较为宽松，裙子多为筒式。这一款式给人直上直下、浑然一体的感觉，它可以让着装者显得优雅、含蓄、帅气，也可以为身材较胖的人遮丑。

X 形套裙的主要特点是上衣多为紧身式，裙子多为喇叭式。这种款式以上紧下松来突出着装者腰部的纤细，看上去婀娜多姿、楚楚动人。

A 形套裙的主要特点是上衣为紧身式，裙子为宽松式。这种款式也是上紧下松的造型，体现着装者上半身的身材优势，遮掩下半身的身材劣势。总体上显得有松有紧，富于变化和动感。

Y 形套裙的主要特点是上衣较为宽松，裙子为紧身式，并且以筒式为主。这一款式的造型是上松下紧，它能掩饰着装者上半身的短处，表现着装者下半身的长处。这种款式往往可以让人看上去亭亭玉立、端庄大方。

女性要根据自己的身材比例，选择合适的套裙。而且现在的套裙较传统套裙相比，有了很多变化，款式上要活泼、灵动很多。主要表现在衣领和裙子的变化上，如除了最常见的平驳领、枪驳领、一字领、圆状领、V 字领、U 字领之外，还有青果领、披肩领、燕翼领、束带领等领型。裙子除了最常见的西装裙、一步裙、围裸裙、筒式裙外，还有百褶裙、旗袍裙、开衩裙、A 字裙、喇叭裙等，飘逸洒脱，活泼亮丽。

颜色上，女性可以选择的色彩明显比男性要多，但是套裙大多以冷色调为主，这样能体现出穿者的典雅、沉稳和庄重。宝蓝、藏青、深紫、玫红、标准灰、炭黑等都是不错的选择，正式场合中不要穿艳丽抢眼的套裙。一般来说，套裙上衣和裙子的颜色是一致的，但是也可以是同一色系的上浅下深，或上深下浅搭配，这样显得更活泼、更有层次一些。

套裙讲究简洁、正规，一般不带图案和花纹。如果喜欢，也可以视场合选择带有圆点、条纹等简洁图案的套裙。

女性要想穿上套裙后美丽大方、典雅端庄，尺寸必须大小相宜，过大或过小、过肥或过瘦的套裙都不宜穿着。套裙中上衣和裙子的长短是没有具体规定的，但普遍认为上衣不宜过长，裙子不宜过短，裙短不雅，裙长无神。套裙的上衣最短要齐腰，裙子最长可以到小腿中部，裙子太长会给人拖沓、散漫的感觉。

套裙上衣的袖长以恰恰盖住着装者的手腕为好。衣袖过长，会使人看上去不干练、不精神；衣袖过短，动不动就“捉襟见肘”，显得很滑稽。

（2）套裙的搭配。涉及套裙搭配的问题，主要是与衬衫的搭配、与内衣的搭配、与衬裙的搭配、与鞋袜的搭配。

① 套裙与衬衫的搭配。与套裙搭配的衬衫，面料上要轻薄而柔软，如真丝、麻纱、府绸、罗布、涤棉等。色彩上，基本色为白色，它可以搭配所有深色系的上衣。除了白色以外，其他任意颜色只要与套裙的颜色相配，都可以用作衬衫的颜色，以单色为最佳。衬衫的颜色应与套裙上衣的颜色形成深浅对比，要么外深内浅，要么外浅内深。

穿衬衫时要注意，衬衫的下摆必须掖入裙腰内，不能任其悬在外面，也不能把衬衫在腰间打结。衬衫的纽扣要一一系好，除最上端的一粒纽扣按惯例可以不系之外，其他纽扣不能随意解开。

穿套裙时也可以用背心或吊带做底衫，这样会显得比较清爽干练。

② 套裙与内衣的搭配。一套内衣往往由胸罩、吊袜带、连体衣等构成，它应当柔软贴身，起到支撑和衬托女性身体线条的作用。选择内衣时，最重要的是大小适当，不能过于宽大或过于窄小。内衣面料以纯棉、真丝等为最好，色彩可以任意选择，需要注意的是，不能使它的轮廓在套裙之外展现出来。

③ 套裙与衬裙的搭配。衬裙，指穿在裙子之内的裙子。穿套裙时有时需要穿衬裙，如果套裙较为轻、薄时，不穿衬裙会使内裤若隐若现，非常不雅。衬裙的色彩以浅色为宜，如白色、肉色等，不能出现衬裙颜色比外面套裙的颜色还深的情况。衬裙的款式要线条简单、穿着合身、大小适度，既不能长于外面的套裙，也不能过于肥大而将外面的套裙撑变形。

穿衬裙时要注意，衬裙的裙腰不可高于套裙的裙腰，应将衬衫下摆掖入衬裙裙腰与套裙裙腰之间，不可将其掖入衬裙裙腰之内。

④ 套裙与鞋袜的搭配。鞋袜能展示女性的腿部线条和“足上风光”，每一位爱美的女性都不能随意对待与套裙相配的鞋袜。

与套裙相配的鞋子，宜为高跟、半高跟的船式皮鞋或盖式皮鞋。系带式的皮鞋、丁字式皮鞋、皮靴、皮凉鞋等都不能与套裙搭配。鞋子的颜色以黑色为首选。此外，与套裙颜色一致的皮鞋也可以。

与套裙相配的袜子，应是连裤袜。高筒袜、中筒袜、低筒袜绝对不能和套裙同时穿。袜子的颜色多为肉色、浅灰、浅棕等透明的薄丝袜，并且不能带有图案和花纹。彩色袜不宜与套裙搭配。

袜子一定要完好无损，有洞、跳丝、残破的袜子应立即更换，也不可以用线缝上后再穿。所以特别建议女士参加重要的商务活动时，一定放一双新丝袜在包里，以备袜子破损后随时更换。如果忘带了，也先把破损的袜子脱下来，光脚也比穿破袜子强。

（3）着装的规范（图 2-9）。女性着套裙时，一定要仔细检查，上衣领子要完全翻好，口袋的盖子要拉出来盖住口袋。上衣的衣扣必须全部系上，不能部分或全部解开，敞

图 2-9　着装的规范

开胸怀。更不能随意把上衣脱下，披在身上或搭在身上。裙子要穿得端端正正，上下对齐处要对齐。

着套裙还有很多禁忌：

① 忌穿黑皮裙。在国外，只有街头女郎才这样打扮。与外国人打交道，尤其在国际商务活动中，绝对不能穿黑皮裙。

② 忌光腿光脚。穿套裙一定要穿与之相配的袜子，不能光着腿脚，否则不但有碍雅观，还有卖弄风骚之嫌。

③ 忌“三截腿”。三截腿是指穿裙子时，穿半截袜子，袜子和裙子中间露一段腿肚，导致裙子一截，袜子一截，腿肚一截。这样穿会使腿显得粗短，在国外往往被视为没有教养的女性的特征。

三、饰品礼仪

饰品指能起到装饰点缀作用的饰物，包括各种首饰和配饰。女性饰品的种类很多，如头饰、耳饰、颈饰、腰饰、腕饰、手饰、脚饰等，具体有帽子、发卡、耳环、项链、围巾、胸针、胸花、腰带、手表、手链、手镯、手袋、手套、戒指、脚链等，眼镜也是很重要的饰品。男士的配饰相对比较简单，主要有领带、皮带、手表、戒指、公文包等。

有人曾将首饰比作女人的第二双眼睛，可以射出诱人的光芒，由此可见，女性对于配饰的钟爱和珍视。有的配饰本身就是一件完美的艺术品，是财富和身份的象征。因此，精致的配饰不仅能对整体形象起到画龙点睛的精美点缀作用，也是自我个性的张扬和审美情趣的展示。选择什么样的配饰，如何正确地使用和佩戴配饰，成了现代人尤其是职场女性生活中乐此不疲的话题。

（一）饰品佩戴的原则

1. 整体协调原则

在佩戴饰物时要综合考虑交往对象、场合、心情、服饰风格等诸多因素的关系。协调一致的搭配、恰到好处的点缀，才能达到配饰的美化目的。身穿西服套装时，金项链、玉手镯、珍珠玛瑙戒指一起佩戴就会极不协调。佩戴的饰物最好是与所穿服装同色系。

2. 数量适当原则

珍贵的饰物虽然夺目，但若佩戴过多反而会喧宾夺主。选择的饰物数量为 2~6 个点，以少为佳。耳环虽然是一件饰物，因为分在面部两侧，所以要算两个点。若颈部佩戴了项链，手腕佩戴了手表，耳部佩戴了耳环，手指佩戴了戒指，就已经有 5 个点了，不宜再佩戴靓丽的发夹和腰带，否则会把人的目光锁定在饰品上，而忽略服饰和人的整体形象。

3. 同色同质原则

配饰的种类繁多，颜色也五彩缤纷，可我们选择的配饰应当同服装的材质、颜色搭调，配饰之间要讲究同色同质，如佩戴珍珠项链，那么耳环、戒指、手表也最好选择珍珠的或者有珍珠装饰的，不要手腕戴着象牙镯子，而手指佩戴黄金戒指，颈上又挂着珍珠项链，像开杂货铺，这是拙劣的佩戴饰品的方法。

4. 扬长避短原则

佩戴的饰品要能突出自己的优点，掩盖缺点。如圆脸型的人适合戴长耳坠，使脸型显得长一些，而不适合戴大大的耳环。短而粗的手指选择戒指时要选择有花形的、立体感强的，这样能在视觉上拉长手指，而不要选择简单的一个圈的戒指，那会显得手指更短。脖子较短的人，戴项链时要选择细长的，而不要戴紧贴脖子的粗项链。

5. 做工精致原则

在商务活动或较正式的场合，一定要佩戴质地精良、做工精细的饰品，表示对活动的重视、对交往对象的尊重。粗制滥造的饰品会显得很没品位，不如不戴。

（二）饰品佩戴的技巧

由于女性与男性的情况不同，所以我们分别介绍女性和男性如何正确佩戴所选饰品。以下介绍几种常用饰品的佩戴方法。

1. 女性佩戴饰品技巧

（1）玲珑的耳环彰显女性魅力。耳环的设计不外穿耳洞式、夹式和扭转式等款式。穿耳洞式的耳环佩戴较为烦琐，但是样式精巧，种类繁多；夹式的最容易佩戴，唯一的缺点就是戴久了会阻碍耳部的血液循环，需每隔一段时间就摘下来，让耳朵休息一下；扭转式的可以依据每个人耳朵的厚度自行调节，但要注意的是随时有脱落的可能。

耳环的款式要同脸型搭配。脸型圆润丰满的人，适宜佩戴长耳环或垂坠款式，让脸看起来细长些；瘦长脸型的女性可选择纽扣形的耳环，使脸部显得较宽；瓜子脸的女性几乎任何造型都适合佩戴，扇形耳环、水滴形耳环显得更妩媚。

耳环的大小要同身材相符。身材纤细瘦小的女性应佩戴小巧秀气的耳环，因为如果佩戴的耳环太大会让人看起来头重脚轻；身材高大、脸型宽大的女性，应戴大型的耳环，以衬托出大方的气质；脖子过短或过长的女性不宜佩戴有长坠子的耳环，否则会更加暴露脖子的缺陷。

耳环的佩戴要应事应景。出席比较正规的商务或社交场合，比如参加签字仪式、宴会、婚礼或庆典仪式，应当选用品位和质地较为高档的耳环，诸如钻石、翡翠、宝石镶嵌的耳环。耳环也要根据整体服饰来选择款式，服饰色调鲜艳的，宜搭配色泽淡雅或同色系的耳环，穿长衣时可选用大圆形的耳环，穿裙子时适宜戴小圆形的耳环。

（2）精致项链、胸针、戒指、手镯增添女性光彩。项链的佩戴对服饰有着不可言喻的作用。戴上一根合适的项链，可以使你散发出端庄、高贵的气质，让人的目光一下集中在你的上身，因此，项链在所有首饰当中有着“贵重”的地位。穿长礼服时，佩戴珍珠或与礼服同色系的玉珠项链，可与礼服起到相互映衬的作用；穿套装时，可搭配一链式项链；穿休闲服饰时，可以随自己的喜爱，佩戴样式新颖、做工精细、夸张而有个性的项链，如木制或陶瓷的项链。

身着高贵材质的服装时，如能别上一枚镶有玉石的胸针，将会显得格外高贵、典雅。

而穿着裙装或休闲服时，可以佩戴符号、动物、水果等具有个性设计图案的胸针。一般而言，镶嵌有珠宝的胸针较适合年长的女性，这样可以衬托端庄、稳重的气质，年轻的女性应选择式样活泼或柔和色调的胸针。胸针的颜色最好与衣服的颜色产生深浅对比，能形成视觉上的差异感。

在大多数场合，戒指都是很夺人眼目的饰物，即使在葬礼上，戒指也可不必摘脱。平常的时候，戴上戒指更可增加手部的美感。戒指的款式应当同手指相配合：手指粗短者，应选择椭圆形的戒指，可使粗短的手指显得较为修长；细长的手指，可选择圆形的戒指。出席宴会时，可佩戴宝石或珍珠等艳丽的戒指，显得端庄大方。戒指戴在哪个手指上也有一定的讲究。通常恋爱中的男女会把戒指戴在中指上，已婚的男女会把戒指戴在无名指上，夸张个性化的大的装饰戒指宜戴在食指上，将戒指戴在小拇指上是告诉别人你是单身。

手镯是一种套在手腕上的环形饰品。手镯的佩戴，其审美功能往往是第一位的。手镯一般戴在右手上，最好是成对的手镯同时戴在手腕上。戴手镯时不宜戴手表。短粗胖的手型不宜戴宽手镯。

（3）多彩腰带塑造女性万种风情。腰部是女性美丽标志的重要部位，女性都希望自己拥有一个曼妙的身段，尤其是具有水蛇般的腰部，装饰性的腰带就可以让腰部的美丽立显。

腰带大致可分为三种：纤细型、宽边型、个性型。纤细型腰带一般搭配优雅的连衣裙，一些职业感强的上装也可以使用，这样能起到很好的点缀作用，显得典雅、庄重、淑女味十足。简洁的宽边型可以为本就面料不多的夏装带来丝丝凉意，增添几分动感，不但可以遮掩腰部的缺点，还能为服装赋予更多的时尚色彩。个性型腰带有许多款式，有金属链相接式、皮链相接式、宝珠相配式、绳索式等各种款式，色彩缤纷。

对于身材高瘦的女性，任何样式的腰带都适宜；相对瘦小的女性，应选用正腰高度的腰带；上身长的女性腰身会显得很长，这类体型一般选用宽边腰带会使腰显得短些；臀部较宽的女性应当避免使用低腰的宽腰带，宜用纤细型腰带，以简约雅致为主；较胖的女性不宜选用腰带。腰带的色彩尽量同服装的颜色相近或相同。

（4）艳丽围巾、帽子打造女性潮流时尚造型。随着时代的变迁、社会的发展，围巾、帽子已不再只是防寒保暖的必需品，它俨然发展成了散发女性时尚气息的装饰品。冬天气温低，人们所穿衣服的色彩会较暗，这时如果佩戴上适宜且艳丽的围巾、帽子，就会打破沉闷的氛围，使整个人都显得生动、活泼起来。

围巾、帽子的佩戴除了考虑时间、地点、场合外，也要考虑衣服、年龄、脸型、发型等因素。围巾与衣服的搭配最主要考虑的因素是色差，最好色差比较大，这样才能衬托出衣服与围巾的层次感。浅色围巾配深色针织衫，浅色针织衫就要配深色围巾，这样显得更出位俏丽，突出亮点，这是最经典的搭配方式。围巾与衣服搭配时还要考虑质地薄厚是否一致。薄的套裙，一定不能搭配厚的毛线围巾，要搭配飘逸的丝质或棉质丝巾；厚的大衣或棉衣，最好搭配厚的毛线或者羊毛质地的围巾，这样才协调一致。但无论如何不能让围巾的鲜艳掩盖了自己面部的本色，烘托面部也是选择围巾颜色的主要原则。

长脸型的人最好不要戴高顶帽，宽边帽、帽檐向下的帽子较适合；宽脸型的人不应该选择将额头遮住的帽子，适合小沿帽或者顶高的帽子；矮个子的人不要戴平顶宽沿儿帽；高个子的人不要戴高筒帽。

2. 男性佩戴饰品技巧

男性的饰品较女性少一些，主要有眼镜、领带、皮带、手表和公文包等。

眼镜的佩戴会影响到整个面部的轮廓。选择眼镜时要考虑两个因素：一是镜框外形与脸型是否相称；二是镜框颜色与肤色是否协调。方脸型的男性，宜选配近似方形的镜架，不宜选用扁形的镜架；圆脸型宜选配扁形或梨形镜架，不宜选用太圆、太方的镜架。佩戴眼镜除了考虑脸型外，还要充分考虑肤色问题。如果你的肤色比较黑，切忌佩戴红白两色的眼镜，它们都是黑色的对比色，会让脸色显得更暗。

领带是商务男士正装的灵魂，是打扮的焦点，已成为商务男士正装不可或缺的装饰品。领带的搭配最重要的是考虑领带的色彩，应以衬衫或西装颜色为底色来选择。衬衫是白色的，那么领带上的图案最好带一点白色。以此类推，换成蓝色衬衫，领带上最好带一点蓝色。如果西装颜色是藏青色，领带可以搭配蓝色斜纹的；西装颜色是咖啡色，领带颜色就可以是米色或黄色圆点的。最保守的搭配方式是选择与西装或衬衣相近的颜色的领带。也有反差比较大的搭配方式，但是要慎用，搭配好了会很时尚，搭配不好会很土气。蓝底米色圆点领带配白色衬衣，绛红色方格领带配黑色西服和白色衬衫，蓝色领带配藏青色西服和蓝色系或白色衬衫，这些都是基本的搭配方式，百试不爽。

商务男士的皮带已经不仅仅具有固定裤子、防止裤子下滑的作用，它还有装饰的功能。造型简单的皮带具有彰显男性气质的一股强大力量，但是这个作用很容易被男性忽视。

商务男士在选择皮带时要遵循配饰的整体性原则，不能穿一身昂贵的西服却系一根红色线织的绳子状带子（所谓的本命年扎的那种红色带子）。皮带要保持其亮度、崭新度，过旧甚至掉皮的皮带一定不要再使用，那样会使你昂贵的西服大打折扣，有失身份。皮带的选择最好随着潮流变化而变化，这很大程度体现在钩扣上，如代表高贵、优雅的纯金钩扣，其造型、大小都可以表现出男士的魅力。皮带的长度应保持尾端介于第一和第二裤绊之间，宽窄应保持在3厘米左右。太窄，会失去男性阳刚之气；太宽，只适合于休闲、牛仔风格的装束。切忌皮带上携挂过多的物品，这样既不利于腰身的展现，也降低了身份与品位。不同的季节、不同的服饰，都应佩戴不同款式的皮带。

所谓“男士看表，女士看包”，既说明配饰对每个人而言也许比整体着装还重要，也说明男士的手表和女士的包在饰品中的重要地位。对商务男士而言，手表绝不只是为了看时间，而是体现身份、地位、品位的时尚道具。当你举行商务活动、洽谈生意、参加宴请时，一款好的手表一定有助于你的形象提升。所以，商务男士应该有几款不同的手表来搭配不同的服饰，出席不同的场合。

第三节 仪态礼仪

仪态，又称体态，是指人的身体姿态和风度。姿态是身体表现出来的样子，风度是内在气质的外在表现。仪态和仪容仪表一样，能客观地传达出个人信息，从一个人的动作、身体姿态、手势常常能判断出他的性格、能力、学识、修养等。“站有站相，坐有坐相”，古人很早就对人的行为举止提出了要求。达·芬奇也曾说：“从仪态了解人的内心世界，把握人的本来面目，往往具有相当的准确性与可靠性。”

如果说人类的语言可以分为有声语言和无声语言，那仪态便是无声语言，它往往比有声语言更具魅力，一个人的气场更多取决于无声语言。温文尔雅、大方从容、彬彬有礼的人更容易受到欢迎。所以，一定要用美好的仪态为自己赢得好感和机会。

仪态主要包括形体、站姿、走姿、坐姿、蹲姿和手势。

一、形体礼仪

形体，顾名思义，指人的身体或体态，它是人在先天遗传及后天锻炼的基础上表现出来的身体形态上的相对稳定的特征。形体美非常重要，它能改善外在形象，调整不良肢体形态，提升人的整体形象。

形体美的标准是健壮有力，体形匀称，线条分明，精神饱满。具体来说，女性形体和男性形体又有不同。女性形体强调的是线条和优美的身形；男性形体更注重肌肉、力量和阳刚之气。

心理学家奥伯特·麦拉比安著名的沟通黄金定律是：55%形体+38%语言+7%内容。由此可见，人们往往忽略的形体却是人际交往中最重要的部分。我们常说“神形兼备”，神和形是融为一体的，形是神的承载，而神是形的灵魂。有句流行的话说得好：“人们总是根据书的封面来判断书的内容，决定买不买这本书。”对于人来说，也是如此。著名的55∶38∶7法则认为，留给他人的第一印象中有55%是取决于你的外表，其中人的形体占据很重要的分量。

（一）形体美的标准

什么样的形体才是符合人们审美标准的美呢？男性和女性有不同的标准。

1. 男性形体美的衡量标准

标准体重计算公式为：［身高（厘米）−100］×0.9（千克）

向两侧平伸两臂，两手中指尖的距离应等于身高。

肩宽应等于身高的1/4。

胸围应等于身高的1/2加5厘米左右。

腰围应较胸围小15厘米左右。

臀围应等于身高的1/2。

大腿围应较腰围小23厘米左右。

小腿围应较大腿围小18厘米左右。

足颈围应较小腿围小12厘米左右。

手腕围应较足颈围小5厘米左右。

上臂围等于大腿围的1/2。

颈围应等于小腿围。

2. 女性形体美的衡量标准

标准体重计算公式为：［身高（厘米）-100］×0.85（千克）

上下身比例：以肚脐为界，上下身比例应为5∶8，符合“黄金分割”定律。

胸围：由腋下沿胸的上方最为丰满处测量，胸围应为身高的1/2。

腰围：腰最细的部位，其标准围度比胸围小20厘米左右。

臀围：在体前耻骨平行于臀部的最大部位测量，臀围应较胸围大4厘米左右。

大腿围：在大腿最上部位，臀折线下测量，大腿围应较腰围小10厘米左右。

小腿围：在小腿最丰满处测量，小腿围应较大腿围小20厘米左右。

足颈围：在足颈的最细部位测量，足颈围应小于小腿围10厘米左右。

手腕围：在手腕的最细部位测量，手腕围应较足颈围小5厘米左右。

颈围：在颈的中部最细处测量，应等于小腿围。

肩宽：即两肩峰之间的距离，应等于胸围的1/2减去4厘米左右。

（二）塑造形体的方法

形体美是一种天然健康的美，健康美是美的首要条件，美是建立在健康之上的，有损于健康的美不会长久，也不可能是真正的美。一个人的身材、容貌与先天的遗传固然有很大的关系，但后天科学合理的营养和锻炼才是最重要的。那么，如何在拥有健康的同时保持好的身形呢？这就要讲求科学的锻炼方法。

首先，我们要明白保持良好身材的重要性，并积极培养这种意识，坚持正确、科学的保持良好体形的方法。时下流行一句这样的话：如果你连自己的体重都把握不了，那么你将如何把握你的命运呢？欧洲也流行这么一句话：空有语言而无行动的人，犹如杂草丛生的花园。用这两句话形容减肥再贴切不过了，因为减肥不是只靠冥想和口号就能实现的，而是一个长期坚持的过程。许多人想几天之内就减掉十几千克，这不仅违背了自然规律，也超出了人的生理极限。

1. 因人而异，具有针对性

要结合自身的体质和锻炼水平，选择不同的练习方法和内容，根据自身的需要和特点制定锻炼计划。瘦弱型的女性可以选择练习气功、太极拳、有氧舞蹈、慢跑、散步等运动强度和运动量适中的锻炼方式，关键做到合理控制，度量适宜；肥胖型的女性可以选择骑自行车、跑步、爬山、游泳等运动量较大的锻炼方式；综合型的女性可以选择练习瑜伽。由于男性与女性的身体特征与构造不同，所以运动的方式与项目也应有所区别，游泳、长跑、球类运动或者利用健身器械都是男性不错的运动方式。

2. 坚持不懈，掌握规律性

人体就是一部周而复始、高度精密运转的机器，时刻在新陈代谢，循环往复，所以，对机理状况的调节和变化，应该具有一定的规律性。女性的身体机能有女性独有的生理周期和特点，更应该认真分析自身的生理特征。锻炼时，机能消耗，能量损失，而休息时补充营养和适当睡眠，又能将体能水平恢复至原始状态，甚至超过原有水平，精力更加充沛，医学上称这种现象为锻炼后的“超量恢复”。因此，可以在锻炼的时候利用这一生理特征，有计划、有步骤地进行锻炼，从而达到增强体质的目的。

3. 循序渐进，讲究合理性

俗话说，一口气不能吃成一个大胖子。对于刚进入锻炼阶段的人来说，应当注意练习的内容由易到难，运动量由小到大，运动时间由短到长。刚开始可以选择一些节奏缓慢、变化较少、幅度较小的活动内容进行锻炼，待身体、精力等各方面的条件逐渐适应之后再提高要求，使技能和机能水平循序发展，这样才能真正达到健身的效果。

4. 全面兼顾，遵循变化性

参加体育锻炼并非只是一味地模仿或者机械化地重复，否则，在锻炼一段时间后会因为兴趣减退，失去了锻炼的积极性而影响效果。有的人在进行一段时间的健美操训练之后，其体质、精力、乐感等方面都有比较明显的提升，但到达一定的阶段之后效果却不如刚接触时那么明显了，是因为每次重复创新性不高的练习，机体和意识逐渐下降，甚至失去了兴趣，失去了锻炼的自觉性和积极性。因此，这就需要创造性安排每阶段的练习内容和方法，循序渐进，始终保持锻炼的激情。

二、站姿礼仪

站立是商务交往中一种最基本的举止，也是人们在生活中最常采用的一种静态身体造型。优美、典雅、挺拔的站姿能给人以美感，展现出一个人良好的精神面貌与风度。

（一）标准站姿

（1）头正，有向上拔伸之感，下巴微收。双目平视，目光柔和、有神，面带微笑。

（2）颈直。颈如果不直会给人畏首畏尾的感觉。

（3）肩膀打开，双臂自然下垂，放于身体两侧，手指自然弯曲。

（4）挺胸收腹，平稳呼吸，将气息沉于腹腔。

（5）两腿直立，臀部肌肉微微上提，大腿内侧收紧，膝盖放松。

（6）双脚完全并拢或两脚脚后跟并拢，脚尖展开 30 度至 45 度，身体重心落在两脚的正中央，脚趾抓地。

如果站立的时间过长，脚的位置可以有一些变化：男士可以两脚略微分开站立，以不超过两肩的宽度为宜；女性可以站立成小的丁字步或两脚完全并拢。但无论双脚的位置如何变化，女性的双膝必须完全靠拢（图 2-10）。

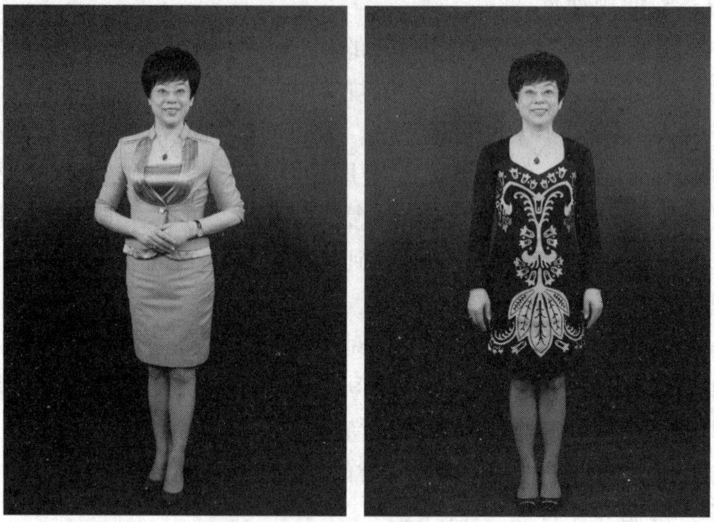

图 2-10　女性站姿

（二）站姿的禁忌

1. 忌身体歪斜

站立时，头偏、肩斜、身歪、腿曲或是膝盖不直，不但看上去东倒西歪，破坏了人体的线条美，也显得人颓废消沉、萎靡不振。

2. 忌弯腰驼背

除去腰部弯曲、背部弓起之外，还有的人会有颈部弯缩、胸部凹陷、腹部挺出、臀部撅起等一些不良体态。

3. 忌趴伏倚靠

站立时，随随便便地趴在某个地方，或倚着墙壁、货架，靠在桌子边，都是不可取的。

4. 忌双腿大叉

站立时双腿分开的幅度一般情况下是越小越好，能并拢时要尽量并拢，即使分开，通常也要注意两腿之间的距离不能大于两肩的距离。而女性则最好双脚并拢，至少也必须保证双膝紧靠。

5. 忌脚位不当

在正常情况下，站立时双脚应是 V 字式、丁字式或平行式，不能采用人字式、蹬踏式等脚位。

6. 忌手位不当

站立时不当的手位表现在：将手插在口袋内，将双手环抱在胸前，将双手抱在脑后，用双手托住下巴等。

7. 忌抖腿

站立时，以一只脚为重心，另一只脚抖来抖去，使人感觉非常轻浮。

（三）训练站姿的方法

（1）找一面平直干净的墙，将头部、肩部、臀部、小腿肚和脚后跟紧贴在墙面，每天坚持 15 分钟，可以塑造良好站姿。

（2）女性可以将一张纸夹在双膝之间，再按上述方法站立。更严格的是将一张纸夹在两小腿之间站立，使人感觉腿形很直，亭亭玉立。

（3）生活中多观察，看看别人的站姿，感受不同站姿的气质，模仿好的站姿。

三、坐姿礼仪

坐姿是指人在就座后身体保持的姿势。坐和站一样，是一种静态的姿势。优雅、得体的坐姿，在商务活动中能为你加分不少。

（一）基本动作

1. 入座

入座时要稳，动作协调、从容，不要抢座。就座时应转身背对座位，如果离座位较远，走到座位前转身后，右脚向后退半步，使腿部接触到座位边缘后，再轻轻坐下。女性如果着裙装，落座时应双手拢平裙摆，避免坐下后再整理裙子。一般来说，应从座位的左边入座。

2. 落座

落座后上体自然挺直，双膝并拢，双脚平正放松，两臂自然弯曲，双手放在膝盖上，也可以放在座位扶手上，掌心向下，目视前方。正式场合时，不能坐满座位，通常视椅子的大小坐满椅子的 2/3 或 1/2，脊背离开椅背或轻靠椅背。

3. 离座

离座时应当缓慢、和雅，讲究礼貌。首先要注意离座的先后，应先让身份高、辈分大者离座；然后要注意起身动作轻缓，不可猛起猛出，尽量不要发出声响；之后要注意离开的方位，同入座一致，要坚持“左进左出”，出入如一；最后要站定再走，离座时要自然稳当，从容移步，不要匆忙离去或趺趺撞撞，防止给人轻浮的印象。

坐姿虽有基本的要求，但实际运用中男女有别。

（二）女性坐姿

商务活动中，女性可采取如下坐姿：

1. 正襟危坐式（图 2-11）

这种坐姿可适用于面谈等正规场合，给予对方诚恳的印象。这种坐姿要求入座者上身与大腿、大腿与小腿均成直角，并使小腿同地面垂直，双脚双膝一定要并拢。女性落座切忌两膝张开。在尊长面前不宜坐满椅面，可视凳子大小坐 1/2 或 2/3。

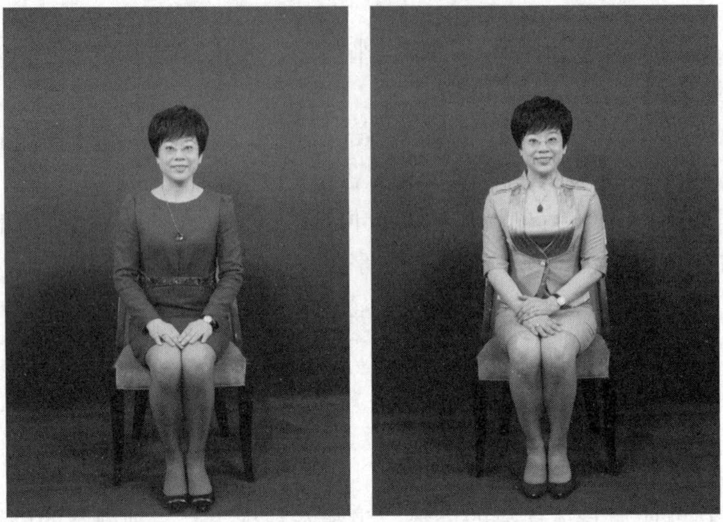

图 2-11 正襟危坐式

2. 双腿交叠式（图 2-12）

这种坐姿从正面看，双腿上下交叠，叠放在上的脚的脚尖应垂向地面，或收于另一只脚小腿后而脚尖垂向地面。两腿交叠呈一条直线。双脚可根据座椅的高度选择自然斜放或垂放。穿短裙的女性可以采用此种坐姿，但要避免手抱膝盖，因为这样会导致上身含胸驼背，看起来不雅观。

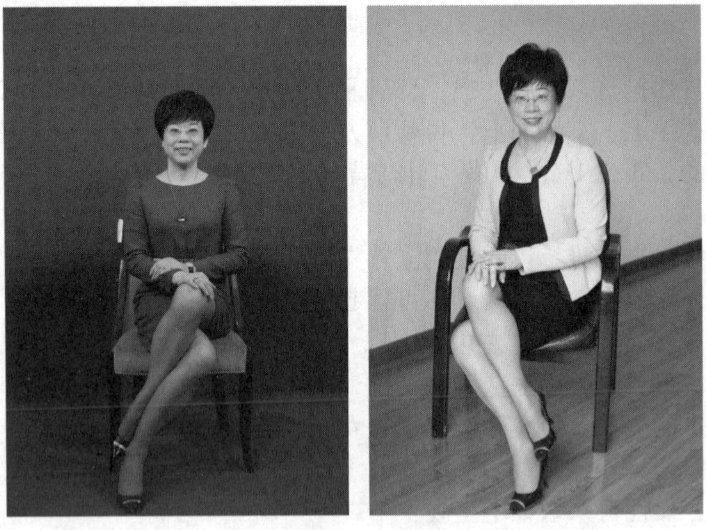

图 2-12 双腿交叠式

二郎腿一般被认为是一种不严肃、不庄重的坐姿，特别是对于女士来说，更不宜采用。不过，采用这种坐姿时，只要注意上面的小腿往回收和脚尖向下这两个要求，不仅外观优雅美丽，大方自然，富有亲切感，而且可以充分展示女性的风采和魅力。

3. 双脚斜放式（图 2-13）

坐在较低的座椅上时，双脚常常无法垂放，膝盖可能高过腰部，尤其对于穿短裙的女性，容易裙底“走光”，较为不雅。这时最好是将两脚并拢后向右侧或者左侧斜放，与地面成 45 度左右的夹角。这种坐姿会使双腿显得修长

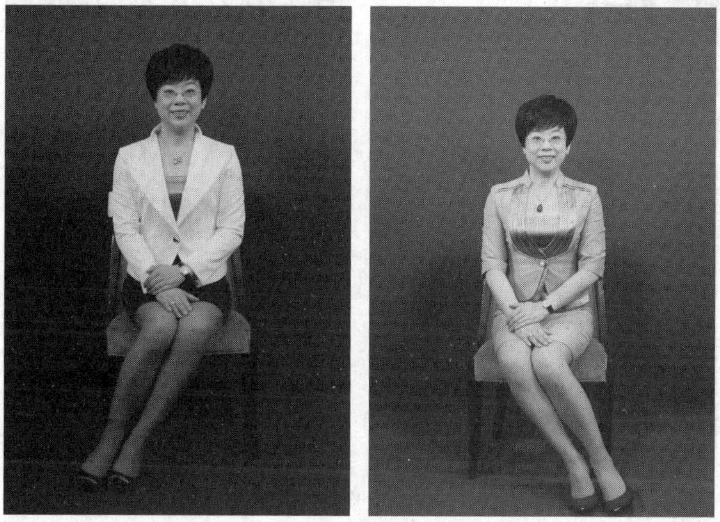

图 2-13 双脚斜放式

4. 双脚微开式（图 2-14）

膝盖靠拢，双脚稍稍张开的坐姿，也是变化的一种坐姿。但双脚最多只能开约肩宽，如果张得太开会让人觉得太随意，脚的线条美也就不存在了。

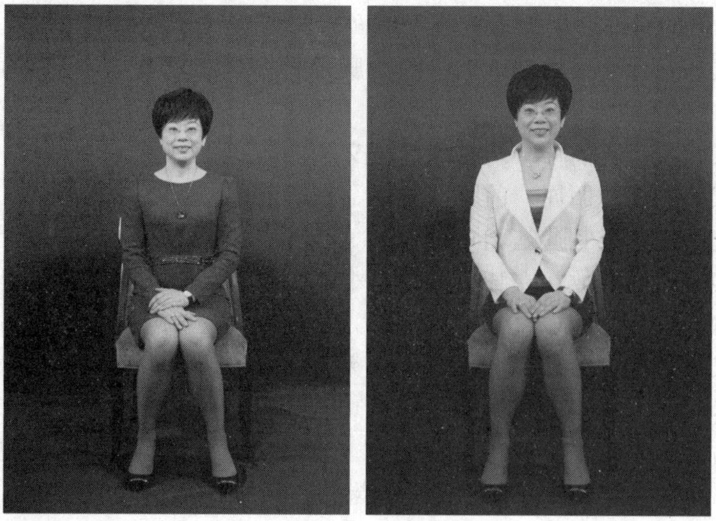

图 2-14 双脚微开式

5. 前伸后立式或前立后伸式（图 2-15）

这种姿态可以将重心均匀地分散在双腿之间，大腿保持并拢的状态，向前伸出一条腿，另外一条腿与地面保持垂直，让前后两条腿成一条直线。

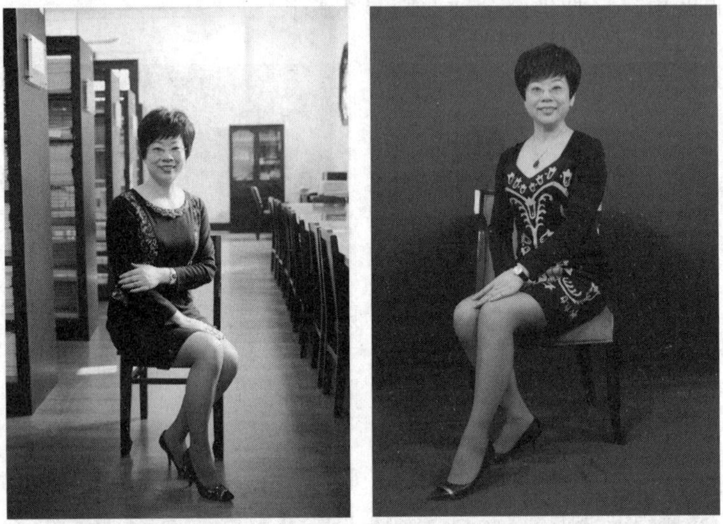

图 2-15　前伸后立式或前立后伸式

在商务活动中应当避免的坐姿有：随意将头向后倚靠或者左顾右盼，摇头晃脑；猛起猛坐，双脚不停抖动摇晃；双腿叉开，伸得很远或摇晃脚尖；高架二郎腿或用脚勾住座椅腿；双手抱于脑后或紧抱小腿。

（三）男性坐姿

（1）标准式。上身正直上挺，双肩正平，两手放在两腿或扶手上，双腿可微微张开，注意不能超过自己的肩部。小腿垂直落于地面，两脚自然分开 45 度。

（2）前伸式。在标准式的基础上，两小腿前伸一脚的长度，左脚向前半脚，脚尖不要翘起。

（3）前交叉式。小腿前伸，两脚踝部位交叉。

（4）屈直式。左小腿回屈，前脚掌着地，右脚前伸，双膝并拢。

（5）斜身交叉式。两小腿交叉向左斜出，上体向右倾，右肘放在扶手上，左手扶把手。

（6）重叠式。右腿叠放在左膝上部，右小腿内收、贴向左腿，脚尖自然下垂。

（四）坐姿的禁忌

（1）双腿叉开过大。参加商务活动时，双腿如果叉开过大，不论是大腿叉开还是小腿叉开，都极其不雅。

（2）架腿方式欠妥。坐下后将双腿架在一起，这种坐姿也允许，但要注意，应当是两条大腿相架，并且一定要使二者并拢。如果将一条小腿架在另一条大腿上，两者之间还留有较大的空隙，成了所谓“架二郎腿”，就显得有些吊儿郎当。

（3）双腿直伸出去。坐下后，不宜将两腿直挺挺地伸向前方，这样做不仅妨碍别人，也很难看。如果前面有桌子，双腿千万不要伸向外面。

（4）把腿放在桌椅上。有人坐下后为了舒服，喜欢将双腿或单腿置于高处，有时甚至把腿架在前面的桌子或椅子上，这样极其不雅。另外，也不可以把一条腿或双腿盘于自己所坐的座椅。

（5）腿部抖动摇晃。坐下后反复抖动或摇晃自己的腿部，不仅令他人心烦意乱，也会给人极不安稳、心虚的印象。

（6）脚尖指向他人。无论采用哪一种坐姿，都不能将自己的脚尖指向别人，这样做是非常失礼的行为。

四、走姿礼仪

如果将站姿和坐姿称为人体的静态姿势，那么走姿则是人体的动态姿势。走姿，顾名思义，即人在行走时的姿态。走路，我们每个人都会，但要想走得好看，走得优美，走出风度，则需要掌握走的要领。

（一）标准走姿（图 2-16）

古人说，行如风，要求人们在走路时像风一样轻盈。具体应做到：抬头并保持颈部向上挺直，两眼平视前方；上体正直，挺胸、收腹、直腰；身体重心落于脚的正中央，不能偏斜；迈步时，重心应从脚中央移到前脚掌，步幅适中，两步间的距离以自己一只脚的长度为宜；行走时，腰部以上至肩部应尽量减少动作保持平稳；双臂靠近身体，随步伐自然地前后摆动；手指自然弯曲并朝向身体；行走时要尽量走在一条直线上。按照标准姿势行走，上体的稳定与下肢的频繁规律活动，形成优美和谐、干净利落、鲜明均匀的姿态，加上节奏感，一定能呈现出行走时的形态美。

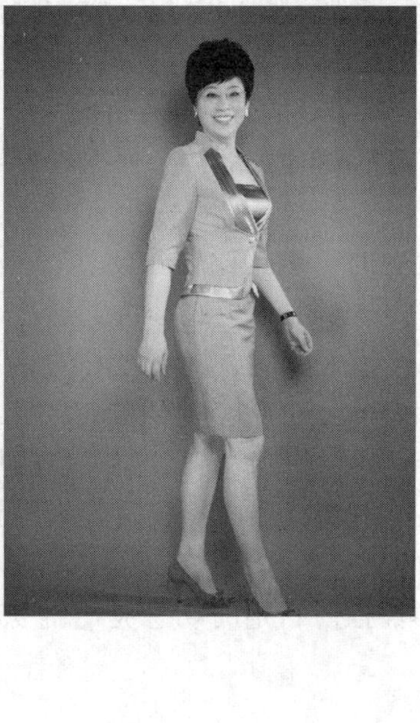

图 2-16 标准走姿

（二）其他走姿

1. 后退步

与人告别时，应当先后退两三步，再转身离去。退步时脚轻擦地面，步幅要小，先转身后转头。

2. 引导步

引导步是用于走在前面给宾客带路的步态。引导时要尽可能走在宾客左侧前方，整个身体半转向宾客方向，保持两步距离，遇到上下楼梯、拐弯、进门时，要伸出左手示意，并提示客人上楼、进门等。

3. 前行转身步

在前行中转弯时，要在距所转方向远侧的一只脚落地后，立即以该脚掌为轴，转过全身，然后迈出另一只脚。即向左拐，要右脚在前时转身；向右拐，左脚在前时转身。避免双脚交叉或两脚并拢时转身。

（三）穿不同鞋子时的走姿

女性参加商务活动时，常常会根据衣着不同来搭配鞋子，着不同的鞋子时，走姿也会有所不同。

（1）穿平底鞋时，走路比较随便、自然、轻松，前行时脚跟先着地，重心随着迈步由脚后跟移向前脚掌。由于平底鞋特别舒适，走路时要防止过度随意。步幅过大过小，速度过快过慢，都会给人随便、漫不经心的感觉。

（2）穿高跟鞋时，走路会受到一定约束，步幅要小，脚跟先着地，两脚落地时要在一条直线上。行走时保持踝、膝、髋关节的挺直，注意挺胸、收腹、向上的姿态。避免用屈膝的方法来保持平衡，那样不仅看起来不雅，而且会损伤膝盖。

（四）走姿的禁忌

（1）忌身体摇摆。行走时切忌晃肩摇头、上体左右摆动，那样显得人特别慵懒、轻薄。脚尖不要过于向内或向外，形成鸭子步或外八字。

（2）忌弯腰驼背。含胸弓背，低头无神，步履蹒跚，给人特别压抑、没精神的感觉。

（3）忌双手乱放。工作场所走路时，不要把手插在衣服口袋里，尤其是裤子口袋，也不宜叉腰或倒背着手。两臂应在身体两侧自然随步伐摆动。

（4）忌拖泥带水。脚步应干净利索、轻盈。在地上抬不起来，或重如打锤，都会显得不干练或呈病态。但是，事情再紧急也不要奔跑，尤其是在楼道内，可以加快脚步体现雷厉风行的作风。

五、蹲姿礼仪

蹲姿是人们在特殊情况下采用的一种暂时性姿势，如捡取地面物品时，系鞋带时，对工作岗位进行收拾、清理时，对客户提供必要服务时，等等。蹲姿类同于坐姿，但它并非臀部触及座椅；它又类似于跪姿，却又不是膝部全部着地。在公众场合，很多女性俯身取物或整理鞋袜时，有的弯身曲背、低头撅臀，有的双腿叉开、平衡下蹲，这些都是不雅观、不礼貌的蹲姿。尤其在国外，人们把穿裙子的女性下蹲两脚敞开的姿势视为“卫生间姿势”。如何能既方便捡取物品，又做到不失文雅大方呢？

（一）蹲姿的一般要求

腰挺，上身保持正直；臀部向下，两腿靠紧，合力支撑身体；一脚在前，一脚在后，前脚全着地，后脚脚掌着地。

（二）常用的蹲姿

1. 双腿高低式（图 2-17）

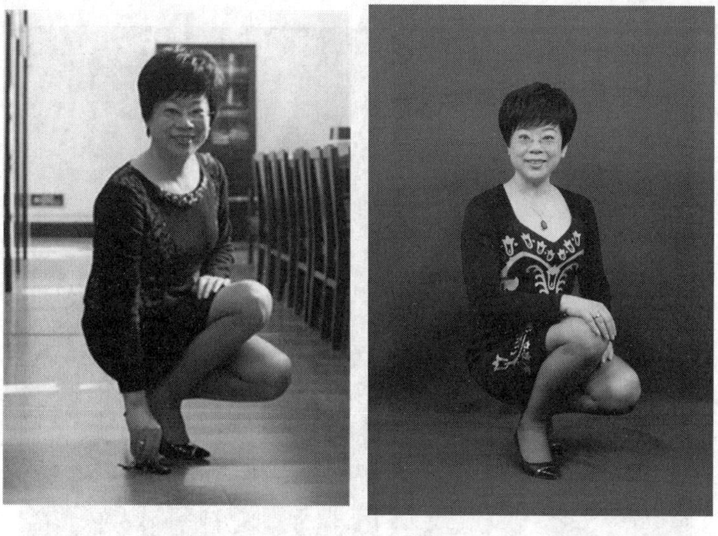

图 2-17　双腿高低式

其要求是下蹲时，保持一条腿在前，另一条腿在后。前脚完全着地，后脚脚跟提起，后膝低于前膝，后腿内侧可靠于前腿内侧，形成前腿高、后腿低的姿势。臀部向下，上身微微向前倾，基本靠前腿支撑身体，维持平衡。采用此种蹲姿，女性应双腿并拢，这样在造型上也是较为优美的。男性选用这种蹲姿时，两腿之间可以有适当距离。

2. 双腿交叉式（图 2-18）

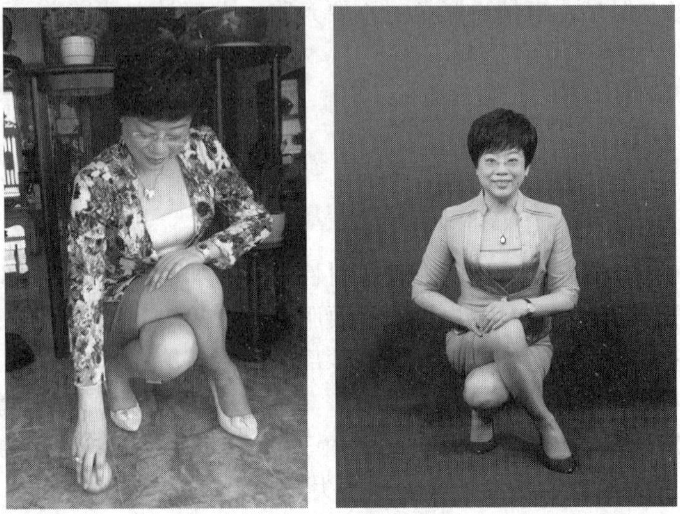

图 2-18　双腿交叉式

这种蹲姿适合身穿短裙的女性采用。要求在下蹲时，一条腿居前，另一条腿靠后，前腿在上、后腿在下的方式交叉重叠，后腿膝盖从后下方伸向前腿内侧，脚跟抬起，脚尖着地，两腿前后靠紧，合力支撑身体平衡。

3. 双膝半蹲式（图 2-19）

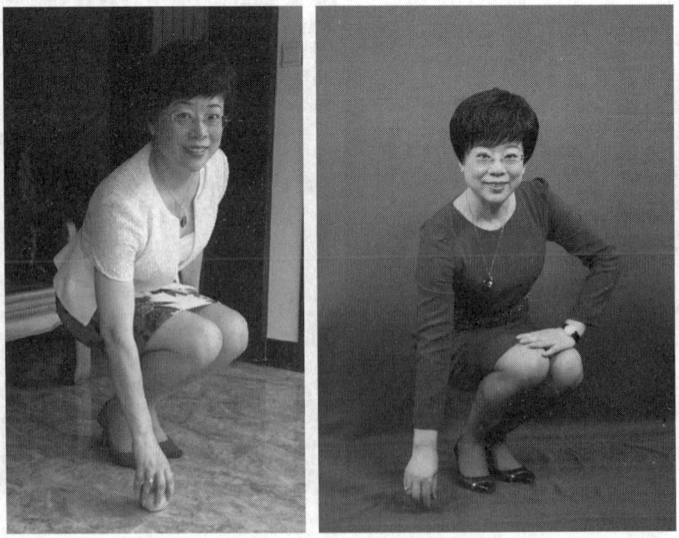

图 2-19　双膝半蹲式

此种蹲姿多在行进中采用，即身体半立半蹲。要求在蹲下时，上身稍稍下弯，但不宜与下肢构成直角或钝角，臀部向下，双膝微微弯曲，角度根据实际情况稍作调整，身体的重心应当放在两条腿上。女性两腿之间不宜分开，男性双腿可稍稍分开。

4. 双腿半跪式（图 2–20）

图 2–20 双腿半跪式

这种蹲姿多适用于下蹲的时间较长，常见于军事训练中。其基本特征是双腿一蹲一跪，要求是下蹲以后，改用一条腿单膝着地，以其脚尖点地，而让臀部坐于脚跟上，另一条腿应当全脚着地。双膝必须同时向外，双腿宜尽力靠拢。

男性一般采用双腿高低式或双膝半蹲式，女性一般采用双腿高低式或双腿交叉式。

（三）蹲姿的禁忌

1. 忌毫无遮掩

在大庭广众之下采用蹲姿时，特别是穿裙装的女性，一定要避免下身毫无遮掩的情况。蹲下后两腿一定不能分开，走光是一种很不礼貌、没有教养的行为。

2. 忌方位不当

下蹲时，如果身边有其他人，最好是与之侧身相向。正面对着他人下蹲，或者背部对着他人下蹲，都是不礼貌的。

3. 忌距人过近

下蹲时，身旁如果有人，应与他保持一定的距离，不可挨得过近。如果几人同时下蹲，更不能距离太近，否则很容易彼此“迎头相撞”。

六、手势礼仪

在商务活动中，手势的作用非常大，既可以配合有声语言传情达意，也可以单独使用表达一些简单的含义。通过手势，还能看出一个人的内心活动。即使同一个手势，在不同的国家，表达的意义也不一样。了解一些常用的手势，有助于更好地与人沟通交流。

（一）手势的基本要求

1. 简单明快

手势不能过于频繁和复杂，以免使人眼花缭乱。

2. 优雅得体

手势的幅度不能过大或过小，以免显得太随意或太拘谨。

3. 协调自然

做手势时要配合相应的身体语言或有声语言，不能单单只做手势，以免显得突兀僵硬。

（二）常用的手势

1. 直臂式手势（图 2–21）

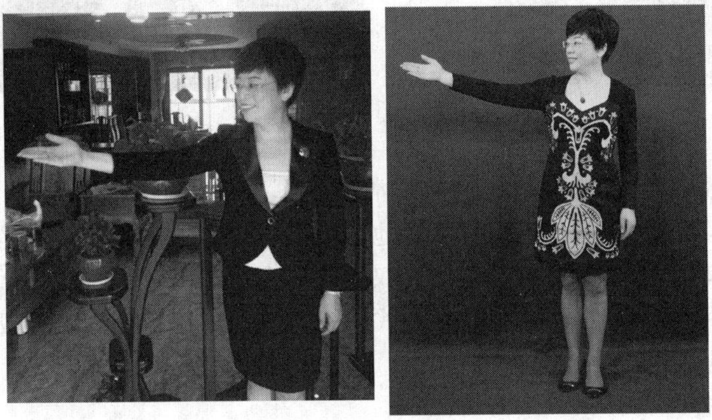

图 2–21　直臂式手势

为客人指引稍远的方向时，宜采用这种手势，即五指伸直并拢，手心斜向上，屈肘由腹前抬起，向指引的方向摆去，到肩的高度时停止，肘关节基本伸直。在指引方向时，应侧对着客人。同时带上几句礼貌性的话语，如“您好，请您看那边”“请您往那边直走”等。

2. 单臂横摆式手势（图 2–22）

这种手势常常用于引导客人，一边对客人说“您好，请进”，一边做出“请进”的手势，即五指伸直并拢，手掌自然伸直，手心向上，肘部弯曲，腕低于肘。开始时手势从腹部前抬起，以肘为轴轻轻向一旁划出，到腰部并与身体正面成 45 度时停止。同时，脚站成丁字步，头部和上体稍微向伸出手的一侧倾斜，另一只手臂下垂，别在背后或放在腹部。眼睛看着客人，面带微笑。

图 2-22 单臂横摆式手势

3. 双臂横摆式手势（图 2-23）

这种手势大多用于公务繁忙或宾客较多时。双手从身体两侧经过腹前抬起，两手掌向上，肘关节微曲，向两侧摆出，上身稍前倾，微笑施礼，加上礼貌用语，如“女士们，这边请”“欢迎大家的光临”等。

图 2-23 双臂横摆式手势

4. 双臂斜摆式手势（图 2-24）

这种手势一般用来引领年长的、位尊的宾客坐在相应座位上。当座椅在引领者左方时，应左手在前，右手在后，两手掌向上，以肘为轴向座椅方向摆出，双肘微微弯曲，左肘弯曲度略小于右肘，上身微微向前倾，面带微笑说“您请坐”。

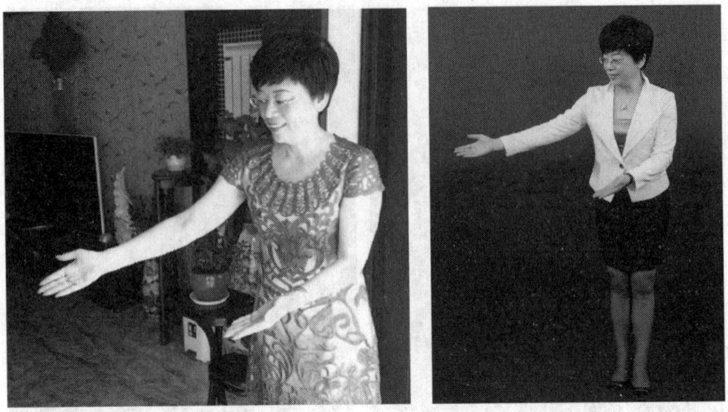

图 2-24 双臂斜摆式手势

（三）相同手势在不同国家和地区的含义

有些手势在不同的国家和地区有不同的含义，所以在与外宾进行商务活动时，要先了解清楚，否则要慎用，以免造成尴尬或不愉快。

（1）拇指和食指合成一个圈，其余三个指头伸直或略弯曲的手势。在美国、英国等西方国家，这是表示“OK”的手势，即意为“赞同”“允许”“好”等；在法国表示“零”或“无”；在印度表示“正确”；在中国表示“零”或“三”两个数字；在日本、缅甸、韩国表示“金钱”；在巴西有“引诱女人”或“侮辱男人”之意；在地中海一些国家则有“孔”或“洞”的意思，常用此来暗示、影射同性恋。

（2）食指和中指向上伸直，拇指压在弯曲的无名指和小拇指上，手掌向外，呈 V 形的手势。这个手势主要用来表示“胜利”，它是英文单词 victory 第一个字母的缩写，据说是第二次世界大战期间英国首相丘吉尔发明的。表示胜利的含义时，掌心一定要向外，如果掌心向内，就是贬低人、侮辱别人的含义了。在希腊，做这个手势时，如果手臂伸直，也有对人不恭之嫌。

（3）左手或右手握拳，伸出大拇指的手势。在我国，这种手势表示“好”“了不起”等，有夸赞、表扬之意；在意大利，伸手数数时表示“一”；在希腊，表示“够了”，如果拇指向下表示“厌恶”“坏蛋”；在美国、英国等，则表示“好”“行”“不错”等意，如果拇指向左或向右伸，则大多表示向司机示意搭车的方向。

（4）左手或右手握拳，伸出食指。大多数国家这一手势表示数字“一”；在法国表示“请求提问”；在新加坡表示“最重要”；在澳大利亚表示“请再来一杯啤酒”。使用这一手势时不能用食指指向别人，那样是极不礼貌的行为。

（四）手势的忌讳

手势运用得好，能增添高雅、不凡的气质；如果运用不当，就会适得其反。所以在运用手势时，要注意以下几个方面：

（1）不要对别人指指点点，不要用手指指人，更不能对人竖中指。

（2）不可用拇指指自己。交谈中如果要指向自己，应掌心向内，拍在胸脯上。

（3）不可当人面做不雅动作，如掏耳朵、搔头皮、擦眼屎、抠鼻孔、剪指甲、挠痒痒等。

总之，人体是一个整体，各部位的体态应相互配合，从整体上反映一个人的举止修养。在这种修养中，男子要力求使自己的举止具有阳刚之美，女子则要做到举止优雅得体。

第四节 案例分析

案例 1：《文汇报》曾经刊登过一篇报道，题目是《一口痰“吐掉”一项合作》，讲的是某医疗器械厂与美国客商达成了引进“大输液管”生产线的协议，第二天就要签字了。可是当该厂厂长陪同外商参观车间的时候，向墙角吐了一口痰，然后用鞋底去擦。这一幕让外商彻夜难眠，他让翻译给那位厂长写了一封信：“恕我直言，一个厂长的卫生习惯可以反映一个工厂的管理素质。况且，我们今后要生产的是用来治病的输液管。贵国有句谚语：人命关天！ 请原谅我的不辞而别……”一项基本谈成的项目就这样“吹”了。

你认为外商的行为是小题大做吗？ 你如何看待这种随地吐痰的行为？

案例 2：一个出国留学生的自述经历：记得有一次在国外，朋友请我去看歌剧，我满心欢喜地穿了一套白色的礼服美美地准时赴约。因为有好几个人，我们约定先到他家会合后再一起出发。到了他家，我一看，不好，其他人都穿得很随便，我穿着礼服显得格格不入，甚至笨头笨脑。原来这天的歌剧在一个运动场演出。大家都要坐在草地上。可以说是一次正规但轻松的演出，所以不用穿礼服。都怪自己没有问一问朋友，结果出了洋相。

回国以后，我发觉国内不少人好像是采取了“洋为中用”的政策，西服还是照着自己的规矩穿。我家旁边工地上的工人基本上就都是穿着西服和泥的，还经常看见一些人穿着睡衣在街上跑。最好玩儿的一次是在上海南京路上，看到一对夫妇都穿着睡衣在逛街，头发梳得一丝不苟，戴着太阳镜，脚上还穿着皮鞋！ 在国外睡衣是绝对不能在外人面前穿的。很多外国人觉得穿着睡衣跟没穿衣服没什么区别，他宁愿你看到他穿着内衣，也不愿意让你看到他穿着睡衣。

你认为上面的案例中那样穿西服、睡衣合适吗？ 对于“西服”“睡衣”这样的服装，我们应该严格遵循穿衣原则，还是怎么舒服怎么穿？

案例 3：说起穿衣礼仪，有一段至今让我无法忘记的尴尬经历，从某种程度上来讲甚至是一种屈辱。记得我刚进杂志社不久，领导安排我去采访一位某民营企业的老总，女性。听说这是一个既能干又极有魅力的女性，对工作一丝不苟，对生活却是极其享受，最关键的是，即使再忙，她也不会忽视身边美好的东西，尤其对时尚非常敏感，对自己的衣着及其礼仪要求极高。这样的女性会让很多人产生兴趣。还未见到她，仅仅是介绍，我已经开始崇拜她了，所以我非常高兴能由我来做这个专访。事先我做了大量的准备工作，采访纲要修改了多次，内心被莫名的激动驱使着。那几天，我始终处于兴奋状态。到了采访当天，穿什么衣服却让我犯愁。要面对这样一位重量级的人物，尤其是位时尚女性，当然不能太落伍了。说实在的，我从来就不是个会打扮的女孩，因为工作和性格关系，平时穿衣都是怎么舒服、方便就怎么穿。时尚杂志倒也看，但也只是凑热闹而已。现在，还真不知道应该穿什么衣服才能让我在这样一位女性面前显得更时尚些。终于在杂志上看到女孩穿吊带装，那清纯可人的形象打动了我，于是迫不及待地开始模仿起来。那天采访，我穿了一件紧身小可爱热裤(虽然我的腿看起来有点粗壮)，梳了个在家乡极其流行的发髻，兴冲冲地直奔采访目的地。当我站在该公司前台说明自己的身份和来意时，我明显看到了前台小姐那不屑的眼神。我再三说明身份，并拿出工作证，她才勉强地带我进了老总的办公室。眼前的这位女性，高挑的身材，优雅的举止，得体的穿着，让我怎么看怎么舒服。虽然我不是很精通衣着，但在这样的场合，面对这样的对象，我突然感觉自己的穿着就像个小丑，来时的兴奋和自信全没了。还好，因为采访纲要准备还算充分，整个采访过程还比较顺利。结束前，我问她，日常生活中她是如何理解和诠释时尚、品位和魅力的。她告诉我，女人的品位和魅力是来自内心，没有内涵的女人是散发不出个人魅力，也无法凸显品位的。而时尚不等同于名牌、昂贵和时髦，那是一种适合与得体。说完这话，她微笑地看着我。此时我的眼睛看到的只有眼前自己那两条粗壮的腿，心里纳闷：这腿为什么会长得如此结实，做热裤的老板一定很赚钱，因为太省布料了……我感觉自己无法正视她，采访一结束，我逃似的奔离了她的办公室。

请说说你从这个案例中得到了什么启示。

本章关键词

商务形象（business image）　　仪容（appearance）

仪表（expression）　　仪态（bearing）

实训练习

1. 每位同学自己拟订一个要出席的场合，设计自己的形象，包括发型、妆容、服饰等，让同学们互相评论是否适合要出席的场合。教师最后总结。

2. 全班分成若干组，分组上台展示站姿、坐姿、走姿、蹲姿，坐姿要表现入座、落座、静态坐姿和离座的全过程。其他组的同学评议，教师总结。

3. 创设不同的情景，练习用不同的手势来辅助有声语言。

思考题

1. 如何根据自己的脸型选择发型？

2. TPO 原则具体指什么？请举例说明。
3. 商务男士的西服和女性的套装有什么穿着的要求？
4. 在日常生活中，仔细观察有哪些不正确的手势、眼神、笑容。
5. 每位同学描述一下平时所见到的认为很不雅的行为举止。

延伸阅读

[1] 德拉弗桑热，加谢. 巴黎女人的时尚经 [M]. 张一乔，等，译. 北京：中信出版社，2011.
[2] 提姆·冈恩，凯特·莫隆妮. 风格白痴 [M]. 朱耘，译. 南昌：江西科学技术出版社，2010.
[3] 朴慧敏. 四季美妆物语 [M]. 王纪实，译. 南宁：广西科学技术出版社，2012.
[4] 宫田理江，蛯原明. 手绘 365 天的穿搭灵感 2：造型·场合·细节·趣味 [M]. 马荧晗，译. 桂林：漓江出版社，2013.
[5] 木木. 我最想要的饰品搭配书 [M]. 上海：龙门书局，2011.
[6] 苏瑾. 90 天修炼气质女神 [M]. 北京：现代出版社，2014.
[7] 伊斯·麦克尼尔，sportMedBC. 爱上跑步的 13 周 [M]. 潘小飞，译. 海口：南海出版社，2014.
[8] 马克思·斯多姆. 生命之光 [M]. 王博，译. 北京：中信出版社，2011.
[9] 李伦新，王柳媚. 百位名人话健身 [M]. 上海：上海人民出版社，2011.
[10] 苏珊娜·瓦尔特. 我的第一本职场礼仪书：女人赢在形象力 [M]. 北京：中华工商联合出版社，2013.

第三章
商务社交礼仪

拓展资源

更多资源请访问爱课程网→中国大学 MOOC→现代礼仪/袁涤非→第四章言谈礼仪、 第六章社交礼仪。

引例

某公司新建的办公大楼需要添置一系列的办公家具，价值数百万元。公司的总经理已做了决定，向 A 公司购买这批办公家具。这天，A 公司的销售部负责人打电话来，要上门拜访这位总经理。总经理打算等对方来了就在订单上盖章，定下这笔生意。不料对方比预定的时间提前 2 个小时到达。原来 A 公司听说这家公司的员工宿舍也要在近期内落成，希望员工宿舍需要的家具也能向他们购买。为了谈成这件事，销售部负责人因此提前来了，还带来了一大堆的资料，摆满了台面。总经理没料到对方会提前到访，刚好手边又有事，便请秘书让对方等一会。没想到这位销售负责人等了不到半小时，就开始不耐烦了，一边收拾起资料一边说："我还是改天再来拜访吧。"这时，总经理发现对方在收拾资料准备离开时，将自己刚才递上的名片不小心掉在了地上，对方却并没发觉，走时还无意识地从名片上踩了过去。但这个不小心的失误，却令总经理改变了初衷，A 公司不仅没有机会获得员工宿舍的设备购单，连几乎已经到手的数百万元办公家具的生意也丢了。A 公司销售部负责人的失误看似很小，其实是巨大而不可原谅的。名片在商业交际中是一个人的化身，是名片主人"自我的延伸"。弄丢了对方的名片已经是对他人的不尊重，更何况还踩上一脚。 没有按预约的时间到访，不曾提前通知，又没有等待的耐心和诚意，丢失了这笔生意也就不是偶然的了。

本章知识结构图

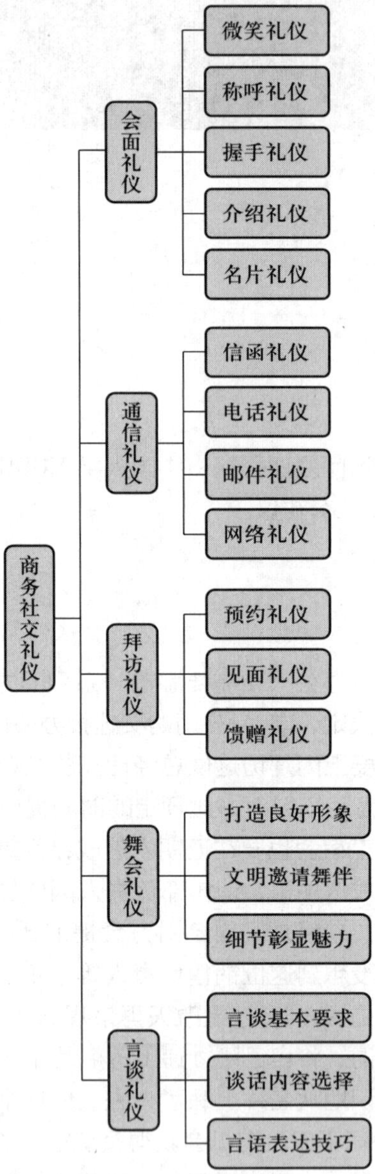

现代社会是一个高度发展、竞争日趋激烈的社会。一个企业要想在激烈的竞争中胜出，立于不败之地，高质量的产品和周到的服务固然是硬道理，但建立融洽的人际关系，聚拢优质的人脉资源也是制胜的法宝。如何在与他人的交往中体现出自己的风度与涵养，展现个人魅力？如何在社交场合中得到他人的尊重，成为一个受欢迎的人？社交礼仪可以帮你解决这些问题。

社交礼仪是指在人际交往、社会交往和国际交往活动中，用于表示尊重、亲善和友好的行为规范和惯用形式。社交礼仪是人际交往的润滑剂，它不仅可以体现一个人的学识、修养，也可以使人与人的交往与合作更加顺利、愉快。

第一节 会面礼仪

俗话说，良好的开头是成功的一半，可见交往的开始有多重要。常言道，万事开头难。但如果掌握了基本的技巧，一切问题也就迎刃而解了。

会面礼仪主要包括微笑礼仪、称呼礼仪、握手礼仪、介绍礼仪和名片礼仪。掌握基本的会面礼仪，是对每一个商务人士的基本要求。

一、微笑礼仪

有人把微笑比作全世界通用的“货币”，因为它被世界上所有的人接受，是表情中最能给人好感、增加友善和沟通、愉悦心情的表现方式。在世界美术史的殿堂里，名留史册的画家成百上千，传于后世的作品琳琅满目，但是堪称画坛巨人的却屈指可数，具有划时代意义的名作更是凤毛麟角。而在法国卢佛尔博物馆里，却陈列着一幅具有永恒魅力的作品，这就是达·芬奇的代表作《蒙娜丽莎》。蒙娜丽莎以其含蓄迷人的微笑，把人类的美升华到了一种光照寰宇的境界。

微笑是交际活动中最富有吸引力、最有价值的面部表情。无论是在办公室、在舞场、在谈判桌上，还是周游世界的旅途中，只要你不吝惜微笑，往往就能够左右逢源、顺心如意。中国有句老话叫“一笑泯恩仇”，高度概括了微笑在人际交往中的巨大作用。世界著名的希尔顿酒店的创始人康纳·希尔顿，每当遇到员工时，都要询问这样一句话：“你今天对顾客微笑了没有？”他指出：“饭店里第一流的设备重要，而第一流服务员的微笑更重要，如果缺少服务员的美好微笑，好比花园里失去了春日的太阳和春风。”他将微笑礼仪的理念上升到公司的品牌文化，并贯彻到公司每位员工的思想和行为中，通过员工的微笑服务，创造了宾至如归的企业文化氛围，进而辐射到整个行业。

如何训练美的笑容，在第二章第二节仪表礼仪中已有过阐述，在此不再赘述。

二、称呼礼仪

称呼是指在商务社交活动中，人们彼此之间采用的称谓。与他人见面，首先需要打招呼，而打招呼时得有一个称呼。称呼应当准确、亲切、合乎礼仪规范，还要契合当时的场景。恰当、得体的称呼能让对方感到愉悦，既有利于加强感情，也能体现出自身的文化素养。

（一）称呼的种类

称呼的种类比较多，大致有以下几种类型：

1. 称呼姓名

一般的同事、同学或平辈的朋友、熟人等，都可以采用称呼其名的方法。如张小军、李平、王素亚等。如果对方比较年长，或者尽管比自己年龄小但职务却比自己高，则不宜直接称呼对方姓名。

与跟自己关系比较亲近的同事、朋友相称时，如果直呼其名，会显得关系疏远。为了表示亲切，可以在其姓前分别加上“老”“大”“小”字相称。如对于年纪较长者，可称“老张”“老李”；对于年纪较轻者，可以称呼“小王”“小刘”等。

与自己的家人、好朋友相称时，因为关系亲密，可以省略其姓，而只称其名，如“晓婷”“慧佳”，甚至还可称呼其小名或乳名，如“菲菲”“二毛”。这样的称呼显得十分亲密，所以称呼异性朋友时要谨慎，不可草率使用，以免引起误会和不快。

2. 称呼职务

在商务社交活动中，以对方的职务相称，以显示其身份，表达自己对对方的尊重，也是一种较为常用的方法。一种方法是仅仅称呼职务，如“科长”“局长”等。另一种方法是在职务前加姓氏，如“张科长”“李局长”等。还可以用姓名加职务，这种称呼一般用在比较正式的场合，如“某某经理”“某某厂长”。如果用姓名加职务称呼，则既比较正规，又不失亲切，在讲话时如果要提到某位领导，很多人也喜欢用这种方式。

3. 称呼职称

对于有职称者，特别是高级、中级职称者，在工作中可以直接以职称相称。一种方法是仅仅称呼职称，如“教授”“高工”等。另一种方法是在职称前加姓氏，如“张教授”“李工程师”等。这种情况下有时可以将称呼简化，如称“刘工程师”为“刘工”。简化的前提是不会引起歧义，而且是约定俗成的。第三种方法是姓名加职称，如“某某工程师”“某某主任医师”，这种称呼往往用于比较正式的场合。

4. 称呼职业

即直接以被称呼者的职业作为称呼。这种称呼方法常常用于一些特定的职业，如老师、医生、律师、会计等。一般情况下，用此类称呼时均可加上姓氏。

5. 其他称呼

如果是第一次见面，不知道对方的职务、职称和行业，旁边又没人介绍，比如向人问路，则可以用泛尊称。如对男士可以称“老人家”“先生”“大哥”等；对女性可以称

"老人家""女士""小姐"等。

（二）敬称与谦称

在谈话中，如果谈到亲人时，要根据不同情况使用谦称或敬称。

1. 敬称

与别人谈话时，提到对方的亲属，应多用敬称，常常使用"令""尊""贤"这三个字。如称呼对方的父亲为"令尊"，称对方的母亲为"令堂"，称对方的兄弟姐妹为"令兄""令弟""令姊""令妹"，称对方的儿子为"令郎"，称对方的女儿为"令媛"，等等。"尊"和"贤"在用法上稍有区别。习惯上，只有称对方的长辈时才用"尊"，如称对方的祖父为"尊祖"，称其父亲为"尊父"。"贤"字则只用于平辈或者是晚辈，如称呼对方的兄弟姐妹为"贤兄""贤弟""贤姊""贤妹"。在称呼对方的配偶时，"尊"和"贤"皆可，如既可以称对方的妻子为"尊夫人"，也可以称"贤内助"。

2. 谦称

如果说敬称是尊人，那么谦称就是抑己，也是表示对他人尊敬的自谦词。

（1）谦称自己。如"我""我们""在下""鄙人""愚兄""学生""晚生"等。或者直接称呼自己的名字不带姓氏，也有谦称的意思，如"涤非久闻您的大名，今日得见，真是三生有幸"；称自己的家乡为"敝县""敝处"，称自己的住处为"寒舍""蜗居"，称自己的意见为"愚见"，称自己的作品为"拙作""拙著"，称自己的年龄为"虚度岁"等。

（2）谦称自己的亲属。向别人谦称自己辈分高或年龄大的亲属时，在称谓前加一个"家"字，如"家父""家慈""家叔"等；谦称比自己辈分低或年龄小的家属时，在称谓前加一个"舍"字，如"舍弟""舍妹""舍侄"等；对自己的子女及其配偶，则在称谓前加一个"小"字，如"小儿""小媳""小女""小婿"等，也可谦称"犬子"，但很少称"犬女""犬婿"。

（三）几种称呼的使用

词汇是最具时代特征的语言单位，一个词语的词义往往会随着时代变迁而悄然发生改变，所以我们在使用这些词语时要特别注意它们的时代性，尤其称呼交往者时。

1. 同志

志同道合者才称同志，如政治信仰、理想、爱好相同者，都可称为同志。这个称呼在我国流行于新中国成立后，曾经是我国大陆公民彼此之间最普通、最常用的称呼。这一称呼不分男女、长幼、地位高低，除了亲属之外，所有人都可以称同志。改革开放以后，这个称谓的使用逐渐减少，对于同一党内、同一组织内及解放军和普通公民，这一称呼还可使用，但对于儿童及具有不同政治信仰、不同价值观、不同国家的人，尽量不使用。现在，"同志"一词还可能产生歧义，所以要慎用。

2. 老师

这一词的原意是尊称传授文化、知识或技术的人，后泛指在某些方面值得学习的人。孔子曰："三人行，必有我师焉。"说明在古代，"老师"这一称呼泛指所有值得学习的人。现代社会，“老师”这个称谓一般用于学校中传授科学文化知识、技术的教育工作者。目前，“老师”这一称谓在社会上比较流行，有时人们出于对交往对象学识、经验或某一方面的敬佩、尊重，常常以“姓+老师”来称呼对方，尤其是在文艺界更为常见。

3. 先生

这个称呼由来已久。不过历史上各个时期，“先生”这个称呼是针对不同对象的。《论语·为政》:“有酒食，先生馔。”注解说:“先生，父兄也。”意思是有酒肴，就孝敬了父兄。《孟子》:“先生何为出此言也。”这里的“先生”是指年长而有学问的人。《国策》有:“先生坐，何至于此。”是称呼有德行的长辈。所以在我国古代，一般称父兄、老师为先生，也有称郎中、道士等为先生的。有些地区还有已婚妇女对自己的丈夫或称别人家的丈夫为先生的，现在在我国某些地区仍然这样使用。新中国成立后，“先生”一词则很少使用，有时只对教师称为先生。随着对外交流增多，“先生”一词又流行起来，不过，其概念已与以前大不相同。目前，我们使用的“先生”一词泛指所有的成年男子。但值得注意的是，这个称谓不仅可以用于男士，也可以用来称谓女性，只不过被人称为“先生”的女士一定是德高望重、备受人们尊敬爱戴的女性，如人们喜欢称宋庆龄女士为“宋先生”、杨绛女士为“杨先生”。

4. 师傅

这一词原是对工、商、戏剧行业中传授技艺的人的一种尊称，后泛指对所有技艺的人的称谓。到了20世纪五六十年代，“师傅”一词在社会中比较流行，有虚心请教、尊敬对方之意。但这一称呼大多用于非知识界人士，不用于称呼有职称、学位的人，否则可能产生误解，有漠视之嫌。现代交际中，“师傅”这一称谓已基本恢复其原来的意思，即称呼工、商、戏剧行业中传授技艺的人。需要注意的是，这个词在我国北方使用较为频繁，人们对不认识的人都喜欢称师傅。

5. 小姐

《现代汉语词典》中对“小姐”的解释为：旧时对未婚女子的称呼；母家的人对已出嫁的女子也称小姐。“小姐”这个词在我国可谓冷热几十年，颇体现出中国特色。

新中国成立前，小姐一般用来称呼大家闺秀，一般人家的姑娘是配不上这两个字的，从“小姐的身子丫鬟的命”这一俗语中可见一斑。

40多年前，男女老少流行称同志，小姐是被批判的对象。

改革开放后，对年轻女子称小姐，是比较时髦的称呼，甚至很多人到中年的女性也喜欢被别人称为小姐。

现在，小姐在很多地区似乎变成了特殊行业女性的称呼，所以在实际交往中要慎用。

三、握手礼仪

握手是人类在长期交往过程中逐渐形成的一种十分重要的礼节，其最早可以追溯到刀耕火种的原始时期。那个时候，人们用木棒或尖锐的石块作为武器，进行狩猎或战争。狩猎中遇到不属于自己部落的陌生人，或敌对双方准备和解时，就会放下手中的武器，伸出手掌，让对方摸一下手心，以示友好。这种习惯后来慢慢演变成了今天的握手。在社交礼仪中，握手是常用的见面礼之一。在与他人相见、告别时，都可用握手表达自己的善意和感情。因此，一定要了解握手的时机、分类、方法、顺序及握手的禁忌等，以免给他人造成不适而留下不好的印象。

（一）握手的时机

（1）遇到很久没有见面的熟人或老朋友时，握手表示想念。

（2）被介绍给不认识的人时，握手表示友好。

（3）在本人作为东道主的社交场合，迎接或送别来访者时，握手表示欢迎或送别。

（4）在比较正式的场所和别人道别时，握手表示很高兴相见，再见。

（5）拜访别人，在离开的时候，握手表示告辞。

（6）在社交场合，遇到亲朋故旧或上司的时候，握手表示亲切。

（7）别人给予你支持、鼓励或帮助时，握手表示感谢。

（8）和别人交谈时出现了令人满意的共同点或共鸣时，握手表示赞同、理解。

（9）在得知他人患病、失恋、失业时，握手表示鼓励，给予信心。

（10）向他人赠送礼品或颁奖时，握手表示祝贺。

（二）握手的分类

握手可分为单手相握和双手相握。单手相握，即只用右手与人握手即可，这是最简单、最常用的握手方法。单手相握又可分为以下几种握法：

（1）平等式相握。手掌垂直于地面并合握，在表示自己不卑不亢或地位平等时，常采用这种方法。

（2）友善式相握。自己掌心向上与对方握手，这样表示自己对对方谦恭、友善的态度。

（3）控制式握手。自己掌心向下与对方握手，这种握手方式显得自己傲慢，无视对方，在商务活动中一般不予采用。

（4）“手套式”握手。即用右手握住对方右手之后，再用左手握住对方右手的手背。这种方法适用于关系较为亲密的亲朋好友之间，表达自己内心强烈的情感，而不适用于初次见面的人或者异性之间。

（三）握手的方法

（1）握手时，一定要用右手。与对方的距离在一步左右时，上身稍微向前倾，两腿保持正直，伸出右手，四指并拢，拇指与四指张开，虎口相交。

（2）握手时，眼睛一定要看着对方，同时稍事寒暄，表达出你的诚意，而不能一边握手一边东张西望。当然，也不是注视时间越长越好，握手之后，眼神可自然转移到别处。

（3）握手时，力度和时间也要掌握好。握得太轻，对方会觉得你在敷衍；握得太重，对方会觉得你太过粗鲁。女士尤其要注意，握手时应大大方方伸出手，不要软绵绵的，这让对方觉得你非常不礼貌。握手的时间以1~3秒为宜。时间太短，像是在走过场；时间过长，也是失礼。如果是久别重逢的朋友，则握手的时间可适当延长，力度稍稍加大，表示热情。

（四）握手的顺序

作为一种礼节，握手的顺序往往是由握手人的社会地位、年龄、性别和身份来决定的，其实这正好说明了礼仪的实质，一个字："敬"。具体地说，在正式场合中，握手时伸手的先后顺序主要取决于职位、身份；在社交场合，伸手的先后顺序主要取决于年龄、性别、婚否。

（1）职位、身份高的人与职位、身份较低的人握手，应由职位、身份高的人先伸手，职位、身份低的人不可先伸手，否则将有失礼之嫌。

（2）女士与男士握手，应由女士先伸手，男士不能贸然先伸手。

（3）已婚者与未婚者握手，应由已婚者先伸手。

（4）年长者与年幼者握手，应由年长者先伸手。

（5）社交场合先到者与后来者握手，应由先到者先伸手。

（6）主人与客人握手，主人应先伸出手表示欢迎。

（7）客人告辞时，应由客人首先伸出手，对主人表示感谢。

（五）握手的禁忌

在商务活动中，相互间握手是再正常不过的举动，然而这个微小举动，也会决定双方对各自的印象，尤其是最初印象，因而要注意以下几点：

（1）握手时，另一只手不能插在衣服兜里，如果手里有公文包、文件等，也应先放下。

（2）在人多的场合，不要争先恐后地握手，更不能交叉握手，应按一定的顺序依次握手。

（3）不能戴着手套与人握手，这是非常失礼的，但是女士在社交场合可以戴着与礼服配套的薄纱手套与人握手。

（4）除非患有眼疾或者眼部有缺陷，否则不能戴着墨镜与他人握手。

（5）握手时不要仅仅握住对方的手指尖，也不能仅仅递给对方自己的手指尖，这样显得傲慢无礼。

（6）不能在手脏、手湿时与人握手。假如对方已伸出手，可以赶快擦拭干净自己的手或做出说明。

（7）不能在与他人握手之后，马上擦拭自己的手掌。

（8）握手时不要紧紧拉住对方的手左右摇晃，或者上下左右抖个不停。

（9）握手的时间不能太久，尤其是与异性握手时，不能拉着对方的手不放。

（10）不能使用左手握手，特别是与阿拉伯人、印度人打交道时更要注意，因为在他们的文化中，左手是不洁的。

（11）握手时不要不停地拍打对方的肩膀。

四、介绍礼仪

介绍是人际交往中最常见的礼节之一，它是初次见面的双方了解彼此的基本方式，也是双方交往的起点。通过介绍，交往双方对彼此有了初步的了解，缩短了彼此间的距离，搭建起了沟通的桥梁，有助于建立良好的人际关系。成功的介绍能给商务活动创造一种友好和谐的氛围，所以，介绍礼仪也是商务人士必须掌握的。一般来说，商务活动中的介绍可分为自我介绍和为他人介绍。

（一）自我介绍

自我介绍是将自己介绍给他人，这是社交活动的第一步。自我介绍的形式主要有以下几种：

（1）应酬式。适用于某些公共场合和一般性的社交场合。这种自我介绍最简洁，通常介绍自己的姓名即可。

（2）工作式。这种介绍常常用在工作场合。它包括本人姓名、所在单位及部门，自己的职务或从事的具体工作。

（3）交流式。交流式的自我介绍大多用在社交场合，表示想与对方进一步沟通与交流。它大致应包括自己的姓名、工作、籍贯、学历、兴趣爱好以及与交往对象的某些熟人的关系。

（4）礼仪式。这种自我介绍适用于讲座、报告、演出、庆典、仪式等一些正规而隆重的场合。它包括姓名、单位、职务等，同时还应加入适当的谦辞、敬语。

（5）问答式。这种自我介绍适用于应试、应聘和公务交往中，基本上是有问必答，对方问什么自己就回答什么。

自我介绍也要讲究一定的艺术，一个好的自我介绍不仅能给对方留下深刻的印象，也能为自己锦上添花。

第一，语言力求简洁。时间掌握在半分钟以内，切忌滔滔不绝，否则很可能令对方厌烦而达不到效果。

第二，态度充满自信。态度上要自然、亲切、友善，落落大方，不卑不亢，不要畏首畏尾、矫揉造作。

第三，眼神要有交流。介绍时要看着对方的眼睛，显得自己很有信心，如果对方有疑问也能从眼神里读出来，适当进行解释。

第四，内容实事求是。既不要信口开河、自吹自擂，也不能妄自菲薄、过分谦虚。

（二）为他人介绍

为他人介绍，又称第三者介绍，是经过第三者为彼此不认识的双方引见、介绍的一种方法。为他人介绍一般是双向的，即对被介绍双方各自都要作一番介绍。有时也有单向介绍，即只向一方介绍另一方，前提是后者已经知道了解前者的身份，前者不了解后者。

1. 介绍的顺序

为他人介绍时，先介绍谁再介绍谁也是一个礼仪问题。根据商务礼仪的规范，应遵循“尊者有先知权”的原则。所以为他人介绍的顺序大致有以下几种：

（1）介绍上级与下级认识时，先把下级介绍给上级，再把上级介绍给下级；

（2）介绍长辈与晚辈认识时，先把晚辈介绍给长辈，再把长辈介绍给晚辈；

（3）介绍女士与男士认识时，先把男士介绍给女士，再把女士介绍给男士；

（4）介绍已婚者与未婚者认识时，先把未婚者介绍给已婚者，再把已婚者介绍给未婚者；

（5）介绍同事、朋友与家人认识时，应先把家人介绍给同事、朋友，再把同事和朋友介绍给家人；

（6）介绍来宾与主人认识时，先把主人介绍给来宾，再把来宾介绍给主人；

（7）介绍与会先到者与后到者认识时，先把后到者介绍给先到者，再把先到者介绍给后到者。

2. 介绍的方式

根据实际需要不同，为他人介绍的方法也不同，主要有以下几种：

（1）一般式。也称标准式，一般介绍双方的姓名、单位、职务等信息，适用于较为正式的场合。

（2）简单式。只介绍双方姓名，甚至也可以只介绍双方的姓氏，这种方法适用于一般的社交场合。如：“我来为大家介绍一下，这位是李总，这位是张总，希望大家合作愉快。”

（3）附加式。也称强调式，用于强调其中一位被介绍者与介绍者之间的特殊关系，用以引起另一位被介绍者的重视。如：“这位是某某公司的人事经理张先生，也是我的学生，请多多关照。”

（4）引见式。介绍者只需将双方引到一起即可，适用于普通场合。

（5）推荐式。介绍者经过精心准备再将某人推荐给某人，介绍时一般会对前者的优点重点介绍，通常适用于比较正式的场合。

（6）礼仪式。这是一种最正规的介绍他人的方法，适用于正式场合。在语气、表达、称呼上都更为规范和谦恭。

3. 介绍时应注意的细节

（1）自我介绍要尽量简洁。

（2）介绍别人时，眼睛应该看着被介绍者，同时摊出手掌引导，如“这位是王主任”“这位是李小姐”，不能用手指指着别人。

（3）量词用“位”，而不用“个”。

五、名片礼仪

名片是商务活动中经常用到的，它相当于人的第二张身份证，上面包含了姓名、单位、职务、联系方式等基本信息。名片既是一个人的形象广告，也有助于拓展人际关系，扩大交往，为商务或社交活动带来方便。所以，如何制作、使用名片，如何接收并发送名片，也需要掌握一定的礼仪规范。

（一）名片的制作

名片一般采用9 cm×5. 5 cm 的规格，如果没有特别需要，不能将名片制作得过大或过小，因为名片夹一般都是通用的规格，过大或过小都不便存放。制作名片的纸张大多选用耐折、耐磨、美观大方的白卡纸、再生纸、合成纸、布纹纸、麻点纸、香片纸等，也可根据个人喜好选择较为高贵典雅、纸质挺括的钢骨纸、皮纹纸。名片的颜色一般宜选用庄重朴素的白色、米色、淡蓝色、米黄色、淡灰色，并且一张名片以一色为好。名片如果选用红色、绿色、粉色、紫色等颜色，会让人感觉有失庄重。另外，也不建议在名片上印制人像、漫画、花卉、宠物等，尤其不要印上自己的照片，如果别人不保留你的名片而丢弃，会很尴尬。

如果没有对外交流的需要，名片只选用简体汉字即可，故意使用繁体字会给人卖弄之嫌。如果名片需要采用两种文字，则应将这两种文字分别印在名片的两面，而不能将它们交错地印在同一面。

名片最好不要手写自制，也不要以复印、油印、影印的方法，因为这样不够正规。名片上的文字首先要符合规范，否则容易影响交际效果。在规范的前提下，也可以稍稍发挥，体现出自己的风格与特性。其风格与特性主要表现在片面的布局以及字体的选择与设计方面，如字体的行书、草书、隶书、篆书等。

名片一般分为三类：社交名片、职业名片和商务名片。社交名片上通常只印制姓名、地址、邮政编码、电话号码；职业名片上除了需要印制姓名、地址、邮政编码、电话号码以外，还应印制所在单位、职称、社会兼职等；商务名片正面的内容与职业名片相同，但在其背面通常会印上单位经营的项目等。

（二）名片的递送

名片不是宣传单，遇人就发反而起不到好的效果。名片的功能是使对方了解自己的基本情况，基于这样的目的，向别人递送自己的名片时要掌握好时机与递送的方法。

1. 递送名片的时机

希望认识对方时，先自我介绍，将自己介绍给对方，适时递上名片，才有可能获得对方的名片。

被介绍给对方时，寒暄的同时将自己的名片递给对方，以示真诚，也便于他人更加了解自己。

对方向自己索要名片时，可将自己的名片递送给对方。

对方提议交换名片时，要主动拿出自己的名片与对方交换。

初次登门拜访时，为表诚意，要将自己的名片给对方，同时介绍自己。

2. 递送名片的方法

递送名片时，先要看看名片是不是自己的，千万不要将自己刚收的别人的名片递出去。应起身站立，走上前去，面带微笑，双眼看着对方，将名片正面对着对方，用双手的拇指和食指分别捏住名片上端的两角递给对方。态度要谦虚，同时可简单自我介绍一下，或说“请多多关照”“常联系”等社交用语。

递送名片时，应一视同仁，不要厚此薄彼，有多人在场时，应遵循一定的顺序，或由近而远，或由尊到卑，将自己的名片依次递送给对方。

如果双方同时交换名片，则应右手递出自己的名片，左手接对方名片。

在递送名片前，一定要做足准备工作。如将名片准备好，放在容易取出的地方，需要时很快双手递上。

当遇到以下几种情况时，可不必将自己的名片递给对方或与对方交换：

（1）对方是陌生人，并且以后也不需要再交往时。

（2）不想认识对方，不想与对方深交时。

（3）对方对自己不感兴趣时。

（4）双方之间地位、身份、年龄悬殊时。

（三）名片的接收

名片是一个人身份与地位的象征，因此在接收他人名片时，态度一定要尊重、恭敬。接收名片时，应当停下手中的事务，起身站立，面露微笑，表示十分愿意结识对方。用双手拇指和食指接住名片下方两角，同时表示感谢。

接过名片后，要认真地看看对方名片上的内容，必要时可轻声读出较为重要的内容，既表示重视对方，同时也加深印象。如果有不明白的地方，如不认识或拿不准的字，要当场请教对方，这能让对方感到你是一个非常真诚的人。

接收对方名片时，不能马马虎虎随便扫一眼，然后不经意地塞进口袋。也不能随便放在桌子上，以免洒上水渍或油渍。不能在名片上压东西，更不能离开时把别人的名片遗忘在桌子上，这些都是对人不礼貌的行为。

（四）名片的索取

1. 索取方式

社交场合中最好不主动向他人索要名片，如果需要，可选择一些委婉的方式索要。

方法一，主动递出。想索要别人的名片时，最省事的办法就是把自己的名片先递给对方。俗话说，“来而不往非礼也”，当你把名片递给对方后，对方不回赠名片是失礼的行为，所以对方一般会回赠名片给你。

方法二，虚心请教。在索取对方名片之前，稍作铺垫，以便索取名片。比如，见到一位礼仪方面的专家时可以说：“认识您非常高兴，我对礼仪非常感兴趣，希望以后有机会能够继续向您请教，不知道以后如何向您请教比较方便?”前面的一席话都是铺垫，只有最后一句话才是真正的目的：索取对方名片。

方法三，直接询问。虚心请教一般是对地位高的人，对平辈、晚辈就不大合适。面对平辈或晚辈时，可以这样说："认识你很高兴，希望以后有机会能跟你保持联络，不知道怎么跟你联络比较方便？"

2. 拒绝索取

当对方向你索要名片，你实在不想满足对方时也可以拒绝，但不可太直接。为了照顾对方的面子，你可以表达得委婉一点，通常可以这样说："对不起，我忘了带名片""不好意思，我的名片刚才用完了""这样吧，请给我你的名片，以后我跟你联系"。但不可以在同一个交际场合满足张三索要名片的要求，却拒绝李四的要求，厚此薄彼是社交大忌。

（五）名片的保存

在商务或社交活动中，收到别人的名片可放进上衣口袋、名片盒或手提包内。回到家或办公室后，则应将收到的名片分门别类地整理，加以收藏，便于日后查找和使用。有很多成功人士的电话等联系方式都是多年不变的，也许你现在不需要联系他，但若干年后你有需要时还是可以联系得到。

整理存放名片的方法主要有四种，可以按姓名的外文字母或者拼音字母的顺序分类；可以按姓名汉字笔画的多少来分类；可以按专业或行业来分类；可以按国家或地区来分类。

（六）使用名片的注意事项

（1）应把名片放在公文包或上衣口袋等容易取出的地方，忌交换名片时当场翻找。

（2）不要用左手递送名片。

（3）不要用手指夹着名片给别人。

（4）不要把别人的名片拿在手里把玩。

（5）不要在别人的名片上做谈话记录。

（6）不要在用餐时发名片。

第二节 通信礼仪

通信，是指人们利用电信设备来进行信息传递的活动。通信手段已由最初的书信，发展到了当今社会的电话、短信、电子邮件、微信等。通信礼仪，通常指在利用上述各种通信手段时所应当遵守的礼仪规范。

随着科技的发展，人们的生活方式发生了很大的改变。无论是日常交往还是商务活动，除了面对面的语言交流，使用通信手段进行交流交往的时间更多了，因为它更便捷，更省时、省力，大大提高了工作效率。但如果不懂通信礼仪，可能事与愿违，适得其反。

毕竟，通信方式中只能听到你的声音或看到文字的内容，却见不到人，要拒绝你的要求也比面对面拒绝容易得多。所以，通信中的礼仪似乎比见面时的礼仪还重要。

一、信函礼仪

信是按照习惯的格式把要说的话用文字等符号记录下来，给指定对象阅读的一种文书。函，本来指信的封套，后来将别人来的信件尊称为“函”，是目前我国行政机关确定的公文。随着网络通信技术不断发展，人与人之间的交流也越来越便捷，使用信函的人越来越少了。先进的科学技术给我们带来便捷生活的同时，也会有一些小小的遗憾。与电话、邮件、短信相比，书信具有易保存、更正式的优点，同时也是一种非常珍贵的回忆。因而在当今的社会交往中，信函的使用仍然较为广泛。

信函由笺文和封文两部分构成。笺文是写在信笺上的文字，即寄信人对收信人的称呼、问候、对话、祝福等。笺文是书信内容的主体。封文是写在信封上的文字，即收信人的地址、姓名和寄信人的地址、姓名等。封文是写给邮递人员看的，使邮递人员知道信从哪里来，寄往哪里去，万一投递找不到收信人还能将信退给寄信人。完整的书信应该是笺文、封文俱全，并且将笺文装入写好封文的信封内，然后将信封口封好寄出或托人带到的。

（一）笺文仪礼

笺文由三部分组成，每一部分都有其礼仪规范。

第一部分是开头，包括称谓、提称语、起首应酬语。在使用称谓时要注意，对于有亲属关系的长辈，不可直呼其名。给朋友写信时，不要连名带姓都写上，只写名字即可。给德高望重的人写信时，要使用敬称。但应注意，“您”既是单数，也是复数，不能写“您们好”。提称语紧接在称谓之下，是请收信人察看信件的用词，根据收信人与写信人之间的关系而使用，如“父亲大人膝下”中的“膝下”二字就是提称语，写给平辈的信一般使用“台鉴”作为提称语。起首应酬语类似于谈话时的寒暄，多用来表达问候与思念，如“很久不曾联系，一切可好?”“一切可好？甚念。”等。

第二部分是正文，这是书信的主体部分，即写信人要说的话。它可以是禀启、答复、劝谕、抒怀、辞谢、致贺、请托、慰唁，也可以是叙情说理、辩驳论证等。这一部分，动笔之前就应该成竹在胸，明白写信的主旨。若是信中同时要谈几件事，更要注意主次分明、详略得当，最好是一件事一个段落，不要混为一谈。

第三部分是结尾，包括结尾应酬语、结尾敬语、署名、日期。结尾应酬语应精练，多为表达祝福、期许之语。结尾的敬语是笺文结束时向看信人表达礼貌的意思，一般顶格写。最后是署名和日期。日期应当写书写信函时的准确日期，精确到年、月、日，也可在日期后加上书写地点。

（二）封文礼仪

封文是写给邮递人员看的，所以封文应该是用邮递员的口吻来写，可用“王平教授收”“田文波董事长亲启”等表述，不可写“张小丽舅妈亲启”“李剑父亲大人收”。你的亲属不是邮递员的亲属，他不可能跟你用一样的称谓。

寄信人一栏也不可空着或用“内详”字眼，这样既不便于邮递员在信件没有送达时退回，也是一种不礼貌的行为。

（三）信函的礼仪要求

1. 写信函礼仪

写信函时，要力求完整、礼貌、准确、简洁、清晰。

完整是指信函的组成部分必须完整无缺。称呼、问候、正文、祝福语、署名、日期等一个都不能少。信封上的地址、收信人、邮编等书写完整。

礼貌是指信函中要多使用敬语与谦词。从称呼开始就要让对方感受到你的真诚与尊重，如多用“敬爱的”“尊敬的”这类词，正文中多用商量、请求的语气。

准确是指信函内容要表达精准。不能让人看后摸不清状况，不能出现错字、别字、漏字，尤其是收信函者的名字、地址、职务等，更要小心核实，不能有错。

简洁是指信函内容应言简意赅，条理清晰、层次分明，不能啰唆、没完没了。

清晰是指信函的字迹要清楚明了。切勿潦草，或者有涂改。纸张要耐折、坚固，尽量选择使用黑色钢笔、公务用笔，而不使用彩色笔。

2. 发信函礼仪

折叠信函也有讲究，应先将信函三等分纵向折叠，然后再横折，并使两端一高一低，有表示谦恭之意。而将信函先横向对折两次，再纵向折叠到可以装入信封中的长度，常常用于日常通信。将信函装入信封时，一定要将信函推至信封顶端，并使信封的封口处有约1厘米的距离，这样便于收信函的人拆阅。

有时发信函时，还要装入一些附件。这时应注意，不要装入违规、违禁物品。不要装入过多附件，使信封鼓鼓囊囊，影响美观。要向收信函者明确交代附件的内容及数量。

3. 收信函礼仪

尊重他人通信保密和通信自由的权利，任何扣留、私拆、偷阅他人信件的行为都是触犯法律的。因此，在替他人收取信函时，要有良好的法律意识，尊重他人的权利与隐私。

拆阅信函的最好方法是用剪刀等工具，保持信封的完整与美观，避免直接用手撕。阅读完信函后，不要把信函乱扔乱放，未经发信人的允许，不能将信函公开发表或到处传阅。没有必要保存的信函，或者需要销毁的信函，要集中销毁，或用碎纸机进行处理。

二、电话礼仪

生活中你是否遇到过这种情况：夜深人静，却被刺耳的电话铃声吵醒，睡意全无；周末在家休息，却接到来自客户的电话，好好的休息日泡汤；在办公室写材料，同在办公室的同事却拿着办公室的电话煲电话粥，令你不胜其烦；逢年过节，收到很多祝福短信，却都没有落款，即便有落款，却不是发信人的落款，而是陌生人的姓名……

现代人的生活已完全离不开电话。有人做过这样的调查，询问100个人出门时必带的三样东西是什么，几乎所有的人都把手机算作其中的一样，甚至有近半数的人把手机放在三样之首。所以，电话礼仪也就成了生活中的日常礼仪，它不仅是个人形象的体现，也是组织、集体形象展现的窗口，更是一个人社交能力的反映。

（一）拨打电话礼仪

1. 择时

通话的最佳时间有两种：一是对方预告约定的时间；二是对方方便的时间。早上8点之前、晚上10点以后、中午午休时间不要给人打电话。早上上班之前、晚上下班之后都属于私人时间，如果是工作上的事情，要尽量避开这些时间，选择在工作时间拨打电话。在节假日给别人打电话也要慎重，这有可能打扰对方休息。有公事尽量打对方的办公电话，如果有紧急的事情确实需要打对方家里电话，则要在电话中说明。如果是国际长途，应该考虑对方所在的时区。

2. 步骤

首先要称呼、问候对方。其次要简单地自我介绍。如果是公事电话，要报自己的单位、部门、姓名等；如果是私人电话，也要介绍自己，不要想当然地认为对方应该知道你是谁，更不要让对方来猜。再次，要说明打电话的目的。最后是道别。

3. 礼节

（1）做好准备，不慌不忙。打电话前应做好准备工作，包括整理自己的思路，再三确认打电话的原因、目的、想向对方表达的内容等。在内容比较重要或者是内容繁多的情况下，建议先在纸上写下内容概要，防止遗忘、遗漏或者思路被打断而一时想不起。除此之外，还要考虑冷场的情况。对于重要的或者是没有把握的谈话，要在拨打电话前考虑一下对方可能做出的不同反应，面对对方的不同反应该如何应对，以免由于得到出乎意料的回答而乱了阵脚。干净利落、重点突出的电话交谈能给对方留下好印象，有助于进一步的了解与合作。

（2）姿态端正，愉悦诚恳。如果你认为打电话只是听到声音，完全可以忽略姿势、表情，那就大错特错了。你的态度是否诚恳、谦虚，是否尊敬对方，你的情绪等都能通过声音和打电话时的姿势体现出来。仅仅通过声音对方就能感受到你此时的状态和心态。因此拨打电话时，要想象着对方就在眼前，你是在面对面地与对方谈话，从而保持一种认真的态度和礼节。

（3）使用敬语，善始善终。电话一接通，就要问候对方，并自报家门，如“您好！这里是佳程集团人力资源部”。而不可用“喂，您好”。在问候对方之后，最好问一问对方：“请问您现在说话方便吗？”以免对方在忙或者不方便接电话，而你在这头又不停地讲话。假如因为紧急事情不得不在对方休息时间打电话，接通之后一定要先向对方说：

“对不起，由于事情紧急，我不得不现在给您打电话，打扰您休息了，真是抱歉。”通话完毕挂断电话时，也要讲究礼节，除了应有的道谢之外，最好让对方先挂电话。放下话筒时动作一定要轻缓。

（4）表达清晰，言简意赅。将事先准备好的内容理清条理，力求精练，尽量缩短通话时间，长话短说。

最忌讳讲话时吞吞吐吐、含糊不清、东拉西扯。寒暄后，迅速进入正题，不讲空话、废话，不无话找话。要讲的话一旦讲完，就应果断、迅速地终止通话。不要话已讲完，仍然反复讲，再三唠叨，那样会让人觉得你做事拖拉、不利索。

（5）态度和蔼，举止文明。通过总机转接时，要对总机话务员问一声好，哪怕一句简单的“谢谢”也能让他们感受到你的尊重。如果要找的人不在，需要接听电话的人代为转告、留言时，态度更要礼貌。如果通话过程中忽然中断，要立即拨过去，并说明通话中断是系统故障或信号不稳定所致，不要不了了之，或等对方打过来。如果拨错了电话，要向对方表示抱歉，等对方说过“没关系”之后再挂电话，而不是一言不发地就挂断。

拨打电话要做到举止文明，不把话筒夹在脖子下，不以笔代手去拨号，不坐到桌子上或倚靠着物体打电话，更不可边吃东西边打电话。话筒要轻拿轻放。

（二）接听电话礼仪

（1）做好准备。无论是私人电话还是公务电话，最好在电话机旁放置一些物品，如电话号码簿、记事簿、记录用笔等，而不是在需要时还要请对方等待，临时去拿纸和笔，这样既拖延了通话时间，也不礼貌。

（2）及时接听。听到电话铃声后，应放下手中的工作，尽快接听。如果铃声响了很久才接听，应先向对方表示歉意。如果当时手头上正在忙工作，可先接听电话，告知对方：“对不起，我现在正忙，请10分钟以后再打过来好吗？”一般不要别人替自己接电话，尽量亲力亲为。及时接听电话是礼貌，可如果铃声响过一声就接，会让对方猝不及防，也容易造成掉线，所以一般情况下遵循铃声不过三的原则。

（3）礼貌应答。电话接通之后，第一件事是自报家门，并向对方问好。如：“您好！这里是某某，请问您是哪位？”这样做于人于己都方便，且节约时间、提高效率，还可帮助对方确认有没有拨错电话号码。

（4）态度友好。接听电话虽然无法看到对方的表情、眼神、手势等，但能通过语气、语调等感受到双方的态度和性格。说话时应语调适中，语气柔和、稳重，使对方感受到你饱满的精神状态和认真的工作状态。如果能面带微笑则更能让对方心情愉快。切忌接电话时声音太大，这会影响到其他人工作。

（5）复述内容。通话时，有的词语读音相同或相近，容易在沟通中引起误会或偏差，所以为了防止听错电话内容引发不必要的损失和麻烦，通过电话转达有关事情时应重复要点，对于号码、数字、日期、时间等信息应主动复述，确认信息，以免出错。

（6）接听电话时不要与周围人交谈，也不能边接听电话边看文件、上网，甚至吃东西。在与重要客人见面时，有人打来电话，可先接听电话，向对方说明原因，表示歉意，并承诺稍后再联系。

（7）接听电话时有另外一个电话打进来，千万不能不理不睬，可对正在通话的一方说明情况，请其稍等片刻，然后立即去接另一个电话，接通后请对方稍等，或过一会儿再打进来，随后再继续之前接通的电话。

（8）代接电话时要以礼相待，尊重对方隐私，传达及时。不能因为对方所找的人不是自己就显得不耐烦，或简单地以“不在”打发对方。即使被找的人真的不在，也应友好地答复：“对不起，他现在不在，有什么需要我转达的吗？”不要询问对方与所找人之间的关系。如果对方要找的人离自己较远，千万不能大声喊叫让对方接电话。如果是为别人转达一些信息，不能把这些信息随意扩散。

（三）手机短信礼仪

人们已越来越喜欢用短信互致问候。短信是通过手机等移动设备向对方发送文字、图片等符号性信息的交流方式。它确实是一种省时省力，又可传情达意、联络感情的交流方式，但应注意以下几点：

（1）祝福短信最好是自己编写的。哪怕只是几个字，也是你的心意，表示你的诚意。不要克隆别人的短信，更有甚者完全转发别人的短信，连落款的名字都没去掉，这样的短信发出去只会弄巧成拙。

（2）短信中一定要有称谓和落款。很多人发短信喜欢群发，于是省略前面的称谓，这样是不礼貌的，尤其是对长辈和领导的短信，更要用尊称。最后一定要署上自己的名字，你不能要求每个接收你信息的人都记住你的电话号码。

（3）不要转发强迫性短信。有的短信如：“今天是世界姐妹日，你若将这条短信转发给你的十个好姐妹，你将幸运连连；如果不转发或删掉，你会倒霉不顺。”这是极不礼貌也不道德的短信，要坚决抵制！

（4）及时回复来信。来而不往非礼也，所以收到别人的短信应及时回复，哪怕只有“谢谢”两个字也是你的礼貌，告诉对方你已收到短信，表示你的重视。

（四）手机微信礼仪

微信，是腾讯公司研发的一种手机交流应用软件，可以与人发送语音短信、文字和视频，正如其广告所言，它已成为当今社会人们的“一种生活方式”。如今，人们在节假日登门造访已不多见，但微信24小时嘟嘟的提醒声却已司空见惯。由此可见，人们沟通交流的方式和习惯正在日益改变，于是，微信的礼仪规矩也应运而生。

（1）不要影响他人。使用微信的人越来越多，而且大多都是朋友之间使用微信，许多人看到好的文字图片就忍不住要转发给朋友分享，但很少有人对这些内容进行仔细审阅，这些内容并不适合给每个人阅读。更不要转发一些不实或未经证实的信息。

（2）不要公群私聊。微信里有组建群聊的功能，能把许多人放在一个讨论组里，相互聊天交流，大家可以共同谈谈同一个问题或话题，确实拉近了大家的距离。但不要把群聊当成与群里某一成员的私人聊天会所，这会引起其他人的不悦。

（3）不要谈论敏感话题。言论自由无可厚非，但也应遵循法律的规定和道德原则。

微信并不是完全放开的交流工具，它也是在运营商监管下运作的。因此，要尽量少谈敏感话题，避免给自己或他人带来麻烦。

（五）手机使用礼仪

男士不要把手机挂在腰间，可放在公文包里或拿在手上，坐下与人交谈时可放在旁边的茶几上或桌上。

女士不要把手机挂在胸前，这样既对身体不好，也显得有些幼稚。

要保持手机畅通，更换了号码要及时告诉别人，不要等别人打你电话时传出来的声音是：您拨打的电话已停机。

不要在马路上边走边打电话，这会分散你的注意力，也会影响你的视线，极有可能造成交通事故。

在电梯内不要打电话。电梯内是一个小型的公共场所，你旁若无人地说话，既是一个噪声源，也让身边同乘电梯的人感觉不舒服。

在会议中、课堂上、参加重大活动、和别人交谈时，最好把手机调到静音或者振动，必要时还应关闭手机。这样既显示了对别人的尊重，也不会打断交谈的思路。手机铃声响个不停，肯定会引起别人的不快。在病房、飞机上、开车时、加油站也不要接打电话，容易引起事故。

在任何场所接听手机时都不要旁若无人地高声说话。

三、邮件礼仪

邮件又称电子邮件或电子邮箱，它是一种用电子手段传送信息的通信方式。一封完整的电子邮件，由标题、称呼和问候、正文和附件、署名和日期等几个因素构成。

（一）标题

标题是一封邮件的眼睛，它能起到提纲挈领的作用，通过标题可以看出邮件的主要内容，以方便收件人判断邮件的轻重缓急。所以，邮件标题不能用太大或太空的话，也不可空着标题一栏不填，这是不礼貌的行为。标题要言简意赅，千万不要有错别字。

（二）称呼和问候

邮件的开头一定要有称呼和问候。这个称呼虽然不像普通书信那样正式，但也要能表现出发邮件人的谦虚有礼。如果对方有职务，可以按照职务来称呼，如李经理、王会计；如果对方是特定的职业，也可以按职业来称呼，如张教授、何医生；如果弄不清楚如何称呼对方，对女性称呼女士、小姐，对男性称呼先生也可。问候更不能少，简单的“你好”“您好”都可以。

（三）正文和附件

邮件正文要简明扼要，不可长篇大论，最好不需要收信人拖滚动条看完。正文多用短句，不使用过长或晦涩难懂的词和句子。如果正文内容较多，则应该用附件将情况说明清楚，使用附件时应在正文中对附件做简要说明，同时也是提醒收件人查看附件。附件的命名简单明了，要能体现附件的主要内容。如果附件过多，最好进行打包，压缩成一个文件后发送。

（四）署名和日期

邮件结尾应有署名，也可以适当加上公司、电话等信息。一般来说，署名的字号应比正文略小一号，在名字的下一行还应注明日期。

使用邮件小贴士

发送邮件时最好一次把事情说完，不要发完邮件后才想起来还有事情没有说，再发补充，或者说明，这会给人留下办事毛躁的印象。

写完邮件后多检查几遍，看语句是否通顺，是否有错别字，特别是英文单词一定要进行拼写检查。

礼貌用语适当多用，如“请”“谢谢”之类的词要经常出现。

不提倡使用自动回复，这有可能被视为无礼，因为它会给人居高临下的感觉。

四、网络礼仪

网络礼仪也可称网络规则，是保障网络世界正常秩序的基本规范。网络虽然是一个“不受制约”的地方，但是适当的网络规范是必要的，因为上网的是有感情、有思想的人，甚至是各行各业的精英，尽管你上网时常常是隐身的，但别人仍能从很多细节中感受到你的人品和修养。

（一）真诚友善，宽以待人

网络生活最显著的特点就是虚拟性，可以在未见其人、未闻其声、未知其名的状况下，让五湖四海的人聚在一起进行交流，并且有充分的言论自由。但这并不意味着可以随心所欲、为所欲为。网络世界是虚拟的，但礼仪是真实存在的。真诚是人际交往的基本准则，网络世界同样适用，在网络生活中真诚待人更能体现人格。

在网络上与人交流时，对方若用错字或问低级的问题，应克制情绪，给予宽容和理解，选择适当的方式善意提醒或回绝。不要讥笑嘲讽，更不要谩骂，伤人自尊。

（二）互相尊重，慎独自律

不同的网站和论坛有共同约定的规则，也会有各自的特点。与不同地区的人交流，应首先熟悉规则，了解情况，尊重他人的习惯和风俗。不能触犯民族和宗教的禁忌，也要充分尊重他人的生活和交往习惯，不做令他人反感的事情。若是网站的建立者或管理者，应用广阔的胸襟和谦虚诚恳的态度对待网友，要维持秩序，树立健康、文明的形象。尊重自己和他人的隐私，一般情况下不要随意公开他人的真实姓名、地址、电话等个人资料，避免给他人带来伤害和损失。

网络生活的多样性、虚拟性很容易让人误入歧途，在目不暇接、流连忘返之时很容易落入他人圈套，跌进陷阱。因此，人们在畅游网络虚拟世界的同时，一定要保持较强的自律意识，抵挡住诱惑才不会做出伤人伤己的事情。

（三）用语规范，目的明确

词汇是语言中最活跃的要素，是社会生活最直接的反映，而网络又是人气最旺、信息量最大、思想最活跃、观点最复杂、传播速度最快的平台，所以，近些年网络用语也成了语言中的独特现象，经常引发社会热潮。网络用语即多在网络上流行的非正式语言，多为谐音、错别字改成，也有象形字词以及在论坛上引起流行的经典语录。流行的不一定就是正确的，所以，我们在网上交流时应尽量使用合乎规范的语言，自觉捍卫语言文字的纯洁性、科学性，营造规范的用语用字氛围，以免使交流受阻。

在浏览网络海量信息时，要有明确的目的，直奔主题，不要漫无目的地闲逛。要明辨是非，尤其不能登录色情或反动的网站。对未经证实、已经过时、来源不明的消息不要传播和发送。

第三节 拜访礼仪

拜访是出于某种目的，亲自或派人到朋友家或有业务关系的单位拜见访问某人的活动。人与人之间、社会组织之间、个人与企业之间都少不了拜访，通过拜访，人们可以互相交流信息，统一意见，发展友情。

拜访有事务拜访、礼节拜访、私人拜访三种形式。无论是哪种形式，都应遵守一定的礼仪规范。

一、预约礼仪

无论哪种拜访，都要提前与被拜访者联系预约，这是拜访前最基本的礼仪和礼貌。在预约方式的选择上，可以选择电话预约、短信预约、邮件预约，也可以选择当面预约。

如电话预约时，首先要简单地做一下自我介绍，避免对方听了半天还不知道你是谁。接着说明自己的目的，提出拜访的内容，与对方商量拜访的时间和地点。另外，一定要留下自己的联系方式，万一对方临时有事需要取消拜访时可以与你联系。

（一）拜访时间的选择

拜访时间应该由双方商量来定，但是如果没有明确说明，拜访者在选择拜访时间时以不妨碍对方为原则。如果是到对方家里去，一定要避开吃饭的时间、午饭后的休息时间和晚上太晚的时间。一般情况下，下午三四点钟或晚上七八点是比较合适的。

如果是事务拜访，需要到对方的工作场所去，也尽量避开星期一和工作日上下班的时间。星期一大多数都要开例会，上下班时间会比较匆忙，没有心思接受拜访。

不能只在有求于人的时候才想到拜访。临时抱佛脚，往往难以达到拜访的目的。日常联络感情的拜访也是为日后的求助或合作奠定基础。

（二）拜访地点的确定

1. 办公地点

即到对方的工作场所去，如办公室等，一般用于事务性拜访。

2. 私人住宅

到对方家里去，常常用于私人拜访，或礼节性拜访。如过年过节到领导同事、亲朋好友家里拜访。

3. 休闲场所

双方约定到一些比较适合谈话、见面的场所，比如咖啡厅、茶馆等。这种场所适用范围比较广，既可以是私人拜访，也可以是事务性拜访。

（三）拜访主题的明确

拜访之前，要想好拜访主题和拜访目的，见面时稍作寒暄后应尽快谈起拜访的内容和目的，这样既提高效率、节约时间，也可以避免拜访时东拉西扯、语无伦次、冲淡主题，或无话可说、冷场尴尬。

（四）拜访前的准备

与对方约定拜访时间后，应做好充分的拜访准备。商务人员应阅读拜访对象的个人和公司资料，做到心中有数。拜访时需要的各项资料也要仔细检查，避免疏忽遗漏。要按约定的地点提前订好场地。

出发前，最好与拜访对象打电话确认一下，以防临时发生变化，也可让对方知道你什么时候到达而有所准备。一定要保证提前几分钟到达，万一有事情耽误了到达时间，要及时打电话告知拜访对象。

此外，要打理好个人形象。

二、见面礼仪

（一）遵时守信

预约好后就要守时，既不能随意更改时间，也不能迟到或太早到，准时到达最好。如果怕路上堵车、路况不好，最好提前出发。尽量不要太早到，太早到会让对方措手不及，但如果早到了，可先在外面稍作准备，待约定时间快到时再准备敲门。

（二）举止文明

敲门时力度适中。声音太小，对方可能听不见；声音太大，又显得太粗鲁。先敲三下，如果没有回应，则稍等一小会儿再敲。千万不要用脚踢、用拳捶，或是用手掌“啪啪啪”乱拍一气。如果可以使用门铃，恰当的做法是，轻轻地按一下，隔一会儿再按一下，不要手不停歇地按个不停。如果门是虚掩的，此时也应敲门，告诉对方有客人来了，而不是推门就进。

要重视仪表仪容，穿戴要整洁大方。进门前最好检查一下妆容，这既是对对方的尊重与重视，也是注重自身形象的表现。

见到拜访对象后，如果是初次见面，要主动自我介绍、问候、握手、交换名片；如果是熟人，也要先问候并握手寒暄。进入拜访地点后，帽子、墨镜、手套和外套应及时摘去，外套要把里面折进去，叠起来，放在沙发的扶手边。即使身旁有衣架，也要请示过拜访对象以后才能使用。

如果到对方家里拜访，进门后要换鞋，把包或礼物放在主人指定的地方，然后再向主人问候。不要忘了与其家人打招呼问候，特别是家里有长辈的时候。

主人没有请坐之前，不要擅自坐下。落座时要稳重，注意坐姿，不要过于随便，东倒西歪，像在自己家一样。主人给你递茶水时，要微微起身，双手接过，并表示感谢。

如果主人家中养有狗和猫，不应表示害怕、讨厌，不应去踢它、赶它。

不要轻易翻动主人的东西。没有主人的邀请，不要主动到别的房间参观。如果是第一次拜访或者主人家里刚刚装修过，则要表示夸赞，这也是打开话匣的好方法。

会谈过程中，如果没有急事，不要接打电话，实在要接打电话也要向拜访对象说明。

（三）及时离开

拜访时间不要太长，谈话不要冗长、啰唆，如果对方显然已经没有了继续谈话的意愿，开始起身收拾东西或频频看表，此时一定要及时离开，不管拜访目的是否达到。如果一味逗留，只会给人留下拖沓、不识时务的印象，反而影响拜访效果。

拜访将要结束，说完告辞的话以后就应立即起身，不要再重复谈话内容。告辞时要向拜访对象表示感谢，并握手告别。拜访对象如果相送，应礼貌地请拜访对象留步。出门后，最好回头看看对方是否还在目送你，如果是，应挥手向对方致意。

三、馈赠礼仪

馈赠，是人们在交往过程中通过赠送礼物来表达对交往对象的尊重、敬意、友善、喜爱、祝贺、感谢、慰问、纪念、哀悼等情感与意愿的一种交际行为。它作为社交活动的重要手段之一，从古到今都受到人们的普遍青睐。

馈赠作为一种非语言的重要交际方式，是以物的形式出现，以物表意，以物传情，礼载于物，情寄于物。得体的馈赠恰似无声的友谊使者，使交际活动锦上添花。

馈赠并不是简单的送礼物给对方就可以了，只有在明确馈赠目的和种类，选对馈赠礼品，遵循馈赠礼仪的前提下，才能真正让馈赠在交际中发挥重要作用。当然，我们这里提到的馈赠不是功利性的行贿受贿，行贿受贿是违法行为，应坚决杜绝。

（一）馈赠的目的

任何馈赠都是有目的的，了解馈赠的目的有助于正确选择馈赠的礼品，能使馈赠效果事半功倍。

1. 以交际为目的的馈赠

顾名思义，这种馈赠是为了一定目的而进行的。它有两点要注意：一是送礼的目的与交际目的一致；二是礼品的内容与送礼者的形象一致。

2. 以维系和巩固人际关系为目的的馈赠

这类馈赠，即为人们常说的“人情礼”。在人际交往过程中，无论是个人之间，还是组织机构之间，都是以感情为纽带维系的。人与生俱来的社会性要求人们必须重视关系和感情，馈赠就是很好的巩固人际关系的办法。这种目的的馈赠，强调礼尚往来，以“来而不往非礼也”为基本行为准则。因此，这类馈赠，无论从礼品的种类、价值的轻重、档次的高低还是包装的优劣、蕴含的情意等方面都呈现多样性和复杂性。

3. 以酬谢为目的的馈赠

这类馈赠是为答谢他人的帮助而进行的，因此在礼品的选择上非常关键，既要强调其物质价值，也要符合对方的心意。礼品的贵重程度，首先取决于他人帮助的性质。帮助的性质分为物质的和精神的两类。一般说来，物质的帮助是有形的、能估量的；精神的帮助则是无形的、难以估量的，然而其作用又是相当大的。其次取决于帮助的目的，是慷慨无私的，或另有所图的，还是公私兼顾的。这点非常重要。如果对方是慷慨无私，既能看出他的人品，也能在礼物的选择上适当放松要求；如果是别有所图，就要弄清楚所图什么，不要贸然送礼；如果是公私兼顾，也要想明白，摸清对方心理，才能有的放矢，选择正确的礼物。最后取决于帮助的时机。一般情况下，危难之中见真情，越是在自己危难时刻得人帮助，馈赠的礼品也应越丰厚、贵重。所以，得到帮助的时机是日后酬谢他人的最重要的衡量标准。

4. 以公关为目的的馈赠

这类馈赠是一种为达到某种目的而用礼品作为馈赠形式进行的活动。这种馈赠，表面上看来不求回报，而实质上其索取的回报往往更深地隐藏在其后的交往中，或是金钱，或是权势，或是其他功利，多发生在对经济利益、政治利益的追求和其他利益的追逐中。这类目的的馈赠常常会有贿赂之嫌。

（二）馈赠的类型

1. 公务性送礼

这是一种组织机构送礼的方式，通常挑选具有一定纪念意义、民族特色或具有某些艺术价值的物品，也可以是本单位所在地的特产或自己单位生产的产品。重在让对方记住这次公务活动，回忆时心情愉悦。如一次产品研发会在湖南召开，湖南的湘绣颇具特色，作为东道主，送给与会代表一件湘绣制品，既轻巧、便于携带，又具地方特色，还具有纪念意义。

2. 个人间送礼

礼尚往来，礼轻情意重，重在情，重在送礼的心意和方式。

3. 精神礼品

可以是寄明信片、发礼仪电报、代订报刊、点歌、赠送鲜花等方式，让受礼者觉得很温暖。在送礼者经济条件有限、受礼者经济条件很好的情形下特别适合选择这类礼品。

（三）馈赠的原则

在商务活动中，送礼可以沟通、联络人与人之间的感情。无论是商业性的送礼，还是联络个人感情的送礼，都能加强人与人之间的关系，起到四两拨千斤的作用，但都要遵循一些基本的原则。

1. 礼物轻重要适当

礼物的轻重程度是非常关键的，如果礼物太轻，容易让人觉得对方看不起自己，礼物也容易遭到嫌弃，不仅事情办不成，而且影响接下来的合作及人际关系。如果想让别人办的事情比较难、比较大，而礼物又太轻，那几乎是不可能成功的。相反，礼物太贵重的情况下，也让人难以接受。尤其是对上级、同事来说，礼物太贵重则有受贿之嫌。即使当时驳不下面子，勉强收下，日后也一定会设法还礼。而如果对方坚决拒收，礼物已买，徒让人心烦。无论哪种情况，都达不到送礼的效果。

其实，礼物重在意义而不是价格。国际促销用品协会研究发现，受礼者对礼品各项价值的重视程度依次排列如下：实用性（98.3%）、质量好（71.8%）、有吸引力（61.5%）、雅观（59.8%）、使用方便（45.4%）、独特性（43.7%）和耐用性（28.2%）。选择礼物时可根据这一研究结果结合受礼者的喜好进行参考定夺。

中国的商务人士通常把商业送礼的概念混同于亲戚朋友以及其他社交关系的送礼，不但表现出热情大方的一面，还为了追求体面，送价值较高的礼物给生意伙伴，或慷慨解囊请生意伙伴上高级饭店，以显示自己的财力。诸如此类的商业方式绝不适用于国际商贸活动，因为你的热情好客很有可能被外商视为商业贿赂。

2. 送礼时机要选好

在送礼时机上要注意，雪中送炭胜过锦上添花，选择在对方最需要的时刻送礼，在时间选择上尽量不扎堆，送礼的效果一定会更好。

送礼的时间通常选在：相见或道别时；较为重大的节日时，如春节、中秋；对方有喜事时，如乔迁、晋升、生子等。但为了不让对方觉得你太功利，也可以选择平时送礼，因为过年过节送礼的人很多，你送的东西很可能就湮没在成堆的礼物里面，对方根本注意不到你，也就谈不上对你有特殊印象了，送礼的作用也许就大打折扣。所以，过年过节要送，平时也可送，比如以你出差或旅游回来为借口，把对方约出来，一起吃个饭、喝个茶，然后在这个过程中把从外地带回的有特色的礼物送给对方，这样更显你的用心和情意。

3. 了解受礼者喜好

送礼前应了解受礼人的身份、爱好、民族习惯，以免因为送礼反而惹出麻烦。比如去看望上海病人送礼时就不要选择苹果，因为在上海话中“苹果”与“病故”发音相同，送苹果岂不成了诅咒人家病故？

中国普遍有好事成双的说法，因此凡是大贺大喜一类的事均应送双而忌单。再如，白色虽有纯洁无瑕的意思，但是在中国，白色通常意味着大悲贫穷之色。同样，黑色也是不吉利、凶灾之色，而红色则普遍受到大家的喜爱，因为它象征着喜庆、祥和。我国还有送礼不送钟，给夫妻或情人不能送梨和伞，因“送钟”与“送终”谐音，“梨”与“离”谐音，“伞”与“散”谐音，都是不吉利的。给健康的人不送药品，不为异性朋友送贴身用品等。

一般来说，对家贫者，实惠实在是首选；对富裕者，精巧精致是首选；对恋人、爱人、情人，纪念性是首选；对朋友，趣味性是首选；对老人，实用是首选；对孩子，启智新颖是首选；对外宾，特色是首选。

4. 礼品要有意义

既然送礼是表达感情的一种方式，那么任何礼品都必须与你的心意相符，并使受礼者感受到你的心意，觉得你的礼物非比寻常。实际上，最好的礼物应该是根据对方兴趣爱好选择的，是富有意义、耐人寻味、品质不凡却不显山不露水的礼品。因此，选择礼物时一定要考虑它的思想性、实用性、艺术性、纪念性等因素，力求做到意义非凡，不落俗套。

选择礼品要认真、心诚，心存敬重之情，能够体现自己所倾注的时间、才智和精力。

5. 礼品要注重包装

送礼时，包装必不可少，精美的包装能为礼物增添不少价值，也让受礼人有了遐想和精神上的享受。通过礼品包装也能看出送礼人的品位、爱好等，是简单随意的人，还是一个注重细节的人。

包装应根据礼品来设计，目的是突出礼品，而不能喧宾夺主。包装一定要看起来美观大方、简洁流畅，而不能过于烦琐，难以拆开。有时，包装也是对礼品的一种保护，如礼品是易碎品时，注重包装可以避免礼品磕碰、磨损。

6. 馈赠说明不可少

如果是当面赠礼，一定要辅以适当的、认真的说明。一是可以说明为何送礼，比如是一份新年礼物或是生日礼物。二是表明自己的态度。送礼时不要自我贬低，像“没有准备，临时买的”“没有什么好东西，凑合着用吧”这样的话一定不要说，而应该实话实说，如“这是我特意为您选的”“我想您一定会喜欢”等。三是讲述一下礼物的意义，多讲几句吉祥话。四是说明礼物的用途，对较为新颖的礼物可以简单介绍其功能及使用方法等。

（四）接受的礼仪

任何人都可能是赠礼人或受礼人，在接受别人赠礼时，如何做才能让双方皆大欢喜，也是有讲究的。

1. 坦然接受礼物

一般情况下，别人赠送礼物都是真心实意的，对于这样的礼物如果不是行贿，最好不要拒收，拒收会使对方产生不愉快的想法。即使你觉得送的礼物并不十分称心，也不能表现在脸上。接受礼物时要双手接过，同时说上几句感谢的话，如“让你费心了，谢谢”“谢谢你的礼物”等，不要说“我受之有愧”“这样的礼物我不能收”之类的话。不能虚情假意，推推躲躲，反复推辞，硬是不肯收。也不能心口不一，嘴上说“不要不要”，手却早已伸了过去。

2. 当面打开礼物

中国人的习惯是不当面打开礼物，而是等客人离开后再打开。随着与国际接轨，越来越多的人选择在收到礼物时当场打开，表达自己的喜悦及喜爱之情，这样的方式更人性化，更能让赠礼者感到被尊重与重视。

所以，在收到礼物时，应尽可能地当着对方的面将礼物打开。启封时动作要有序、轻缓，不要乱扯、乱撕。拆封后要赞美礼物，表示很喜欢这样的礼物。

3. 酌情还礼

不是所有的收礼都要还礼。如果送礼物给你的人不在你原定的送礼计划之内，最好不还礼。如果有人真心感谢你而送礼，也不必还礼，你一旦还礼反而无法实现他感谢的心愿。

（五）送花的讲究

鲜花是美好、吉祥、友谊和幸福的象征。我国早在汉代就有“折柳送别话依依”的诗句。社交活动中，无论是欢迎、送别、婚庆还是节庆、开业、慰问、吊唁及国际交往，人们经常赠送鲜花表明心意。但由于各地风俗习惯不同，花的含义也不同，所以，赠送鲜花是有所讲究的。

当我们用花来传递友谊、表达感情时，要了解并自觉使用“花卉语”，避免出现尴尬。

恋爱中的男女，一般送玫瑰花、百合花。这些花赏心悦目，美丽、雅洁、芳香，代表着美好的爱情。

夫妻之间可互赠合欢花。合欢花叶长，两两相对，晚上合抱在一起，象征着夫妻永远恩爱。不过，夫妻之间送花束的话，还是以玫瑰花、百合花为主。

祝贺亲朋好友新婚，宜送玫瑰、百合、郁金香、香雪兰等，尤其是百合寓意百年好合，最受欢迎。至于新娘捧花，可适当加入几枝满天星，显得更加华丽脱俗，可以衬托出新娘的美丽。

如果朋友、同事遭遇了爱情的挫折，适合送秋海棠。秋海棠又名相思红，寓意苦恋，送朋友秋海棠是一种安慰。

朋友、同事过生日，可以送月季、石榴、红掌、太阳花，这些花象征着“火红年华，前程似锦”。

节日期间拜访亲朋好友，适宜送盆栽，比如吉祥草、凤梨、大花蕙兰等，象征幸福吉祥。

拜访德高望重的老者，最好送兰花。因为兰花品质高洁，又有“花中君子”之美称，老人家也非常喜欢。送给母亲当然首选康乃馨了。

如果有新店开张、公司开业，可以送月季、紫薇等。这类花花期长，花朵繁茂，寓意“兴旺发达，财源茂盛”。如果是举行开张仪式，最好送开业花篮，显得气派而隆重。

朋友将要远行，可以送芍药。芍药又叫将离、离草，不仅花朵鲜艳，且含有难舍难分之意，尤其是恋人之间的暂时分别。

给病人送花有很多禁忌，探望病人时不要送整盆的花，以免病人误会为久病成根；香味很浓的花也不要送，因为会对手术病人不利，易引起咳嗽；颜色太浓艳的花不要送，会刺激病人的神经，激发烦躁情绪；山茶花容易落蕾，被认为不吉利，也不要送。看望病人宜送兰花、水仙、马蹄莲等，或选用病人平时喜欢的鲜花，这样有利于病人怡情养性，早日康复。

在不同的国家和地区，同一种花也会有不同的含义。比如在一些国家，菊花和康乃馨被认为是厄运的象征。实际上，同一种花卉，颜色不同，有时含义也截然相反，如红色的郁金香是“爱的表示”，蓝色的郁金香象征“诚实”，而黄色的郁金香则象征“无望的恋爱”，因此要掌握并恰当使用“花卉语”。

（六）馈赠的禁忌

中国很多地区是忌讳送钟作礼物的，因为“送钟”与“送终”谐音。有趣的是，世界上很多国家的商务人士都喜欢将钟作为办公室礼物，他们通常把别人送的钟摆在办公桌上，用来加强自己的时间观念。尽管如此，中国人也不宜将钟送给外国人，因为越来越多的商务人士了解中国人忌讳送钟的习俗。

中国人自称龙的传人，自古崇拜龙，以龙为造型的艺术品在我国随处可见。然而，在给英美的商务人士送礼时，千万不可将龙作为礼品，因为在他们的文化里，龙是凶残暴戾的象征，是魔鬼，与中国文化中的龙的含义相去甚远。

中国有些地区，如港、澳和珠江三角洲等地忌讳“4”这个数字，因为它与“死”谐音，所以送礼不能送 4 件。与中国的数字忌讳相同，西方人对“13”这个数字也非常忌讳，这是以基督教为文化背景的一种心理，他们认为“13”是不吉利的数字，所以给西方人送礼要避开“13”。

第四节　舞会礼仪

舞会是现代社会交际的重要形式之一，也是一项高雅的社交娱乐活动。通过舞会可以结识朋友，加深友谊，缓解压力，陶冶情操，展示个人风采。所以，舞会礼仪不能忽视，得体的舞会礼仪能提高商务社交能力，让你在舞会上成为一个受欢迎的人。

一、打造良好形象

参加舞会时，男士宜着西服套装，或长袖衬衫搭配长裤；女士可穿中长袖的连衣裙或晚礼服。

女士参加舞会一定要佩戴首饰，如项链、耳环、手镯或发饰等，因为舞会的气氛一般比较热烈，而且晚礼服是盛装，所以舞会的首饰尽量选择那些贵重的珠宝，或者闪光的金属串链，它们会在灯光的照射下熠熠生辉。如果选择穿无袖的或者无肩带的礼服，最好着长手套。如果选择穿改良式的旗袍参加舞会，应把头发挽起来，并配上发饰。小手袋也是参加舞会必不可少的一件配饰。

参加舞会的女士一定要化妆。舞会的妆不同于舞台妆，比舞台妆稍淡，但是要略微比生活妆浓一些，这样在灯光下才会光彩照人，而不是惨淡无光。素面参加舞会是很失礼的行为。

舞会上通常不允许戴帽子、墨镜，也不能穿拖鞋、凉鞋、旅游鞋。

二、文明邀请舞伴

按照惯例，在舞会上邀请舞伴时，男士应主动邀请女士。舞曲响起后，男士可先走到想邀请的女士面前，先跟与她一起在座的人点头示意，然后向想邀请的女士点一下头，或者欠身施礼，目视对方轻声说“请您赏光”或“可以请您跳舞吗”，同时应配以引导性的手势。女士不要轻易拒绝男士的邀请，如果对对方感觉不佳，或者身体原因实在需要拒绝，也要注意说话的分寸和礼貌，委婉地拒绝对方。不能无动于衷，不作回应，这样会令邀请的男士很尴尬。女士拒绝男士的邀请后，不要马上接受其他人的邀请，以免对前者的自尊心造成伤害。

一般情况下，舞会上女士是不用主动邀请男士的，但特殊情况下需要请长者或者贵宾时，则可以委婉提出“先生，请您赏光”或“我能有幸请您跳舞吗”。男士一般不宜拒绝女士。

三、细节彰显魅力

舞会是展现个人魅力的高雅的社交场所，男士应表现绅士风度，女士应优雅大方，每一个细节都不容忽视。

邀请好舞伴准备上场共舞时，男士应主动跟在女士身后，让女士选择跳舞地点。

下场后，不宜在舞曲未结束时先行离去。如果实在有事要中止共舞，男士可在原地向女士告别，或把女士送到原来的地方再离开。

不要总和一个人跳舞。按照规则，结伴而来的一对男女，只要一同跳第一支舞即可，从第二支曲子开始，大家应该有意识地交换舞伴，以便认识更多的朋友，达到交友的目的。

第五节 言谈礼仪

言谈不仅是商务活动中最重要的沟通手段，也是一门艺术。一个成功者必定会在言谈中闪烁真知灼见，给人以深邃、睿智、博学、优雅、得体之感。刘勰曾在《文心雕龙》中说："一人之辩重于九鼎之宝，三寸之舌强于百万之师。"美国著名教育家、演讲家戴尔·卡耐基更是认为："一个人的成功只有15%归结于他的专业知识，还有85%归于他表达思想、领导他人及唤起他人热情的能力。"言谈是思想的衣裳，在粗俗或优美的措辞中，展现不同的品格。善于言谈的人，可以流利地表达自己的意图，将道理说得很清楚，让人欣然乐意地接受。所以，商务活动的成功往往是言谈的产物。

孔子云"辞达而已矣"，说的是言辞达意就可以了。言语交谈的基本要求就是提醒说话方要从内心深处站在对话方的角度关心他人的思想情绪，也是在强调通过文明礼貌的言词用语将这份关心表达出来，其关键就在于尊重对方和自我谦让。言谈作为一门艺术，也是个人礼仪重要的组成部分。所以，只有了解言谈的基本要求，选择合适的谈话内容，掌握言语表达的基本技巧，才能在交往过程中谈得顺心、谈得开心，才能达到交流的目的。

一、言谈基本要求

（一）态度谦虚诚恳

谦虚是一种美德，是人类高尚的品质。古往今来，人们给予它崇高的赞美。古希腊哲学家苏格拉底曾说："谦虚是藏于土中甜美的根须，所有崇高的美德由此发芽生长。"我国也有"谦受益，满招损"的古训。在言谈中，谦虚本身就是一种礼的表现。

只有在交谈中谦虚礼让，少说多听，先听后说，才能赢得对方的好感，给人以诚恳、谦虚，可以信赖，可以合作的印象。因此，在陈述自己的意见和观点时，不妨多使用"我觉得怎样怎样""以我之见""似乎""好像怎样"等表达方式，可以让对方更容易接受。美国著名政治家、科学家、杰出的外交家及发明家富兰克林避免抗拒的沟通技巧便是："寻找推动任何可能引起争论的事情时，我总是以最温和的方式表达自己的观点，从来不使用绝对确定或不容许怀疑的字眼，而代之以下列说法：据我了解，事情是这样子；如果我没有记错，我想事情是这样；我猜想事情是不是该这样；就我看来，事情是不是该如此。像这样对自己看法没多大把握的表达习惯，多年来使我推动许多棘手的问题一帆风顺。"

那么，怎样才能在不同的社交场合、不同的环境、不同的氛围下妥善地用言语体现自己谦虚诚恳的态度呢？

1. 转移对象，巧妙分散注意力

当受到表扬和赞美时，如果你感到窘迫的话，不妨想办法转移人们的注意力，把表扬和赞美"嫁接"到别人身上。如当别人夸奖你某方面的巨大成就时，你不妨说："我哪有这么大的本事，是我的团队太优秀，我们公司给我的平台太好，天时、地利、人和呀！"也许话题就会很巧妙地转移到你的团队、你们公司，这样既为自己解了围，又不失时机地突出了你的同事，表现出你的团队意识。

任何称赞和夸奖，都不可能毫无缘由，或是因为某件事或是因为某方面的成绩，这时你不妨像绘画一样轻描淡写地勾勒一笔，则有四两拨千斤的效果。牛顿因"牛顿力学"闻名世界，当朋友称他为伟人时，他谦虚而真诚地说："不要那么说，我不知道世人怎么看我，不过，我自己觉得好像一个孩子在海滨玩耍的时候，偶尔捡到了几只光亮的贝壳。对于真正的知识大海，我还没有发现呢。"牛顿把知识看成大海，把自己的成就看成几只贝壳，而且说得十分轻松，似乎他的成就连一个孩子都能取得，这就形象地表现了自我谦虚的精神，而且极富情趣。

2. 保持谦逊，获取他人肯定

面对别人的称赞，如果把自己说得一无是处，不但起不到谦虚的作用，反倒给人一种傲慢的感觉。正如俗话所说："谦虚过度等于骄傲。"现实生活中，类似这样的人屡见不鲜，比如有人称赞某演员演技高超时，她竟不屑一顾地说："这算啥！"言外之意，她的真本领还没有拿出来。相反，有人在称赞鲁迅先生是天才时，鲁迅先生说："哪有什么天才，我是把别人喝咖啡的时间都用在工作上。"鲁迅先生否认自己是天才，但却肯定自己珍惜时间这一优点，给人一种实实在在的感觉。

3. 巧设比喻，妙用诙谐幽默

直言谦虚，固然可贵，但弄不好会给人一种虚假的感觉，特别是两个人之间，如果仅仅说"你比我强多了"这类话，容易产生嘲讽、揶揄之嫌。遇到这种情形，不妨用比喻的方式，巧妙地表达自己的谦虚。一天，郭沫若和茅盾两位文学大师相遇了，他俩谈得非常愉快，话题很快转到鲁迅先生身上，郭沫若诙谐地说："鲁迅先生愿做一头为人民服务的'牛'，我呢？愿做这头牛的尾巴，为人民服务的'牛尾巴'。"听说郭老愿做"牛尾巴"，茅盾笑着说："那我就做'牛尾巴'的毛吧！它可以帮助牛把吸血的'大头苍蝇'和'蚊子'扫掉。"郭沫若看着茅盾说："你太谦虚了。"这两位文学巨匠围绕着鲁迅先生"牛"的比喻，充分展开联想，一个自喻为牛尾巴，一个自喻为牛尾巴上的毛，生动形象地表现出了两位大师谦虚博大的胸怀。

（二）表情亲切自然

谈话的目的是向人传递感情，在言谈中表情对传递感情十分关键。同情还是嘲笑？喜欢还是厌恶？信任还是怀疑？理解还是排斥？这一切都能从表情中找到答案，而无须言语。所以谈话时表情要亲切、自然，让人感到一种亲和力，可尝试以下的做法。

1. 交谈时眼睛看着对方，但不是盯视

首先，交谈时眼睛要看着对方。俗话说，眼睛是心灵的窗户。在某种情况下，眼神是最佳的辅助方法，它能抵得上千言万语。在使用眼神时，视线的方向、注视的频率以及目光接触的时间长短都要适度。长时间盯着人的眼睛看，会让对方不自在，因此，除了关系非常亲近的人之外，一般连续注视对方的时间是在几秒钟以内，否则会引起对方的反感和不安。若下级和上级谈话时注视对方的时间可适当延长一些，因为这是一种信任和尊敬的表示。

2. 一视同仁，照顾所有交谈者

同时与很多人一起交谈时，不要只盯着某一两位熟悉的人交流，眼神要照顾到每位倾听者，特别是当别人发表言论的时候，要注意眼神的互动和交流。不要在听到某个话题的时候突然表现出惊讶或夸张的表情，这样会中断别人说话的思路，干扰交流的情绪。对于较为沉默的人，可以说些大家都聊得开的话题，让其参与进来；或是谈到某个话题的时候，刻意征求询问他的想法，让在座的人都有发言的机会，这样会显得平易近人、一视同仁。

3. 用带笑的声音说话——微笑着说话

声音中包含着情绪，用带笑的声音说话，即微笑着说话，一定可以让人感受到你愉悦的心情。心情愉悦，声音自然优美动听，所谓“言为心声”。而且情绪是会感染人的，你声音低沉时，对方也会不自觉地用低沉的声音回应你；如果你的情绪激昂，非常愉快，对方也会高兴地回应你。比如你情绪饱满地大声问对方：“哥们，吃了吗？”对方也会大声回答你：“嘿，吃了！”

（三）语调平和沉稳

语调是人们感情流露的一个窗口，高兴、失望、信任、怀疑、紧张、悲痛、狂喜等复杂的感情都会在语调的抑扬顿挫、轻重缓急中表现出来，正如一年有春风和煦、夏日炎炎、秋高气爽、冬雪飞扬一样。语调不但展现了一个人的感情世界，也表露了他的社交态度。漫不经心、和尚念经的语调绝不会引起别人感情上的共鸣。因此，交谈时声音的大小、音调的高低、语气的轻重、语速的快慢都要遵循一定的规范。

语速适中才能显得沉稳。语速快，代表干脆、爽快，但也表示不耐烦、激动和紧张，对方能感觉到表达者的热情积极，也体现了说话者性格急躁。语速过慢，则给人的感觉是傲慢、没有诚意或反应迟钝。语速适中，平静中带有活力，有节奏感，对方能感觉到表达者的自信从容，所以说话速度不要太快或太慢。每个人都有控制语速的能力，一般情况下，语速保持在220~240字/分钟比较合适。

当然，也不是什么情况下都是用一种不紧不慢的语速。谈论比较愉快的事情，就应该使用明快而爽朗的语调；谈论忧伤的事情，就应该使用低沉缓慢的语调；鼓励对方时，应该使用耐心平和的语调；发牢骚，表示不满时，语调自然会高八度。只有轻重抑扬相结合，才便于在言谈中表达丰富多彩的内心世界，抒发真实情感。

通常情况下，音调低沉比嗓门尖锐要悦耳得多；委婉柔和的声调比僵硬的声调更容易打动人；发音缓慢比机关枪式的说话要易于让人接受；抑扬顿挫要比平铺直叙更吸引人。但不管怎样变换说话的口吻，给人的感觉始终应该是平和沉稳的，不疾不徐，才能让人觉得大气从容。

（四）语言准确规范

这里的语言准确规范包含两层意思：

一层是指从语言学的角度来讲的准确规范。语言是人类交际的重要工具之一，它由语音、语汇、语法三个要素构成。语音是语言的物质外壳，语汇是语言的建筑材料，语法是语言的组合规律。所以，语言的准确规范既包括语音的标准，也包括措词的准确及句子的流畅通顺。

另一层是指讲话时运用的语言要能准确、恰当地表达出自己的想法或事实，不能随心所欲、信口开河，也不能似是而非、模棱两可。语言准确，有理有据，才能使人信服，而语言不准确、言不及义，则会笑话百出。

从前有个人给自己过50大寿，邀请了张三、李四、王五、赵六等前来赴宴。快到用餐的时候，发现赵六还未出现，主人开始有点着急，信口来了句：“怎么该来的还没有来呀！”张三听到这句话后，心头暗想：“这该来的没来，难道我们是不该来的？”于是拂袖而去。此时主人看到张三走了，而赵六还未到，又大叹一句：“这不该走的又走了。”这时，李四又面露不悦，心想：“张三是不该走的，那该走的必定是我？”于是也愤然离席。主人见此状，便摊开手对王五说：“我说的又不是他，他怎么走了？”这时，王五更加不高兴了，便不辞而别。本来一场高兴的寿宴，最后因为说话不当，弄得不欢而散。

同样是赴宴，有位能说会道的人是这么招待客人的。首先来了位朋友，他上前寒暄几句，问道：“你是怎么来的？”那人回答：“我是坐轿来的。”他立马笑着回应：“真是威风之至呀，果然讲究排场，里面请！”然后又来了位朋友，他也是这么询问，这人回答：“我是骑马过来的。”他也是堆满笑容回应：“真是潇洒之至啊，很有风度，来，里面请！”之后又来了位朋友，他还是这么询问，那人回答：“我家离这比较近，我是走路来的。”他上前握着朋友的手说道：“真是从容之至啊，既环保又健身，里面请！”而当第四位朋友来的时候，发现他每次都询问同一个问题，而且还能打里照外，面面俱到，他欲有意为难主人一下，于是他回答：“我是爬着过来的。”说罢想等着看主人尴尬的表情，没想到主人灵机一动，回答道：“您真是稳当之至啊，别人看见都要给您让道，里面请！”听罢，这位朋友也十分高兴地入席了。

二、谈话内容选择

交谈的内容是关系到交谈融洽，甚至决定交谈成功的关键性因素。选择好言谈内容，谈话时才能有话可讲，是进一步交谈的基础，也是深入交谈的前提。对交谈内容的选择，也将集中体现交谈者的个人品位、兴趣、素养和社会阅历。交谈内容的选择应当遵循一定的原则和要求，要清楚哪些话题该说，哪些话题适合在什么场合说，哪些话题该对什么人说。

如果双方提前已约定好交谈的主题，则适当寒暄之后，可很快进入主题。它适用于比较正式的交谈，如商务接洽、问题研究、工作探讨、征求意见等。

在双方没有约定交谈主题的情况下，可随意交谈，但要注意选择那些积极向上、轻松愉快、健康高雅以及双方都较熟悉又感兴趣的话题。

生活中经常会发现这样的人，他们能够很快地融入交际圈，在任何交际场合都有说有笑，与不同性格的人都能够攀谈几句，甚至有一见如故、相见恨晚的感觉，仿佛认识多年的老朋友，既赢得了人缘，也收获了想得到的信息，无形之中便抢得了先机。怎样才能做到选择合适的话题，迅速融入交谈的氛围，拉近彼此的距离呢？

（一）适宜交谈的话题

1. 选择对方感兴趣的话题

和陌生人交谈时，不妨从天气、籍贯、兴趣和衣着等方面着手。问这些问题不容易触及对方敏感之处，远远比问薪水、职位和年龄作为交谈的开端保险可靠。如“您是哪里人”或“听口音您像是南方人”等。对方介绍自己来自哪里后，如“湖南”，于是你就可以顺着湖南再往下说：“湖南是个不错的地方呢，不但自然风景优美，而且人杰地灵。”如果对方的家乡你去过，就更容易打开话匣。又或者，你可以说：“今天天气真好，如果能爬山，一定很不错。”“你喜欢爬山吗？爬过哪些山呢？”“我曾爬过……”顺话找话，绝对能令你找到源源不断的话题，甚至觉得意犹未尽。

一位穿着典雅的青年女子在一个首饰店的柜台前看了很久，售货员上前问道：“请问这位女士，有什么我可以帮您的吗？”

“随便看看。”女士的回答明显缺乏足够的热情，可她仍然在仔细观看柜台里的陈列品。此时售货员如果找不到和顾客共同的话题，就很难营造买卖的良好气氛，可能白白丢失一笔生意。

细心的售货员发现了女士的裙装别具特色：“您这件裙子好漂亮呀！”“啊！”女士的视线从陈列品移开了。

“这种裙子的款式很少见，是在隔壁的百货大楼买的吗？”显然这是售货员设计的话题。

“当然不是！这是从国外买来的。”女士终于开口了，并对自己的回答颇为得意。

“是这样呀，我说在国内从来没有看到这样的裙装呢。说真的，您穿这套裙装，确实很吸引人。”

"您过奖了。"女士有些不好意思了。

"只是，对了，可能您已经意识到这一点，这条裙子要是再配一条合适的项链，效果可能就更好了。"聪明的售货员终于转向了主题。

"是呀，我也这么想，只是项链这种昂贵商品，怕自己选得不合适。"

"没关系，来，我来为您参谋一下。"

聪明的售货员由于成功地选择了话题，最终顾客在这家首饰店购买了自己满意的项链。

2. 寻找彼此共同的话题

当彼此都是初次见面时，如果有熟悉双方的朋友或亲戚在场，他们总会介绍一下双方，包括介绍双方的姓名、身份、职业、社会关系、个人兴趣爱好、特长等，善交际者就会细心地去挖掘对方和自己的共同之处，找寻共同的话题。即便没有中间人介绍，只要细心观察，也总能发现彼此之间的共性，因为每个人的心理状况、兴趣爱好、信念追求，尤其是年龄特征等，都会或多或少地表现在服饰、谈吐和举止等方面。

在火车站的候车室里，你总能看见几名素未谋面的陌生人有说有笑，走近细听，发现他们之间交流的话题大体是："听你的口音，你也是哪里哪里人""你也是在什么什么大学读书呀""你也喜欢某某某的书籍或音乐""你也喜欢某某品牌的香水呀"，这样的话题能轻而易举地寻找彼此的共同点，并且屡试不爽，说明共性的语料和兴趣爱好特别能抓住人的求同心理，一下拉近双方的距离，打开交谈的局面。

3. 寻找对方擅长的话题

与人见面前，最好先了解对方的个人资料，如生活背景、专业特长、家庭状况、从事的职业等，见面后的交谈便可围绕对方擅长和关心的话题展开。每个人只要谈到自己擅长的事务，一定会津津乐道，口若悬河。如对方是从事教育工作的，可以谈谈孩子的教育升学问题；对方是从事传媒工作的，可以谈谈当下火爆的电视节目和主持人；对方是从事经济工作的，可以谈谈股票和物价。这样不仅能让对方乐于交谈下去，而且自己也能从对方的话语中学到很多专业知识，从而丰富自己的内涵。

据说曾经在罗斯福总统手下任职的吉姆法雷，每当他与人初次见面时，总会问及对方的姓名、家庭、职业或是政见，并将这些牢记在心中。这样一来，即使过去了很长时间，当再次见面时，他也能清楚地叫出对方的名字，并且询问其家庭的近况，这种方法使他获得了很好的人缘。

此外，还有以下话题也适宜选择：① 格调高雅的话题。这类话题能体现个人的品位与素养，如可以谈一谈城市的建设、国家的政策、最近发生的新闻事件以及传统文化等。② 轻松愉快的话题。这类话题能使彼此心情愉悦，乐意交谈，如最近看到的电视节目、热映的电影、读过的一本好书、盛大的体育赛事等。③ 时尚流行的话题。这类话题能体现生活情趣和个人爱好，如现在流行的服饰、手机、歌曲、网络词语、自驾游、健身等。

（二）不宜选择的话题

1. 易起争执的话题

在交谈中，我们首先应当遵循的原则是不与人发生争执，避免争论的话题。即使对于某个话题你有坚定不移的立场，也最好不要提及，或者选择适当的时间和场合再提。因为争执很容易造成敌对心理，尤其是交谈的双方人数较多的时候，会潜意识地进入竞争状态，唇枪舌剑，互不相让。在这样的情况下，人很难控制自己的情绪，更不用说与人为善了。因此，在交谈过程中，若发现别人的意见与自己不统一或者唱反调，应当考虑是否换一个话题，以转移对方的注意力。

2. 他人不熟悉的话题

对于他人不熟悉的领域或问题要尽量少谈，不要始终围绕一个高深的话题大肆发表自己的观点，高谈阔论，喋喋不休，毫不顾及旁人的表情和反应，让人感到厌恶、乏味，觉得你是在卖弄自己的学识，炫耀自己的财富或地位，也会破坏谈话的氛围。

3. 关乎他人隐私的话题

与人交谈时，不要散播他人的不幸遭遇，尤其是涉及他人隐私的话题，像“你怎么还没结婚?”“她真的要离婚啦?”等诸如此类的话题，这样会让人觉得你是在嘲笑和讽刺别人。

4. 过多批评他人的话题

世上肯定没有一个人是愿意听人批评的，批评的话语说多了，容易让人产生逆反心理，甚至会充满仇恨和抱怨。因此，要尽可能地赞美别人的工作能力和态度，比如像“你的口才真不错!”“你太客气了，招待得太周到了!”“您戴的这根项链真漂亮!”这类的语言，少说诸如“你怎么这么不会说话!”“你太不会办事了!”“你太不懂得尊重人了!”之类的话。即使觉得这些都是事实，也可采取另一种表达方式，如“你的出发点是好的，但如果这么表达，我觉得意思会更明确”，这样更能够让人接受，彼此的心情才会愉悦，也才会有继续交谈的可能。

总之，言谈中要尽量注意六不谈：不非议党和政府，不涉及国家秘密与行业秘密，不非议交往对象，不背后议论他人，不涉及格调不高之事，不涉及个人隐私。

三、言语表达技巧

日常交流过程中信息传递的效果=7%的文字内容+38%的语音语调+55%的面部表情。生活中我们往往注意说什么，却忽略了怎么说。有时同样的一句话，不同的人说，效果往往不同。或者同一人说同样的事情，但采取不同的方式，也会取得大相径庭的效果。所以言语表达不仅要注重说什么，还要注重言谈的方式及技巧，好的内容还得有好的形式承载和呈现。

（一）音质优美，音量适中

与人交谈，富有磁性或悦耳动听的声音往往具有强大的吸引力。曾经有人特别喜欢某档广播节目，甚至到痴迷的程度，不是因为节目内容，而是因为主持人的声音和标准纯正的普通话，给人如沐春风的感觉。

说话声音太大，会显得很嘈杂，听起来不舒服；如果音量太小，别人听不清楚，又影响了信息的传递。一次，在一辆长途公共汽车上，有两位年轻女性因为没有空座，就站在过道上。车刚启动，其中一位女子就开始向同伴诉说自己在家中怎样与婆婆较劲的事。但是说话的音量特别大，坐在旁边的一位中年女人扬起头看了她一眼，面露厌恶的表情。当汽车快到终点站时，她们下了车，全车的人都说："可算下去了，这一路，让她们烦死了，太没教养了。"其实像这样说话音量大的人，在许多公共场所都能见到，他们不需要用扩音器，你却很远就能听到他们在说什么，让你不得不听，听得头疼、心累。

著名作家刘墉曾这样说过："人们的习惯常是环境造成的，同样一个人到中餐馆和西餐馆，讲话的音量就可能相差甚多。道理很简单！你在嘈杂的宴会上小声说话，人家能听得到吗？相对地，如果你到烛光轻音乐的西餐厅高谈阔论，能不引人侧目吗？说话要用多大的音量，全得看环境。你想说话有魅力，显示优雅的谈吐，先得自我检讨，说话的音量是不是恰到好处。"美籍华人靳羽西女士也提倡："说话时要声音压低，压低，再压低。"

所以，我们要依据说话的环境调整自己的音量，要有一种强烈的自我意识，要摸索自己说话时嗓子最舒适自如的状态。要保护好自己的嗓子，多喝水，少吃辛辣食物，少熬夜，更不要声嘶力竭地喊叫。

（二）嘘寒问暖，打开话匣

说话人人都会，但是如何在与人交谈的一开始就能抓住对方的兴奋点，融洽两人第一次见面的气氛，让交流得以继续，让话题更加延伸，交谈双方就必须学会怎样寒暄、提问和倾听。

寒暄是指交谈双方在初次交往见面时相互问候、相互致意的应酬语或客套话。

翻看中国的历史长卷，在传统礼仪中，国人是非常讲究嘘寒问暖的，大到两国之间的交往谈判，小到两人之间的简单问候，寒暄都是非常必要的，它是交流破冰的法宝。它并不是一个简单的固定短语，这些话语就如抛砖引玉的这块"砖"，它抛出去后引来的是初次见面合作的两国或者两人愉快洽谈气氛的那块"玉"。常见的寒暄方式主要有以下几种：

1. 简单问候式

简单问候式寒暄是日常交际中最普通的初次交谈形式。交谈双方可以依据不同的场合、环境、对象、时间选择不同的问候。比如，在年龄辈分方面，面对少年儿童时可以问："你今年几岁啦？"又或者问："你今年上几年级？上小学还是初中？"面对同龄人可以问："你应该跟我年纪差不多吧？"面对年纪或辈分稍长的人可以问："您老今年高寿？"或问："看您年纪，跟我爸妈应该是同一年代的吧？"对不熟悉的人可以问："您在哪里高就？""您最近在哪里发财呢？"或问："听您口音，像是湖南人，那咱们是老乡啊。"面对熟悉的人，对公务员可以问："看您今天这气色，最近肯定被提拔到哪个领导岗位了吧。"对歌唱家可以问："您最近又有绕梁三日的大作品问世了吧？"面对关系密切的同事、邻里或者朋友，可作寒暄的话语就更丰富了。

2. 言他求同式

两人初次见面，首先大家都会同时关注彼此间的共同点或闪光点，比如两位气质很好的女子见面，她们会说："你今天穿的这条裙子真好看，既能展现你的身材，和你鞋子的款式也相当匹配。""你也是啊，你看你的围巾也不错，我也想买一条，能告诉我这是在哪里买的吗?"又比如两同乡在异地遇见，攀谈时会说："北方的天气虽好，不过还是咱们家乡那边的环境更适应。"诸如此类假借他物来彼此问候的话语也是日常生活中常用的寒暄方式。尤其是陌生人初次见面，一时找不到共同的话题，就可以找些关于天气、服饰、美食等与生活息息相关的话题来打破尴尬的场面。

3. 触景生情式

这类话语一般是针对具体的交谈场所和环境所进行的问候方式，比如对方正在品尝某种蛋糕，试用什么款式的产品，或者阅读什么类型的书籍等正在进行的某种活动以及将要进行的某种社会行为，都可以作为彼此寒暄的话题。比如，"你也喜欢吃提拉米苏蛋糕啊?"（在蛋糕店）"这么敬业，还在加班赶材料啊?"（在工作场合）"王菲要在长沙开演唱会啦!"（在公交车站见到了广告牌）等等。像这类的寒暄方式，随口而来，因景生情，自然得体，很容易引起共鸣。

4. 仰慕称赞式

中国传统文化的熏陶和影响，造就了大多数中国人谦卑、内敛的性格，因此在交流沟通中常常会碰到两人在互相恭维、互说谦恭的客套话，以表示仰慕对方的人品、学识、社会地位等。比如："某某先生/女士，我曾经拜读过您的大作，真是让我收获颇丰啊!""久闻您的大名，今日能一睹您的尊容让我倍感荣幸。"诸如此类的寒暄更显得礼貌、正式。有研究证实，能够让人们在最短时间内最大限度地获得满足感和幸福感的方式，就是给人最诚挚的祝福和称赞。每个人作为社会这个大集体内的基本成员，都需要别人的肯定和承认，需要他人的赞美和夸奖，也许这在日常交际中实际意义不是特别明显，但它对情感诚意的引导、融洽氛围的营造、交谈主题的导入，都能起到非常重要的铺垫。但这种仰慕、称赞一定是发自内心的，否则会给人虚情假意的感觉。

寒暄虽称不上公共关系中的独特领域，但它具有广泛的社会普遍性和历史存在性，是打开交谈之门的一把钥匙，但一定要把握分寸，合度适量。

（三）语言规范，条理清晰

1. 语言规范

语言规范所包含的内容十分宽泛，通俗点就是说话要讲究规矩，可以口若悬河，但不可信口开河，如果说话人想怎么说就怎么说，就会在礼貌方面带来许多不必要的麻烦，还有可能影响交谈过程，达不到交谈目的。语言规范主要体现在以下几个方面：

（1）语音清晰准确。中国地域辽阔，方言也很复杂，尤其是方言之间语音上的差异很大。如北方方言有平翘舌音之分，而湘方言中就几乎没有翘舌音。更何况还有很多同音字，表达不当时很容易产生误会，如"致癌"与"治癌"，"切忌"与"切记"。所以，与人交谈时要尽量做到：第一，遇到容易产生歧义的字词，应适当解释或提醒；第二，与非本土方言区的人交流，尽量不使用方言，而用普通话，否则会让人有种不友好的感觉，误以为这个地方的人排外心理较重；第三，对要表达的内容中的关键地方，要尽量把语速放慢，让人能够听清楚，明其意。

（2）词语规范得体。辞令的修辞固然重要，但最基本的是能浅显易懂，词能达意，便于理解和交流。因此，在词语的选择方面要以朴实自然为准则，避免过分缀文，让人误解你是在卖弄学问。如果用典不当、用词有误，反而会贻笑大方。

要尽量避免使用方言词语，即便是现在网络上流行的词语，在正式的公务场合也要慎用。同时，措辞也要视交往对象和场合灵活得体，如对长辈要用“您”，常常使用“您好”“谢谢”“对不起”“再见”等礼貌用语。

（3）表达通顺明了。表达要完整，不多余，不废话，不错乱，符合语法规范，做到言简意赅，让听者感到轻松、明了。同时我们说话的表达方式也要符合日常习惯。虽然有些语句从逻辑和语法上看并不一定很规范，但它却已经在长期的社会生活中流传下来，对于这类话语，可以视作约定俗成的表达方式，如“打瞌睡”“打交道”“养病”“晒太阳”等。另外，由于国籍、民族、地区或者信仰不同，说话习惯也不尽一致，因此，说话者要入乡随俗，使说话的口气和方式易于让对方接受。

2. 条理清晰

说话是一门艺术，不仅要让倾听者容易接受，更要让人心情舒畅，这就要求我们说话时应根据不同的目的和要求，该详则详，该简则简。避免详而不详的简陋、略而不略的啰唆，注意说话的逻辑性和条理性。

大文豪马克·吐温就是位说话简练有力、极富逻辑性的人。有一个礼拜天，他到教堂去，适逢一位慈善家正用令人哀怜的语言讲述非洲的苦难生活。当慈善家讲了 5 分钟后，他马上决定对这件有意义的事情捐助 50 美元；可当听了慈善家讲了 10 分钟后，他决定将捐款减至 25 美元；当慈善家滔滔不绝、漫无边际地讲了半个小时后，他已经决定减到 5 美元；当慈善家又讲了一个小时，呼吁大家捐助时，马克·吐温不但没捐钱，反而在募捐箱中偷走了 2 美元。他这种做法似乎不太近人情，但细想起来也理所当然。鲁迅说过：“时间就是生命，无端地空耗别人的时间，无异于是在谋财害命。”慈善家无条理的滔滔不绝，使他的形象一落千丈，令人烦厌。

怎么让说话变得既有条理，又言简意赅呢？

（1）交谈要围绕主题展开。每次交谈都要有明确的主题，并使整个谈话围绕它合乎逻辑地展开，主次分明，层次井然，逻辑性强。可以围绕重点，把交谈的题材分门别类，充分细化，并设法形成一到几个高潮，造成一种波澜起伏的情节，引人入胜，达成共鸣。这样既能使听众得到愉悦和趣味，又能一下抓住听者的注意力。

（2）用数字建立“思维路标”。开车因为有路标而不会迷失方向，说话也如同行车一样，为了言之有序，也应建立“路标”。尽量把要讲的内容归纳成几点，使说出来的话条理清晰、逻辑性强。可以用“第一”“第二”“第三”等序数做思维路标，也可用“首先”“其次”“最后”或“不仅……而且”“一方面……另一方面”等关联词做思维路标，将所讲内容按由浅入深、由简到繁进行排列。

（3）从内容中提炼关键词。当你要表达的内容比较多时，尽管你建立了思维路标，但听众并不一定都能记住，如果能从表述的每一点中提炼一个关键词，那接收的效果就会好多了。如当别人问“你为什么要选择这个专业”时，你可以从三个方面回答，首先是“喜欢”，其次是“适合”，最后是“圆梦”。这其中的“喜欢”“适合”“圆梦”就是三个关键词，下面的话就可以围绕这三个关键词展开了。这样，不仅使自己讲话时思路更清晰，表达更顺畅，也会让听的人更能抓住重点，便于记忆。

（四）风趣幽默，文雅得体

幽默的谈吐是一种让人身心愉悦的说话方式，它是人们在长期的生产、生活和语言交流中思想、意识、智慧和灵感的结晶，是一种优美、可爱的性格，更是一种可贵、健康的品质。没有人会拒绝同幽默的人打交道，因为它可以帮助人舒缓情绪，缓解压力，在笑声中获得前行的力量。如果你善用幽默，适当发挥，调节气氛，也许就能在人群中脱颖而出。当然，幽默也要得体高雅，视语境、视交谈对象适可而止。怎样使自己的谈吐既幽默又得体呢？

1. 要有豁达开朗的人生态度

幽默既属于乐天派的人，也属于生活中坚强的人。幽默的谈吐建立在说话者思想健康、情趣高雅的基础之上，正如林语堂所言：“凡善于幽默的人，其诙趣愈幽隐，而善于鉴赏幽默的人，其欣赏尤在于内心静默的理会，大有不可与外人道之滋味，与粗鄙显露的笑话不同，幽默愈幽愈默而愈妙。”有乐观的信念，才能“闲看庭外花开花落”，对任何不尽如人意的事泰然处之。在《李肇星感言录》中曾记录过这么一段：1989 年 10 月 31 日，我国领导人邓小平宴请美国前总统尼克松，当时外媒舆论嘲笑邓小平身材矮小，席间小平同志说：“中国人民取得现在的成绩不容易，我们还要艰苦奋斗几代人，才能使中国富强起来。我出生的那个年代老家很穷，家里条件不好，后来到法国勤工俭学，干活累，吃得又不好，所以个子长得小。个子小也没关系，个子小有个子小的好处，天塌下来有大个头顶着。”殊不知，中国——泱泱大国的天就是被这位个子小的伟人撑起来了，是这位心怀天下的老人让改革开放的春风吹遍了神州大地。

说话风趣幽默是一个人对待生活态度的真实写照，是对自身力量充满信心和肯定的客观表现。一位女性满怀信心和憧憬地将自己的职业履历寄到某公司去应聘一个职位，收到的却是对方抱歉未录用的 E-mail，可是不知道是系统错误还是故意为之，对方发了两封邮件过来。她当时抱着最后一点希望给人家回了一封信。她的这封信是这么写的：既然您对未能录用我感到如此遗憾和抱歉，为什么不再给我一次面试的机会呢？也许正是这封信起的作用，第二天她便得到了这个公司另一个职位的面试机会。

2. 要培养良好的人生修养和表达能力

幽默源于身边生活，它必须融合丰富的人文知识，再配上生动、活泼的表达方式。幽默不是毫无意义地插科打诨，也不是没有分寸的低级趣味，它是应时应景、入情入理的灵感迸发。古今中外著名的幽默大师，往往都是语言大师、演讲大师。爱迪生致力于制造白炽灯泡时，遇到的主要问题是寻找一种有效的灯丝，当试验到上千种材料时，有人讥讽他：“你已经失败了1 200次了。”爱迪生不但没有生气，反而幽默地说道：“你知道吗，我的成功就是发现了1 200种不适合做灯泡的材料。”又如，新中国第一任总理周恩来，陪同美国前总统尼克松参观我国自行设计和施工的南京长江大桥，当踏上引桥时，尼克松突然问：“周总理，请问南京长江大桥每天有多少人经过？”周恩来答道：“总统阁下，南京长江大桥每天有5个人经过。”看到对方百思不得其解的样子，周恩来自豪地解释道：“每天经过南京长江大桥的人是工、农、兵、商、学，这不就是5个人啊。”尼克松听完，频频点头表示认同。

3. 要培养敏锐的观察力和想象力

幽默是建立在对生活另类角度的体验和对事物细致入微的观察上，有敏锐的观察力和洞察力，有丰富的想象力，反应迅速、敏捷是众多幽默者的特点。观察力是指大脑对事物的观察能力。福尔摩斯之所以能够很快地破那么多案子，敏锐的观察力是其中的决定因素之一。《福尔摩斯探案全集》中有这样一个场景：在福尔摩斯第一次与华生见面时，就立刻辨别出华生是一名去过阿富汗的军医。福尔摩斯为什么能够那么快地辨别出来面前的这个人就是一名军医呢？是观察，敏锐的观察力使得福尔摩斯能够迅速地辨别出一个人的职业、经历。

湖南卫视主持人汪涵是一个很懂幽默的人，请看他与妻子杨乐乐的一段对话：

汪涵：“哎，乐乐，周卫星和何晶晶，你喜欢谁？”

杨乐乐：“我啊，两个都很喜欢啊！”

汪涵：“我就比较喜欢何晶晶。”

杨乐乐：“为什么？”

汪涵：“因为我就喜欢名字有重叠的人。”

杨乐乐：“……”

短短的几句话，巧妙地传递了对妻子的浓浓爱意，更显出了汪涵的智慧，但这些首先源于他敏锐的观察力和联想能力。

4. 要培养良好的心理素质和应变能力

杨澜是传媒界中能力突出又擅长幽默的主持人，她凭着开朗的性格，诙谐、智慧的语言征服了观众。她曾应邀主持第九届大众电视“金鹰奖”的颁奖晚会，就在报幕完毕退场之时，不小心被台阶上的红毯绊倒在地，使得场内一片哗然，场面十分难堪。可她从容地爬起来，笑容可掬地说道：“真是人有失足，马有失蹄呀！我刚才狮子滚绣球的节目滚得还不够熟练吧？看来这次演出的台阶不那么好下呢，但台上的节目很精彩，不信，瞧他们的。”全场观众哄然大笑，继而为她良好的心理素质和机敏的反应热烈鼓掌，尴尬的场面就这样被轻松地化解了。

5. 要注意语言的分寸

说话诙谐风趣确实难能可贵，但切忌语出伤人或低级趣味。虽然我们不能保证幽默的语言都具有深刻的思想内涵，但笑话或者调侃之言一定要健康，切莫庸俗、轻浮，更不能成为嘲讽。比如有人喜欢嘲笑他人的生理缺陷或短处，像口吃、跛脚、晃脑等，凡是讥讽某一地区、某一种族、某一职业、某种残疾的笑话都违背了友善和照顾他人感受的原则，是一种人身攻击和侮辱，是不道德的行为。还有人对男女之间的话题津津乐道，谈话间眉飞色舞，甚至还附着动作，哗众取宠，这不但不能表现幽默的艺术，反而更显露粗鄙、浅薄、格调不高，难登大雅之堂。

央视某著名节目主持人曾在节目中开玩笑说："俗话说得好嘛，八百里秦川尘土飞扬，三千万懒汉高唱秦腔。"他话音一落，这句篡改过的俗语立即引起台下一片笑声，可也引起了许多观众和网民的不满，尤其引起了陕西人的强烈愤慨，大家纷纷用陕西经济发展指标来反驳"懒"，用空气质量报告来反驳"尘土飞扬"。在公共场合，面对全国的观众说有损于陕西人的话，这样的"幽默"显然是不妥的，既是对公众的不敬，也让自己陷入了尴尬的境地，以至于这位主持人不得不通过微博的形式向公众道歉。

在人际交往中，幽默是心灵与心灵之间平和与欢乐的天使，是不可或缺的社交润滑剂，它能拉近彼此的心理距离，能营造欢乐和融洽的气氛，拥有幽默就能拥有友谊。幽默更是一种能力、一种智慧、一种艺术，要学会多用，但不可滥用。

（五）少说多听，神情专注

伏尔泰曾说过："通往内心深处的路是耳朵。"俗话说："善言，能赢得听众；善听，才会赢得朋友。"交谈是有说有听的双向交流，要想深入了解说话者的内心世界与感受，就要学会倾听。倾听不仅是人们获得信息、吸取知识的重要途径，而且是反馈信息的必要前提，把倾听同说话完美结合，才能使双方了解得更深入，气氛更融洽。

在交往中，只有少数人愿意真正聆听别人，更多的人喜欢把自己放在谈话主角的位置。如果把说话的机会尽可能地让给对方，并专注倾听，坦诚地同对方分享收获，分担他人的痛苦，表达信任，会使对方对你产生亲近感和信任感，因为对方觉得受到了你的尊重和认可。

善听，本身就是一种友好的表现，体现了一种修养，表示对对方的尊重。著名的心理学家卡尔·罗杰斯说过："在引发别人对我感兴趣以前，自己要先对别人感兴趣。"他能够接待各种类型的人，并且还能与之建立和谐的人际关系，其成功的秘诀在于，他对待每位来访者都会非常耐心地倾听对方诉说他们的心声和困惑，还能问别人乐于回答的问题，鼓舞别人谈论他们自己。倾听者的一个点头、一个微笑、一个眼神，都会使对方感到朋友的信任和知音的难得。

有人采访日本松下电器公司创始人松下幸之助时，要求他用一句话来概括自己的经营秘诀，松下幸之助说："首先要细心倾听他人的意见。"善于倾听别人的意见、反映，从别人的话语中获悉情况，提取精华，从而受到启迪，开拓自己的思路，将有助于开展工作，取得事业的成功。

著名节目主持人董卿以优雅从容、大气谦和、知性亲切的形象征服了亿万观众，她的成功有很多因素，但其中重要的素质就是交流与倾听。为了"刨出"青歌赛选手身上的亮点、火花，她抛开编导的撰稿词，在台下与每一位选手聊天，耐心倾听他们的成长道路和心路历程，积累点滴，形成极有针对性和极富感染力的主持词，让选手们觉得亲切与自豪，也让观众深受感动，同时也带来了自己事业上的辉煌。

美国心理学家马斯洛创立的需要层次理论中谈道，被人尊重的需求是每个人的基本需求之一。充分聆听既是对讲话者的一种尊重，是起码的礼貌要求，同时，也是互动交流的基础。只有充分聆听，才可能有根据地进行回应，也才会更加激发说话者的兴趣，让交流形成良性循环，从而达到目的。

但充分聆听不是傻听，不是盲听，而是有礼貌地听，积极地听，神情专注地听。当我们聆听时，要注意及时回答对方的提问，目光停留于对方的脸部，及时注意对方所指向的方向和位置，并且要不断地通过“是吗”“对呀”“能理解”等短语让别人知道你在聆听。必要时，应该适时打断别人的讲述，比如在他完成一段话，或者停顿下来时问一两个小问题。同时，要放下手中所有的工作和活动，不可不断地看表，或者不停地摆弄小物品。如果在吃饭，应该放下餐具，停止进食。目光不可飘飞，不可给人一心二用、三心二意之感。从举止方面，要避免抖动全身或身体的某个部位，不可双手抱头、叉腰，不可抓耳挠腮、哈欠连天，应该站有站相，坐有坐姿，落落大方，沉稳真诚。只有这样，才算真正做到了神情专注地聆听。

少说并不是没有观点、没有主见，而是在充分了解情况，仔细考虑清楚，理清思路后再说。一旦开口，就要尽量做到言之有序，言之有物，言之有理。

（六）巧用态势，加强互动

一个善于交际的人不但能够准确地理解他人有声语言所表达的意图，更可贵的是还能够观察抓取对方无声信号所传递的信息，并且能在不同场合灵活地使用这些信号，这种所谓无声信号就是人的态势语。

态势语是指用表情、动作或体态来交流思想、表达情感的有声语言的辅助。在人体语言学的研究中，研究者发现人与人之间的信息传播有 65%的意义是用无声语言来传递的，这在交谈过程中尤为明显。

手势是人们日常生活中最常见也最好用的态势语，关键在于它是完全可见的表达方式，它能够帮助说话方准确、细腻地传达各种信息，因而它能有效地结合并辅助有声语言而产生形象、生动的表达效果。在实际交谈过程中，善谈者会通过到位的手势语向众人传递有效的信息，使有声语言表达的重点能够表示得更鲜明、更突出、更生动、更形象。但要注意的是，手势语所突出的重点只能落在关键之处，画龙点睛，干脆明确，要而不繁，恰到好处，而不能每句话都配合运用，那样反而会喧宾夺主，弄得人眼花缭乱。

表情也是普遍使用的一种态势语，它是人们凭借眼、眉、嘴以及颜面肌肉的变化等体现出来的一种内心感受，是人的情绪变化的寒暑表。它不仅能够很好地润滑和缓和人与人之间的关系，还可以迅速拉近双方的心理距离，营造融洽的沟通互动氛围。

表情语要根据不同的时机、场合、话题灵活运用。眼睛是心灵的窗户，人的各种复杂的内在感情都会从眼神的微妙变化中反映出来。要学会用眼睛说话，用眼神传意。比如，与多人交谈时，说话者的视线要有意识地自然流转，尽量照顾到每个倾听者，与他人眼神的接触不能少于1~2秒，要让他人感到你看到了他，你是在跟他说话，从而增强相互之间的感情联系，提高倾听者参与交谈的兴致。不要只停留在某个人身上，让其他人感到你对他们的忽视。

第六节　案例分析

案例1：在一个秋高气爽的日子里，某宾馆迎宾员小贺穿着一身剪裁得体的新制服，第一次独立地走上了迎宾员的岗位。一辆白色高级轿车向饭店驶来，司机熟练而准确地将车停靠在饭店豪华大转门的雨棚下。小贺看到后排坐着两位男士、前排副驾驶座上坐着一位身材较高的外国女宾。小贺想，通常后排座为上座，一般凡有身份的人都是在后排右座就座。前排副驾驶座通常是翻译或秘书的位置。于是，他以规范、标准的姿势一步上前，目视客人，礼貌亲切地问候，以得体姿态和职业性动作先为后排右座的客人打开车门，做好护顶。关好车门后，小贺迅速地走向前门，准备以同样的礼仪迎接那位女宾下车。整套动作麻利而规范、一气呵成。没想到那位女宾满脸不悦，使小贺茫然不知所措。

优先为重要客人提供服务是饭店服务程序的常规，这位女宾为什么不悦？ 难道小贺做错了吗？ 请予分析。

案例2：

情景一：总经理召集各部门经理开会，布置下一个季度的营销任务。老总刚清了清嗓子准备说话，一阵刺耳的电话铃声响了起来，李经理忙不迭地站起来跑出去接电话，老总脸上显出了愠色。会议继续进行，可不是这里在低头小声接电话，就是那里突然一声铃响。老总突然一拍桌子，把大家吓得一哆嗦。“把手机关了，我不相信关一会儿手机会死人！”

情景二：刘先生到医院探访病人，公司的同事来电话，铃声让另一床正闭目养神的病人睁开了眼。刘先生接通电话就谈上了工作。尽管电话时间不长，但那位被吵着了的病人一直脸色不悦。

情景三：邱女士在北京音乐厅听一场由著名大师指挥的交响乐。音乐演奏到高潮处，全场鸦雀无声，大家都凝神聆听。突然手机铃声响起，在宁静的大厅中显得格外刺耳。演奏者、观众的情绪都被打断。大家纷纷回头用眼神责备这位不知礼者。

情景四：“喂，王姐，你的电话，是个男的！”小赵接了一个电话，大声地招呼王姐过去接电话。整个办公室的人都听到了有个男的找王姐，大家都抬起头来看着王姐。王姐非常不好意思地过去接电话。

情景五：小丽接到一个电话，“帮我叫一下小飞”。小丽听出是局长的声音，赶紧把小飞叫来，自己就在不远处竖起耳朵听电话。她听到小飞说：“好，我马上去您办公室。”小飞匆匆走了。小丽立即跑到张大姐那里：“张大姐，局长叫小飞去一趟，一定是他那天喝醉酒打人的事被局长知道了，这还不得严厉处分，弄不好开除呢。”过了几天，单位里都在传小飞喝醉酒打人被局长狠狠批评了。

请分析上述五个场景中所表现出的电话礼仪。

本章关键词

社交（social interaction）　　会面（meet）　　通信（communicate）
拜访（visit）　　言谈（conversation）

实训练习

1. 一个班分成若干小组，假设两组的同学之间是陌生人，模拟握手、称呼、相互介绍、交换名片的过程，看看有哪些地方做得不妥。

2. 设置几种不同的场景，让同学们分别使用书信、电话、短信、邮件等通信方式与人交往，检查礼仪规范与否。

3. 假设你已大学毕业五年，教师节回母校登门看望你的专业老师，你该怎么做？ 模拟场景练习拜访礼仪。

思考题

1. 商务社交中如何选择礼物？

2. 商务交谈中有哪些话题不宜谈论？请举两例你认为很符合言谈礼仪的交谈实例，并加以分析。

延伸阅读

[1] 门川义彦. 笑赢天下：笑容培训课堂［M］. 柯昌华，译. 北京：化学工业出版社，2008.
[2] 栗坤. 微笑,遇见幸福［M］. 南京：江苏文艺出版社，2012.
[3] 蔡康永. 蔡康永的说话之道［M］. 长沙：湖南文艺出版社，2014.
[4] 张笑恒. 马云的说话之道［M］. 北京：北京联合出版公司，2013.

第四章
商务活动礼仪

拓展资源

更多资源请访问爱课程网→中国大学 MOOC→现代礼仪/袁涤非→第三章生活礼仪、 第五章职场礼仪。

引例

一家外国电信公司想在泰国曼谷设立一个分公司，选地址时，看中一处房价适中、交通方便且人流量较大的地段，而这幢楼的对面立着一尊并不高大但是非常显眼的佛像。有心人曾提醒公司经理，说贵公司若在此开业，生意一定会不理想的。但该公司的经理非常自信，认为这不可能。所以就没听劝阻，仍旧在此开业了。

几年下来，这家公司生意果然比较清淡，公司经理终于面对现实，不得不换了地址，生意这才好转起来。经理本人对此有点不解，于是请教了一些当地居民。原来他们公司所在的大楼高度超过了对面的佛像，也就是说，公司的位置在佛像之上，这在一个信仰佛教的国家是严重犯忌的。不尊重当地人对佛像的信仰和敬畏，他们自然就会产生感情上的不快甚至愤怒，当然不愿意来光顾这家公司了。

本章知识结构图

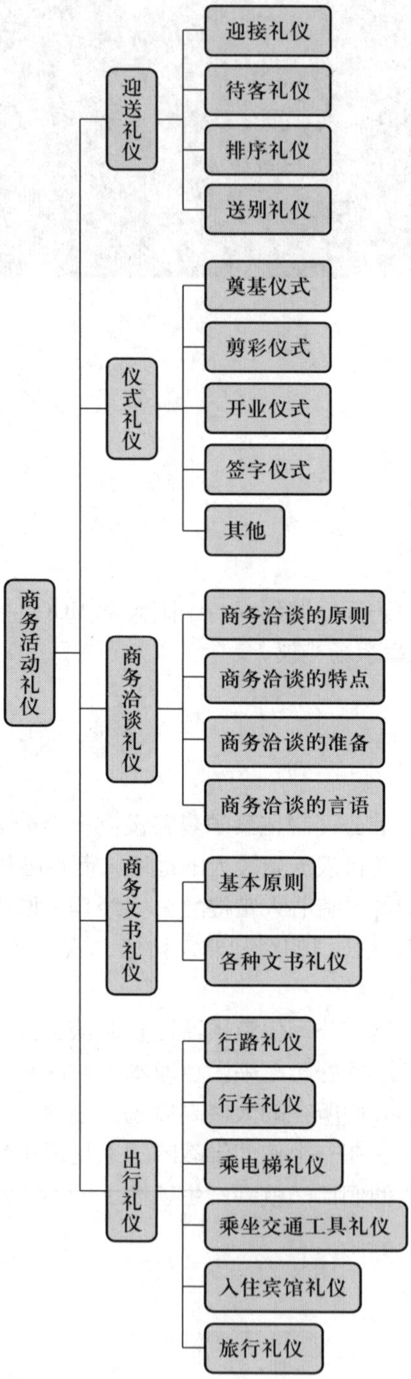
商务活动礼仪
迎送礼仪
迎接礼仪
待客礼仪
排序礼仪
送别礼仪
仪式礼仪
奠基仪式
剪彩仪式
开业仪式
签字仪式
其他
商务洽谈礼仪
商务洽谈的原则
商务洽谈的特点
商务洽谈的准备
商务洽谈的言语
商务文书礼仪
基本原则
各种文书礼仪
出行礼仪
行路礼仪
行车礼仪
乘电梯礼仪
乘坐交通工具礼仪
入住宾馆礼仪
旅行礼仪

第一节 迎送礼仪

迎送是商务活动中最常见的活动之一。迎送活动看起来简单，却往往能从细微之处体现企业形象、人员素质等，所以，商务人员必须掌握迎送礼仪，尤其是从事公关接待工作的人员。

迎送礼仪具体可分为迎接礼仪、待客礼仪、排序礼仪及送别礼仪。

一、迎接礼仪

通常，迎接客人的来访，要主随客便，凡事应考虑周全，做好充分的准备，要尽最大的努力接待好对方，给人一种宾至如归的感觉，从而促使宾主双方的关系得到进一步发展。

（一）准备礼仪

对比较正式的商务接待而言，准备工作是整个接待工作的重要环节，通常要做好以下四个方面：

1. 了解客人情况

首先要充分了解客人的单位、姓名、性别、民族、职业、级别、人数等。同时，要掌握客人来访的意图，了解客人在住宿和日程上的要求和安排，了解客人到达的日期、所乘车次、航班和到达时间，以便组织相关部门和人员做好接待的各项准备工作。

2. 确定接待规格

按照身份对等的原则安排接待人员。对较为重要的客人，应安排身份相当的人出面迎送。也可根据特殊需要或关系亲疏程度，安排比客人身份高的人破格接待。一般不安排身份比客人低的人员为主接待。对于一般客人，可由公关部门派有礼貌、言谈流利的人员接待。

3. 布置接待环境

良好的接待环境是对来宾的礼貌和尊重。接待室的环境应该明亮、安静、整洁、幽雅。室内可以适当点缀一些花卉盆景、字画挂饰，以增加雅致的气氛。可以准备一些茶饮水果，让客人尽快消除旅途的疲劳。文具用品、餐巾纸等都应准备齐全。还可以在客人下榻的宾馆挂上欢迎横幅，每个客房准备一些水果，在果盘边放上欢迎卡。

4. 做好迎客安排

安排好迎客车辆，预先为客人准备好住宿及膳食。若对所迎接的客人不熟悉，应准备好接站牌。迎接重要客人，还可准备鲜花、欢迎横幅等。

要通知所有出席迎接仪式的各位领导按时出席。应预先打印好日程安排表，以便迎接时分发到每位参加迎接活动的宾主手中，让大家清楚整个行程安排。

（二）接站礼仪

对于如约而至的客人，特别是贵宾或远道而来的客人，表示热情友好的最佳方式是指派专人出面，提前到达双方约定的地点，或车站，或机场，恭候客人的到来。

在环境嘈杂的地点，如火车站、飞机场，迎接素不相识的客人时，最常用的方法是使用接站牌，在上面清晰地写上“热烈欢迎某某”或“某某单位接待处”等。

与客人见面时，要面带微笑，热情握手，主动寒暄。首先问候“一路辛苦了”或“欢迎您来到我们公司”等，然后向对方做自我介绍，并递上名片。主动和来访者进行礼节性的交谈，话题要轻松愉快，比如聊一聊天气、旅途情况，介绍一下当地的特色和文化。应帮助来访者上下车，并帮忙提大件行李。

二、待客礼仪

（一）标志清晰

在单位里，在客人可能去到的地方设置醒目的标志，如电梯间、楼梯间、厕所、会客室等。

（二）热情周到

在我国，通常以茶水、点心、瓜果等招待客人。茶水、饮料最好放在客人的右前方，点心、水果最好放在客人的左前方。上茶时，主人应待客人入座后，取出茶杯，当面将茶杯烫洗消毒，再放入适量的茶叶沏茶。端茶时要一手握杯柄，一手托杯底，不要用手抓住杯口。要从客人的左边为客人奉茶，茶杯放到桌上后，要顺势将杯柄拨向客人右手方。为客人奉上水果时，应先将瓜果洗净，再给客人递上水果刀削皮；如代客人削皮，一般将果皮削到手指触碰到的果肉为止，以保持水果的清洁卫生。此外，应把餐巾纸放在客人旁边。

如果接待的是国际友人，最好准备一些饮料，如可乐等，还要准备冰块。

（三）陪同访问

如果客人的行程中有参观访问，那么接待方应该尽量安排专人陪同。陪同客人参观、访问、游览时，应事先熟悉情况，安排好行程。应时刻注意照顾好客人，提醒客人注意路况。陪同过程中产生的费用应尽量由主人支付，以示客气。

（四）注意细节

接待来访者期间，不要频繁地接打电话，有电话最好请他人代接。

陪同来访者到达入住饭店后，要对对方的饮食起居做妥善安排，让对方产生安心、舒适的感觉。因为来访者可能旅途辛苦劳累，所以不宜马上安排活动。陪同人员也不应长时间逗留在来访者的房间，交代完日程安排后，要快速离开。

三、排序礼仪

在正式的商务接待中，无论是行进中还是乘车，又抑或是会客室，都存在排序的问题。到底怎样排序才符合礼仪规范呢？不同的情形要有不同的处理方法，处理不当，会让客人很不愉快，不仅达不到增进友谊的目的，还有可能前功尽弃。正是因为排序的情形较为复杂，所以对其做专门而详细的介绍。

（一）行进中的排序礼仪

多人并排行进时，内侧高于外侧，中央高于两侧；前后行进时，前面高于后面。

上下楼梯时，不要并排走，遵循礼仪中“右上右下”的原则，让有急事的人可以从楼梯的左侧通行。上楼梯时前方为上，下楼梯时后方为上。但如果客人中有穿套裙的女性，上楼时不妨让她走在最后。

出入房门时，房门朝内开，则主人先进后侧身压住房门示意客人“请进”；房门朝外开，则主人拉开门后，在外侧身压住房门示意客人“里面请”。当然，如果室内黑暗，不管门朝哪个方向，陪同者都需先进房间开灯后再请客人进入。

引导客人乘坐直升电梯时，如果电梯内无人操作，接待人员应先进入电梯，一只手按住开门键，另一只手按住电梯门的一边，防止客人被门夹住，并对客人礼貌地说“请进”。待客人全部进电梯后，接待人员选择要去的楼层。电梯到达后，接待人员应一手按开门键，一手做出“请”的动作，让客人先出电梯。待客人走出电梯后，接待者要立即走出电梯，在前面引导方向。如果电梯是有人操作的，接待人员应让客人先进电梯，后出电梯，自己则是后进先出，以便引路。

（二）轿车座位排序礼仪

轿车的座位排序不能一概而论，要根据驾驶人、车型、安全系数、嘉宾本人意愿不同而不同。

第一，根据驾驶人而定。当主人亲自驾驶轿车时，一般前排座为上，后排座为下，以右为上，以左为下，最尊贵的座位是副驾驶座。这个位置一定不能空着，要有人相伴。如果是专职司机驾驶时，仍讲究右尊左低，因为右边上下车比较方便，但座次就变成了后排为上，前排为下，最尊贵的座位是副驾驶后的座位。

第二，根据轿车的类型而定。吉普车大都是四座车，不管由谁驾驶，吉普车上座次由尊而卑依次是：副驾驶座，后排右座，后排左座。因为吉普车底盘高，功率大，主要功能是越野，前排减震，坐在前排比在后排更舒适。

多排座车型，指的是四排及四排以上座次的大中型客车，不论由谁驾驶，都以前排为上，后排为下，以右为尊，以左为卑。

第三，从安全系数上考虑。从某种意义上说，安全是乘坐轿车应当首先考虑的。在轿车上，后排座位比前排座位要安全得多，最不安全的座位是副驾驶座，最安全的座位是驾驶座后面的座位。当主人亲自开车时，之所以副驾驶为上座，这是因为它表现对主人的尊重，也显示出自己与主人同舟共济。

第四，由嘉宾本人意愿决定。通常，在正式场合乘坐轿车时，应请尊者、女士、来宾就座于上座，这是给予对方的一种礼遇。然而更重要的是，既然这样，就要尊重嘉宾的意愿和选择。即嘉宾坐在哪里，就认定哪里是上座，即使嘉宾不明白座次，坐错了地方，也不要指出或纠正，更不要强行让嘉宾变更座位。

（三）会客室的排序礼仪

1. 主宾双方面对面而坐

这种就座方式主次分明，很适合公务会客（图 4–1）。

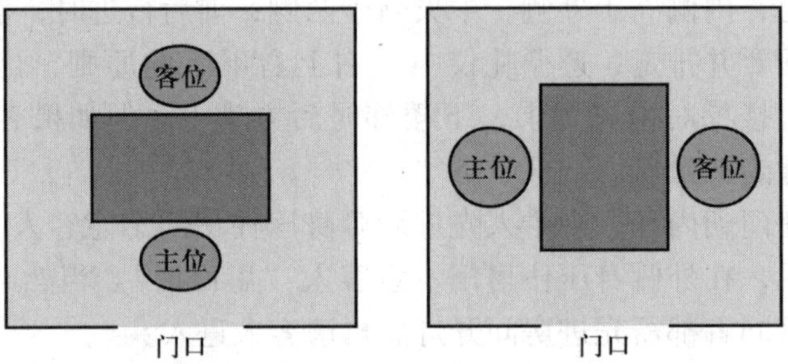

图 4–1 主宾双方面对面而坐

如果安排一个位置面对着正门，一个位置背对着正门，这时讲究“面门为上”，即面对着门的位置是尊贵的，这个位置应请客人就座，背对着正门之位由主人就座。

如果双方都侧对着门就座，这时讲究进门后“以右为上”，即进门后右侧的座位请客人就座，主人应坐在进门的左侧。

2. 主宾双方并排就座

这种就座方式意味着双方平起平坐，地位相仿，关系密切（图 4–2）。

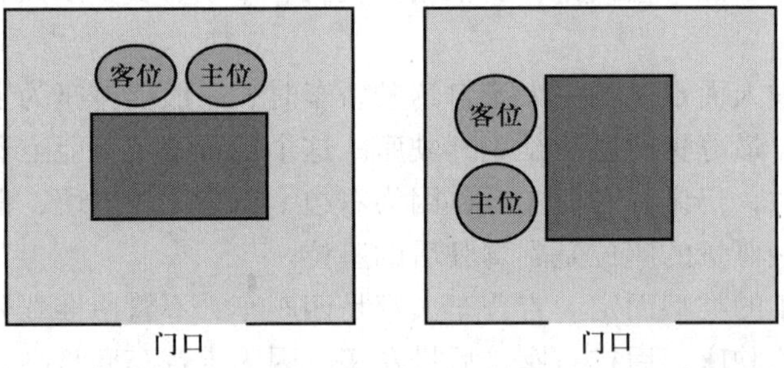

图 4–2 主宾双方并排就座

如果双方同时面门而坐，这时注意“以右为上”，即主人要请客人坐在自己的右侧，其他人员可以分别坐在主人或客人的一侧，按身份高低依次就座。

如果双方同时侧对着门而坐，这时的规则是“以远为上”，即距门较远的座位为上座，较为尊贵，应该让给客人，距离门近的位置为下座，主人自己坐。

3. 居中式排位

这种情况实际上属于主宾同侧就座的一种特殊情况。多人并排就座时，讲究“居中为上”，即最中央的位置为上座，请客人坐。其他人员按照职位高低，从中间到两侧，依次就座。

4. 主席式

这种就座方式主要用于较为正式的场合。主人一方同时会见两方或两方以上客人时，主人面对正门而坐，其他各方客人应该在主人对面背门而坐。

5. 自由式

有时候客人很多，很难分出主次，座次不好排列，这时采用自由式就比较好，各方自由就座即可。

（四）主席台的排序礼仪

中国的政界历来崇尚“左为尊”，所以主席台就座的领导如果是单数，则居中者职位最高，紧挨居中者左边的为第二，紧挨居中者右边的为第三，其他依次向左右两边排列。如果是双数，如六位，那从观众的角度往台上看去，从左往右第三位职位最高，第四位第二，第二位第三，第五位第四，以此类推。

但如果接待外宾，主席台的排序要遵从国际惯例，“以右为尊”，即让贵宾坐在第一主人的右边。

（五）会议室的排序礼仪

1. 按照身份与职务的高低顺序排序

如接待几个不同类型的代表团时，确定礼宾排序的主要依据是各代表团负责人职务的高低。

2. 按照来宾的姓氏笔画排序

社交活动中，如果双方或多方的关系是对等的，可按参与者的姓名或所在单位名称的汉字笔画多少排序；当两者姓名或单位名称的第一字笔画相等时，可按第一笔笔画的先后顺序排列，当第一笔笔画相同时，可依第二笔，以此类推；当两者第一个字完全相同时，则用第二个字进行排列，以此类推。

3. 其他排序方式

除了上述方式外，也可按照来宾接到活动通知后回复邀请函的顺序或到达活动地点签到的先后顺序进行排序。

四、送别礼仪

心理学上不但有首因效应，也有末因效应——“最初的”和“最后的”信息，都能给人们留下深刻印象。“最初的”印象尚可弥补，而“最后的”信息往往无法改变。送别是接待中的最后环节，“送往”的意义大于“迎来”。俗话说：“出迎三步，身送七步。”所以，作为接待中的最后环节，如若处理不当，将影响整个接待工作的效果，也会直接影响到今后的交往。

（一）安排交通

客人准备离开时，应按迎接时的规格对等送别，安排好送别人员，做好交通方面的安排，切不可虎头蛇尾。如果已帮客人购买了车票或机票，应将客人送至车站或机场。如果客人来访时馈赠了礼物，那么在送别客人时，也要回馈相应规格的礼物给客人。

（二）婉言相留

不管接待什么样的客人，当客人准备告辞时，都应该婉言相留。送别客人时，应在客人起身后再起身相送或相留，以免有逐客之嫌。送别时应与客人握手道别，并送客人到门外或楼下，用热情友好的言语欢迎客人下次再来。目送客人渐行渐远，一直到看不到客人了方可回转，以免客人回头再次致谢时看不到主人而深感失落。一位内地企业家在接受电视采访时谈到了他去李嘉诚办公室拜访李嘉诚的经历。那天，李嘉诚和儿子一起接见了他。会谈结束之后，李嘉诚起身从办公室陪他出来，送他到电梯口。更让人惊叹的是，李嘉诚不是送到即走，而是一直等到电梯上来，等他进了电梯门，再举手告别，一直等到电梯门合上。身为亚洲首富的李嘉诚肯定是日理万机，可他依旧注重礼节，亲自送人，没有丝毫的怠慢。这位内地企业家面对着电视机前的亿万观众动情地说：“李嘉诚这么大年纪了，对我们晚辈如此尊重，他不成功都难。”

第二节 仪式礼仪

在现代商务交往中，仪式发挥着至关重要的作用，它可以树立企业的良好社会形象，帮助提高企业的知名度与美誉度。特别是较为盛大、热烈、庄严、隆重的商务仪式，能够激发公众的情感，引起社会的重视。因此，仪式的礼仪知识、合乎规范与惯例的程序，在商务活动中显得尤为重要。

商务活动的仪式主要有奠基仪式、剪彩仪式、开业仪式和签字仪式。

一、奠基仪式

奠基仪式是指重要的大型建筑物，如商厦、写字楼、政府大楼、大型市场、亭台楼阁、纪念碑、园林等，在动工修建之初所举行的庆贺庆典活动。

（一）奠基仪式的筹备

奠基仪式一般布置在即将动工修建的建筑物的施工现场，选择在建筑物正门的右侧为宜。奠基时要挑选一块完整无损、外观精美的优质石料作为奠基石。奠基石上的文字应当竖写，在奠基石的右上角刻上建筑物的全称，正中央刻上“奠基石”或“奠基”几个大字，左下角刻上奠基企业或单位的全称、举行奠基仪式的日期。印刻的字体也有讲究，现在很多奠基石都会选择用楷体进行刻写，用白底金字更显档次。有些奠基仪式举行时还会在奠基石的下方或一侧，准备一个密闭完好的铁盒，里面装着该建筑物的详细资料和奠基人的姓名，届时，它将同奠基石一道被奠基人培土掩埋起来，以示纪念。奠基仪式的现场还应设立展示厅，用于展示建筑物的立体图或效果图，施工的机械都将原地待命，整齐排列。

应确定参加奠基仪式的成员，一般视项目的规格来确定被邀嘉宾的档次。还可邀请媒体参加，以扩大影响。在确定参加的人员之后，务必提前至少一个月送出请柬，还可以在请柬上注明对嘉宾的着装要求。

（二）奠基仪式的流程

1. 开始

由主持人宣布奠基仪式正式开始，介绍到场的来宾，全体参与人员起立，乐队奏响国歌。

2. 致辞

由主办方致贺词，表示对来宾的感谢，然后对该建筑物的功能以及规划设计进行简单介绍。还可安排重量级的嘉宾致辞。

3. 奠基

首先由礼宾小姐将奠基人引导至奠基石处，待奠基人双手持握系有红绸的新铁锹时，乐队可演奏喜庆的乐曲，为仪式增添气氛。随后，主奠基人开始为奠基石培土，其他嘉宾依次为之培土，直至奠基石全部被掩盖为止。

4. 合影

当仪式举行完毕后，主办方应邀请奠基人及重要嘉宾在奠基石前合影留念，并赠与具有纪念意义的礼品。

二、剪彩仪式

剪彩仪式是公司、企业或社会性组织，为庆贺公司成立、工程开工、商店开业、商厦落成、大型建筑启用、道路或航线开通、大型展销会或博览会开幕等而隆重举行的一种礼仪性活动。其主要目的是树立良好的社会形象，引起社会各界的关注。其主要内容是邀请有一定社会影响力的人使用剪刀剪断红色缎带，故称之为“剪彩”。

（一）仪式由来

剪彩作为商界往来中的一种仪式，源于 20 世纪初。当时在美国圣安东尼奥的一个乡间小镇上，有家百货公司的老板独出心裁，在即将开业的店门前横系上一条布带，以防止闲人闯入，结果偶然性地被人碰断，引起了当地众多人的围观，该公司的老板从中得到了启发，并独创了一种崭新的庆贺仪式，也就是剪彩仪式。时至今日，剪彩仪式已成为商务公关、开业庆贺的一种重要仪式，并约定俗成地形成了一系列的礼仪规范和要求。

（二）仪式筹备

剪彩仪式前的筹备工作必须细致周到，包括剪彩场地环境的优化、现场的布置、氛围的营造、灯光音响的准备、礼仪人员的培训、请柬的发送和媒体的邀约等方面。在筹备的时候，必须注重细节，保证程序严谨而不失隆重，务必做到精益求精。

在剪彩仪式前，应准备好剪彩所需的各项物品，包括新剪刀、红色缎带、白色薄纱手套、托盘以及红色地毯等，这些都需要组织者一一进行精心准备和选择。

1. 新剪刀

这是专供剪彩者在仪式上正式剪彩时使用的，依照剪彩的人员数而确定，原则是一人一把。剪刀必须是崭新、锋利，并且顺手便于操作的。剪彩之前，要将剪刀逐一检查，务必确保剪彩者能一剪成功，避免补剪的情况发生。剪彩仪式结束后，组织方可将每把剪刀精心包装后赠予剪彩者留作纪念。

2. 红色缎带

这是剪彩仪式中的主角——“彩”。不言而喻，它是众人关注的焦点，是非常重要的用品。按照传统的做法，红色缎带理应用一整匹未曾使用过的红色绸缎或丝帛，在中间扎成数朵醒目的花团而成。现在，为厉行节约，一般改用长度为 2 米左右的红缎带、红布条或红线绳。红色缎带上所结的花团，不仅要生动、硕大、整齐、醒目，而且其具体数目要依据现场剪彩者的人数而定。依照惯例，红色缎带上花团的数目较现场剪彩者的人数多 1 个，使每位剪彩者总处于 2 朵花团中间，显得正式而隆重。

3. 白色薄纱手套

专供剪彩者在剪彩仪式上佩戴以示庄重，有时也可不准备。如准备，则要确保每位剪彩者人手一副、大小适度、崭新平整、洁白无瑕。

4. 托盘

在剪彩仪式上，一般由礼宾小姐托举在手中，用作盛放剪刀、白色薄纱手套、红色缎带用。托盘最好使用崭新的、洁净的，首选银色的不锈钢制品。为显正式，还可在使用时铺上红色绒布或绸布。剪彩时，让礼宾小姐用一只托盘依次向各剪彩者提供剪刀和手套，并同时盛放剪下的红色缎带。也可为每位剪彩者配备一只专为其服务的托盘，而红色缎带由另一只专用托盘盛放，以体现仪式的隆重。

5. 红色地毯

它用来铺设在剪彩者正式剪彩时的站立之处。长度一般视剪彩人数而定，宽度在 1 米左右为宜，既可提高仪式的档次，又可营造喜庆的气氛。

（三）仪式程序

剪彩仪式的程序应有条不紊。场地选择在即将启用的工程、建筑或展览会前的广场或门内大厅，活动现场可稍作装饰，在剪彩之处悬挂剪彩仪式具体名称的大型横幅，整个过程紧凑有序，短则 20 分钟，长不宜超过一个小时。具体包括以下六个基本程序：

1. 邀请来宾就座

在仪式现场，通常只为剪彩者、来宾和单位负责人安排座位。在仪式开始时，由主持人邀请大家在已排好顺序的座位上就座，剪彩者就座于前排，主剪者居中就座，其余按位次排列，居中者右侧位次高于左侧。

2. 宣布仪式开始

当主持人高声宣布剪彩仪式开始后，全场嘉宾起立，乐队演奏音乐或播放乐曲，现场燃放鞭炮，到场者应热烈鼓掌欢庆。音乐落幕后，由主持人向全体到场者介绍参加剪彩仪式的重要嘉宾，并表示谢意。

3. 安排简短发言

发言者依次为主办方的代表、上级主管部门的代表、地方政府的主要领导、合作单位的代表等。发言内容应言简意赅，渲染气氛，让场面隆重而热烈。每位发言者的发言时间不应超过三分钟，内容包括介绍、致谢和道贺。

4. 进行剪彩仪式

当主持人宣布进行剪彩仪式后，礼宾小姐先登场，由引导者带领剪彩者到各自的剪彩之处，拉彩者将红色缎带拉直，托盘者站在拉彩者的身后。剪彩时，剪彩者首先向拉彩者、捧花者示意，待其做好准备后，面向台下的嘉宾，聚精会神，认真严肃，右手持新剪刀，表情庄重地将红色缎带一刀剪断。若多名剪彩者同时剪彩，其他剪彩者应注意主剪者的动作，与其协调一致，一同将红色缎带剪断。此时，全体人员应热烈鼓掌，必要时可奏乐和燃放鞭炮烟花。

5. 来宾有序退场

依照惯例，剪彩之后，红色花团应准确无误地落到托盘者手中的托盘里，切勿使之落地。这就需要捧花者和托盘者相互配合。剪彩者在剪彩成功后，可右手举起剪刀，面向全体到场嘉宾致意，然后将剪刀和手套放置托盘内。剪彩者与主办方的代表握手祝贺，并依次排列，在引导者的引导下有秩序地退场。退场宜从右侧走下。待剪彩者退场后，其他所有的礼宾小姐方可列队从右侧退场。

剪彩者和助剪者上下场时，都要注意井然有序、步履稳健、神态庄重、面带笑容、情绪喜悦。在剪彩过程中，也要表现得不卑不亢、落落大方。

6. 陪同来宾参观

剪彩仪式结束后，主办方应陪同所有重要来宾参观被剪彩之物，还可向来宾赠送纪念性的礼品，或设宴款待宾客。

（四）礼仪要求

剪彩仪式的隆重是由剪彩者的社会地位和效应决定的，因此，对剪彩人员必须认真地进行挑选，并事先进行相关的培训或彩排。参加剪彩仪式的人员除主持人外，主要由剪彩者和助剪者组成，对这两部分人员的礼仪也有一定的礼仪规范和要求。

1. 剪彩者

担任剪彩的人都是被授予很高荣誉的，其身份地位与剪彩仪式的档次高低有着密不可分的关系。因此，要慎重选定剪彩者。按照惯例，剪彩者多由上级领导、单位负责人、社会名流、合作伙伴或客户代表等来担任，剪彩者的人数可以是1人，也可以是多人，但一般不应多于5人。

在剪彩仪式正式举行前应确定好剪彩者名单，且一经确定，应尽早告知对方，并征得对方的同意，切勿勉强对方。如果是多人同时担任此次仪式的剪彩，应分别告知每位剪彩者，这也是对所有参加剪彩人的尊重。必要时，可在仪式举行前，召集所有剪彩者，告知有关的注意事项，亦可做相应的排练。剪彩者参加仪式时应着正式的套装、套裙或制服，头发整齐，颜面洁净，切忌戴帽子或墨镜，也不允许身着便装。

在剪彩过程中，若剪彩者只有一人，则居中而立；若剪彩者是多人，则应同时上场，依照身份地位的高低或长幼依次排列，身份较高者或年长者居中，身份较低者居其右，右侧高于左侧，距离中间站立者越远则位次越低。

2. 助剪者

助剪者指的是在剪彩仪式中为剪彩者提供帮助的礼宾小姐，通常是由主办方的女职员担任这一角色。具体而言，担任礼宾小姐的人员又分为迎宾者、引导者、拉彩者、捧花者、托盘者和服务者六类。

迎宾者是在剪彩现场负责迎来送往的人员；引导者是在进行剪彩时负责带领剪彩者登台和退场的人员；拉彩者是在剪彩时展开、拉直红色缎带的人员；捧花者是在剪彩时双手托举花团的人员；托盘者是手举托盘，为剪彩者递送剪刀、白色薄纱手套等剪彩用品的人员；服务者是为来宾尤其是剪彩者提供饮料、安排休息之处等的人员。

一般情况下，迎宾者和服务者应安排多人担任；引导者可以安排一个人，也可以为每位剪彩者配备一名；拉彩者则通常由两人担任；捧花者的人数则根据红色缎带上的花团数而定，应为一花一人；托盘者可以是一个人，也可以为每位剪彩者各配一人。不论哪种礼宾小姐，其整体要求是气质大方、庄重典雅、音色甜美、表达清晰、反应敏捷、善于交际。形象上应化淡妆，头发盘束。着装整齐统一，可选择面料相同的红色旗袍或西服套装，脚上应搭配相应的高跟皮鞋，统一袜子的颜色，不佩戴任何首饰。

三、开业仪式

开业仪式是指在现代商务活动中，当单位创建、项目或工程完工、公司成立、商场或酒店开张、银行开业时，为表示庆贺或纪念，塑造单位的良好形象，提高其知名度和美誉度而按照一定的程序隆重举行的礼仪庆典。

成功的开业仪式有助于扩大单位的社会影响，引起社会各界的重视和关注，可以招徕更多的合作伙伴，为今后进一步合作奠定良好的基础。同时，还有助于增强企业员工的自豪感、荣誉感和责任意识。

（一）仪式的筹备

开业仪式进行的时间通常较短，一般控制在1.5小时左右。要想在短时间内营造出现场的热烈气氛，给人留下深刻印象，就需要主办方高度重视、精心筹备。

筹备开业仪式应当秉持节约、缜密、隆重的原则，既要在经费的支出上量力而行，尽量节省，反对铺张浪费，又要具体情况具体分析，认真谋划，注重细节，严防百密一疏。同时，要力求有新意，能够营造欢快、喜庆、隆重的氛围，不能只追求形式，空有排场，或者草草了事。所以，开业仪式要做好以下几个方面的准备：

1. 做好宣传造势工作

举办开业仪式的目的在于塑造企业的良好形象，那么，吸引社会各界人士关注的舆论宣传是必不可少的。企业可在报纸、电台、电视台发布消息，或在某个区域内张贴开业公告，告知开业仪式举行的日期与地点、企业经营的范围及特色，还可以通过一些优惠活动来引起公众的注意。企业还可以邀请有关媒体在仪式当天进行采访和报道，主要是正面宣传企业形象和活跃现场气氛。

2. 拟订出席人员名单

和剪彩仪式一样，开业仪式的成功举行，很大程度上取决于来宾的身份、地位，因此，要尽量多邀请一些重要的嘉宾来参加开业仪式。对邀请出席的来宾，应提前将请柬送到，一般要提前几周或一个月，使对方早做安排。请柬印制要精美，内容要完整，措辞要热情，态度要诚恳，表达出对客人的尊重。对有一定社会名望的人士或主要领导要派专人将请柬送达。通常而言，邀请出席开业仪式的人员包括：上级领导，邀请他们参加是为了感谢他们对企业的关心和支持；社会名流，邀请名人，主要是通过“名人效应”来提高企业的知名度和美誉度；媒体人士，邀请媒体人士，是希望通过他们公正地报道开业仪式现场和有关企业的运营情况，加深社会对企业的了解和认同，进一步扩大社会影响力；同行代表，邀请他们主要是表明友好态度，希望能彼此合作、促进该行业领域共同发展的愿望；地区主要负责人，邀请他们是为了融洽企业与本地区的关系，让当地政府关心和支持企业的发展，营造健康有序的经济投资环境。

3. 布置举行仪式场地

开业仪式形式多样，场地选择也较灵活，但一般选择在商场、单位之外的广场举行。为了烘托热烈、隆重的气氛，在现场要悬挂开业仪式的横幅，比如“某某商场开业典礼”“某某公司隆重开业”等。还可以张灯结彩，悬挂气球等，以示尊敬和庄重。开业仪式一般不布置主席台和座椅，用红色地毯取代，方便来宾站立。还要准备好音响、灯光设备，并且要实地进行检测和调试，不能为烘托气氛而过火，又要保证在使用的时候万无一失。

4. 做好接待服务工作

在举行开业仪式的现场一定要有专人负责来宾的接待服务工作，通常挑选相貌、身材、气质较好的青年承担，重要来宾的接待应由主办方的负责人亲自完成。最好安排专门的接待室，准备洁净的茶杯、烟灰缸，如果是无烟室，则要在醒目的地方贴上标示牌。还要准备好来宾的签到处、赐留名片处，方便了解来宾的情况。准备好一些基本资料，包括开业活动的内容、意义、来宾名单和仪式流程，既让来宾充分了解此次活动的大致情况，又使他们感受到主人诚恳的尊敬之意。

5. 准备馈赠嘉宾礼品

开业仪式上向来宾馈赠具有纪念意义的礼品同样是重要的宣传手段，而且能给来宾留下深刻的印象，起到较好的宣传效果。赠送的礼品要具有特点，对于礼品的包装也很有讲究，礼品上可以印上本企业的形象标志、产品图案、开业日期和广告语等，这样的礼品不仅特点鲜明，还能引起来宾的重视和珍惜。

（二）仪式的程序

开业仪式一般时间不会过长，但十分重要，因此对仪式的程序安排及人员要求也相当严格。开业仪式的程序包括以下几个：

1. 迎接宾客

要安排专门的接待人员在开业仪式举行的会场门口迎接来宾，提醒宾客签到，并引导他们到指定的区域就座。

2. 仪式开始

由主持人高声宣布开业仪式正式开始，全体来宾起立，奏乐，通常是奏唱国歌，然后宣读重要来宾名单并作简单介绍。

3. 致辞

这个环节包括两个部分：一是上级领导和来宾代表致贺词，表达对开业企业的祝贺，并寄予厚望；二是主办方负责人致答谢词，主要是表达对来宾和祝贺单位的感谢，简单介绍自己企业的文化特点、经营目标、经营范围等。

4. 揭幕

由主办方邀请一位或数位上级领导，或者来宾代表共同揭去盖在牌匾上的红布，宣布企业的正式成立或开业。参加仪式的全体人员应热烈鼓掌表示祝贺，还可以燃放鞭炮烟花，营造现场热闹、隆重的气氛。

5. 参观走访

开业仪式结束后，应由主办方的负责人亲自引导来宾参观企业的生产环境、特色产品或商品，讲解企业的经营理念或策略。

6. 联欢

为吸引首批顾客，可以邀请部分有代表性的消费者参加联欢活动，在席间可以认真倾听顾客的宝贵意见，同时掌握消费者的心理，拉近同他们的距离，以便更好地改进产品质量、营销模式及服务。

总之，开业仪式的流程要尽量紧凑、简洁，避免烦琐、杂乱，既要便于主办方自己操作和控制，又要营造良好的现场气氛，让所有参加者感觉很舒心。

四、签字仪式

签字仪式是指商务交往活动中，组织与组织间通过协商或谈判就某领域内的问题达成共识，而由双方代表正式在有关协议或合同上签字的一系列程序化的活动。签字仪式的举行充分表示了合作双方共同遵照协议的诚心，同时也可以扩大双方的社会影响力。

（一）筹备阶段

1. 准备待签文本

举行签字仪式所用的文本一旦双方认可签字之后，就是具有法律效力的，因此，对待签字文本的准备一定要慎重并符合要求。

（1）文本定稿。定稿是指通过谈判双方共同讨论或磋商确定正式文件的文本内容。按照商界惯例，尤其是涉外谈判，待签文本由举行签字仪式的主方与有关各方指定的专人共同负责对不同文字内容及具体表述进行磋商，最终达成共识。

（2）文字翻译。签约双方如使用不同的语言，则待签文本应当使用两种文字表述，按照主权平等的原则，两种文字的文本具有同等法律效力。

（3）文本校印。文本排版印出后，必须经过严格的校对程序，要核对谈判协议条款与文本的一致性，还要核对各种批件、证明是否齐备，是否与合同相符等，确保正确无误，手续齐全之后，才能交付印刷、装订。

（4）准备正、副本。待签文本分正本和副本。正本是正式签字的文本，签字后由各方各自保存。双方签字的正本各有一本。副本则根据双方的实际需要协商确定，也可对条款汇总加以说明。

（5）盖章。为保证文本在签字后立即生效，一般在举行签字仪式前先在文本上盖上双方的公章，文本一经签字便立即具有法律效力。

2. 确定参加人员

举行签字仪式前，合作双方应确定好参加签字仪式的代表，并告知对方，尤其是客方，要将出席签字仪式的名单提前通报给主方，以便主方做好相应安排。双方主签人的身份应大体相当。参加签字的各方，可事先安排一名熟悉仪式程序的助签人，在签字时给待签文本翻页，并指明签字处。其他出席签字仪式的陪同人员包括保证人、协调人、律师和公证机关的公证人员。主客人数宜相同。

3. 布置签字现场

（1）签字桌椅。布置签字现场时，一般在签字厅内设一长方桌作为签字桌，桌面覆盖上深色的台呢布。合作双方主签人的座位应以面门的方向为准，按主左客右的惯例摆放。

（2）国旗或标志。如果是涉外签字仪式，签字桌上要分别放置各自的国旗，放置的方式可以是交叉插在签字桌中央位置的旗架上或分别插于签字桌两端，也可以悬挂在双方背面的墙上。举行多边签字仪式，则将各方国旗竖立于各自座位前的桌上。如果签字双方是国内的企业，则悬挂各自企业的标志或企业的全称即可。

（3）签字文具。签字仪式上用的文具包括钢笔、墨水、吸墨纸，这些文具都要事先准备好，连同待签文本一起整齐地摆放在签字台上。

（4）致辞台。如若安排领导或代表在签字并交换文本之后致辞，则应将致辞台安排在签字桌的右侧，并调试好话筒等音响设备。

（二）签字流程

1. 双方就座

参加签字仪式的双方人员进入签字厅后，在工作人员的引导下，按照面门为准，主左客右的原则入座。助签人站在主签人的外侧，其他出席人员按职位、身份高低从中间往两侧就座。

2. 正式签字

签字应按照国际惯例，遵守“轮换制”，主签人先签署己方的合同文本，签在左边首位处，这样双方都有机会在首位签字，以显示双方平等。然后站在主签人外侧的助签人相互交换文本，并指明对方签字处，请双方签字人逐一签字。

3. 握手致意

签字完毕后，由双方主签人起立相互交换正式已签文本，然后握手致意。双方握手时间可比平时见面时的握手时间长，并可稍侧身朝桌面，以便摄影摄像。其他陪同人员鼓掌祝贺，仪式到此应该是整个流程中最热烈的阶段。随后，由礼宾人员端上香槟酒，出席仪式的人员举杯庆祝。

4. 致辞退场

合作双方的领导或代表先后致辞，通常按照先主后客的原则；若是多边签字仪式，则按签字顺序致辞。完毕后，双方最高领导人先退场，然后请客方其他陪同人员退场，主办方的陪同人员最后退场。

五、其他

除了上述四种典型的仪式外，有些商务活动在商界经常遇见，有些形式还比较复杂，如展览会，可能开幕时既会有剪彩仪式，开幕后又会持续较长时间，所以要注意的礼仪礼节更多。在此，我们特意把新闻发布会、展览会和赞助会作具体说明，也许它们不是严格意义上的仪式，但放在这一节进行介绍会更合理。

（一）新闻发布会

新闻发布会，简称发布会，又称记者招待会，一般是主办方要求主动传播有关信息而谋求新闻媒体对事件或人物进行客观而公正报道的有效沟通方式。

近些年来，无论是政府机关还是公司企业，很多不仅开始设置专门的新闻发言人岗位，而且经常会举行新闻发布会，向新闻界公布信息，借助新闻公布事情真相，使社会大众对事件或人物有更全面的了解。如 2020 年年初，新冠肺炎疫情肆虐全球，而且持续蔓延，弄得人心惶惶。国家卫生健康委员会每天召开新闻发布会及时通报疫情，详细介绍治疗方案、治疗进展，提醒公众各种注意事项，使公众对疫情及防疫工作有了全面的了解，安定了民心，稳定了社会秩序。

新闻发布会突出的是新闻的传播，是主办方为了节省时间与精力，将媒体记者聚集起来，或由新闻发言人统一发布相关信息，或由一位或几位权威人士回答记者的提问。在某种程度上而言，新闻发布会是通过媒体传播的有效途径，也是与公众积极沟通的绝佳形式。正是因为新闻发布会的作用巨大，所以要做好充分准备。

新闻发布会的礼仪至少涉及会议的筹备、媒体的邀请、现场的应酬、善后的事宜四个方面。

筹备新闻发布会，要做好主题的确定、时间的选择、地点的确定、人员的安排、材料的准备等项具体工作。新闻发布会的主持人大都应当由主办单位的公关部部长、办公室主任或秘书长担任。主持人的基本条件是：形象气质俱佳，年富力强，见多识广，反应灵活，语言流畅，幽默风趣，善于把握大局，长于引导提问，具有丰富的主持会议的经验。

新闻发布会要准备的材料主要包括发言提纲、问答提纲、宣传提纲及辅助材料。辅助材料有图表、照片、实物、模型、沙盘、录音、录像、影片、幻灯片、光碟等。

媒体的邀约要提前送达正式的请柬或电话预约。新闻发布会现场的应酬和服务跟前面介绍的商务活动中接待服务的细节没有大的区别，故在此不再赘述。

因为新闻发布会的时间一般都在一个小时以上，所以，现场都会给参加的人员安排座位。主办方在主席台就座的排序是发言人坐正中间，主持人在其右，如果有翻译，则翻译在其左。受邀的媒体记者则无须排位，可自由就座。

新闻发布会开始前，一般应由主持人先向观众说明新闻发布会的主题及举行的时长，也可先说明大致回答多少个问题，以让记者心中有数。

善后的事宜主要包括了解新闻界的反应和社会的反响，以总结新闻发布会的经验或不足，对出现的问题作及时的调整和补救。

（二）展览会

展览会主要是单位或企业为了介绍业绩，展示成果，推销产品、技术或专利而集中陈列实物、模型、文字、图标、影像资料，以供观众参观了解的集会。其目的是提高公司的知名度，宣传推广产品，树立品牌，吸引招徕顾客，洽谈合作，谋求更大的发展。展览会是企业树立良好社会形象的极好手段。

目前社会上各种展览会特别多，如车展、丝绸展、糖酒副食展、农副产品展等，但良莠不齐，充斥着人们的生活。于是，人们渐渐明白，展出的商品没有广告上说得那么好，价格也常常不是真正的出厂价，有的展位甚至拿一些贴牌的东西来谎称是自产自销的产品，人们已不再热衷于逛展览会。导致这种后果的原因很多，但主办方或参展商没有根据展览会的具体情况来注重其中的礼仪规范也是重要原因之一。

1. 展览会的类型

展览会依据分类标准不同有六种不同的分法。

（1）以展品种类为标准。

① 单一型展览会。单一型展览会，是指在展览会上仅展示某一大类的产品、技术或专利，不同的是品牌、型号、功能，比如汽车展览会、化妆品展览会。一般情况下，单一型展览会的参展单位是同一行业的竞争对手，因而竞争比较激烈。

② 综合型展览会。综合型展览会，又叫混合型展览会，展览会上会展示不同种类的产品、技术和专利。这种展览会通常规模比较大，侧重的是参展单位的综合实力。

（2）以展览的目的为标准。

① 宣传型展览会。此种展览会的目的比较直接，就是向外界进行宣传和介绍本单位的成就、实力、历史和理念。这类展览会常用于企业或公司。

② 销售型展览会。这种展览会以销售为目的，以宣传为辅，主要是为了展示单位的产品、技术和专利，以此招徕顾客，促进产品的销售。

（3）以展览会时间为标准。

① 临时展览会。这种展览会的特点是根据实际市场需要举办，其场所、内容、主题都不尽相同，展期也不长，如车展等。

② 定期展览会。与临时展览会不同，定期展览会的特点是连续性、系列性较强，一般在每一个周期之后，在特定的时间、指定的地点举办，有的是三年一期，或者春夏季举行，其地点、展品内容不会有太大变化，如每年年底长沙红星大市场的农博会等。

③ 长期展览会。长期展览会通常是常年都在举行，其展览场所和展品的变化不大。

（4）以展览会区域为标准。依据展览会所在的地理区域，展览会可分为国际性展览会、洲际性展览会、全国性展览会、全省性展览会等。

（5）以展览会场地为标准。

① 露天展览会。这种展览会安排在室外露天的地方，场地较大，费用较少，可以不用设计和布置，以自然条件为基础，如展示花卉、农产品、工程机械、大型设备等。其唯一的缺点就是容易受天气等自然条件影响。

② 室内展览会。此种展览会安排在展览馆或展览厅内，室内大都设计考究，布置精美，陈列有序，安全防盗，物品不易受损，隆重而有品位，但费用也比较高。

（6）以展览会规模为标准。

① 小型展览会。一般由一个单位自行举办，规模较小，其展品主要是主办单位最新研究的产品、技术或专利。

② 微型展览会。这种展览会是小型展览会的缩影，也是其精华所在，一般不在社会上进行商业性展示，只安排陈列在本单位的展览室内，供自己的员工和来宾参观。

③ 大型展览会。这种展览会参展的单位一般比较多，参展的项目广，规模大。举办此类展览会，要求主办单位有专门的筹备组。因这种展览会档次高，影响大，操作要求高，通常参展单位要事先进行申报、审核、批准等程序，有时还需要交纳一定的费用。

2. 遵循的基本原则

无论是哪种类型的展览会，有些礼仪规范是应该共同遵守的。

（1）宣传实事求是。举办展览会是希望宣传推广产品，树立品牌，而口碑是最好的宣传。用虚假的宣传骗来了消费者，可无论是展览会现场的规模，还是产品的质量、价格都令人大失所望，这样的展览会必然会陷入一种恶性循环。诚实守信是经商的王道。

（2）来者都是客。常常看到一些展览会的接待人员或参展单位的营销人员喜欢以貌取人，看到穿着打扮比较光鲜亮丽的客人便笑脸相迎，反之则爱理不理。殊不知，往往“真人不露相”，也许正是你的傲慢无理，让订单与你失之交臂。

（3）竞争有序。很多时候同类产品会安排在同一展区，消费者也会货比三家后再决定买哪家的。可常常是消费者刚一走进某一展区，便被“热心”的营销员拽住，不管你愿不愿意听，他便滔滔不绝地向你吹嘘自己的产品有多好，而别人的产品有多差。其实，消费者完全有自己的判断力，实事求是地介绍产品的优劣往往比一味地讲优点更容易获得消费者的信任。

（4）标志清晰。比较大型的展览会，区域较多，标志一定要清晰明了，以便顾客能很快找到自己所需或想看的产品。人性化的设计与关怀体现在每个细节上。

（三）赞助会

赞助会其实就是社会慈善事业，是某单位或个人为达到鼓动公众共同用金钱、实物、技术或其他社会财富对其他组织或个人进行资助而专门组织的公益活动。它不仅可以扶危济困，向社会奉献爱心，体现出组织或个人对社会的高度责任感，而且有助于提高单位或个人的社会影响，提高自身的知名度、美誉度，为自己赢得良好的公众形象。在商界，积极地、力所能及地参加赞助活动，其本身就是商务活动的一种常规形式，而且也是协调单位与政府、与社会各界公共关系的重要途径。

根据赞助的标准，赞助会的类型也有不同的划分，最为常见的赞助类型的划分有以下两种：

1. 以赞助物为标准进行划分

赞助物，是指赞助单位或个人向受赞助方所提供的赞助物品，它往往取决于赞助单位或个人的实力与受赞助方的实际需要。赞助物一般可分为以下四类：

（1）义工。义工，是指赞助单位或个人指派一定数量的员工前往受赞助方所在单位或地点，进行义务劳动或有偿劳动，以劳务的形式或劳务报酬向受赞助方提供赞助。这种方式能很好地调动积极性，获得社会各界的广泛支持与参与。

（2）义卖。义卖，是指赞助单位或个人将其所拥有的物品进行拍卖，或者在指定的某段时间将本单位或个人的商品向社会出售，然后将全部所得以现金的形式捐赠给受赞助方。这种赞助方式的赞助数额虽事先无法预估，但其影响范围比较大，较易获得社会各界的支持，组织得好，往往会有意想不到的收获。

（3）实物。实物，是指赞助单位或个人通过购买或捐赠实用性的物资的形式，向受赞助方提供的赞助。这种方式能及时满足受赞助方的需求，且难以被对方挪作他用。如向贫困山区的孩子捐赠学习用品，为地震灾区募集帐篷、捐赠衣物等。

（4）现金。现金，是指赞助单位或个人以现金或支票的方式，直接向受赞助方提供的赞助，受赞助方能根据自身的实际需求，对赞助金进行自由支配。

2. 以赞助项目为标准进行划分

赞助项目主要指受赞助的对象，这是根据赞助单位的目的、品位进行划分的，往往与赞助单位主要领导的喜好有关。当前商务界积极赞助的项目主要有以下 10 种：

（1）赞助慈善事业。慈善事业，是指社会慈善组织或慈善福利活动。对慈善事业进行赞助，可以向社会表明一个单位所承担的社会义务和社会责任，还有助于提升企业的影响力，获得社会与政府的肯定，传递正能量。

（2）赞助公益事业。公益事业，是指社会的公共设施、公共活动，如捐资修桥、修路等。赞助公益事业是直接造福社会、造福一方百姓的举动，可迅速赢得公众和舆论的一致好评。像湖南籍香港实业家彭余年先生，事业成功后，不断赞助家乡的公益事业，建学校、修道路、新开公交线路等。所以，在他去世后，人们纷纷发帖发文，表示对他的缅怀与敬仰。

（3）赞助教育事业。教育是国家的基石，事关民族兴旺、人民福祉和国家未来，涉及千家万户。赞助教育事业，可大力支持教育界，为本单位日后进一步发展培养储备人才。如向希望工程捐款、捐物，修建学校等。在这方面，2014 年去世的邵逸夫先生堪称楷模，中国很多学校都有他捐资修建的逸夫楼。

（4）赞助专著出版。专著出版，是指有学术水平的学术专著出版。赞助专著出版，表明该单位对知识的重视和对学术研究的敬仰与支持。

（5）赞助艺术展览。艺术展览，是指具有一定艺术品位的非营利性的展览活动。赞助艺术展览体现该单位的艺术品位和对艺术界的支持。

（6）赞助文化事业。文化事业，是指具有一定文化修养和精神境界的活动。赞助文化事业有助于促进社会主义精神文明建设，传递高尚的精神与文化，从而鼓舞、教育、熏陶社会大众。

（7）赞助科研活动。科研活动，是指科学研究与学术活动。赞助科研活动表明企业重视人才和科技进步，不仅自己可以获得专利，提高产品科技含量，还可获得科学家、学者的肯定与支持。

（8）赞助医疗卫生。医疗卫生，是指医疗、保健、卫生、康复事业。赞助医疗卫生，体现了该企业对社会以及人类的关怀，也是在宣扬奉献精神和社会公德。如 2020 年抗击新冠肺炎“战疫”中，很多单位或个人纷纷捐款捐物，支持抗疫，为迅速狙击新冠肺炎的传播蔓延作出了巨大贡献，体现了大难当前的奉献和担当精神。

（9）赞助娱乐休闲。娱乐休闲，是指群众性娱乐休闲活动。赞助娱乐休闲可以向社会公众表达关怀和诚意，提高企业的社会认同感。

（10）赞助体育事业。体育事业，是指各类体育比赛活动。赞助体育事业，可以让企业名利双收，一举多得。既向社会昭示企业的雄厚实力，又能够提升企业的知名度，还可以从比赛中盈利。有的足球队就因为某个企业的赞助而冠以这个企业的名字，如恒大足球等。

此外，赞助的类型还可根据赞助单位或个人向受赞助方提供的金额的多少，分为全额赞助或部分赞助；根据赞助单位或个人的具体数量的多少，分为单方赞助或多方赞助。

不管是何种赞助，公益心、社会责任感、担当意识是出发点和本意。只有诚心诚意做慈善、做公益，言必行，行必果，才能真正赢得社会的尊重，也才能真正提升企业的形象。那些打着慈善赞助的幌子，实际只想谋私利的伪慈善、伪公益，必将受到舆论的谴责，遭到公众的唾弃。

第三节　商务洽谈礼仪

商务洽谈又称商务谈判，指的是在经济贸易活动中，买卖双方为满足各自的需求，通过彼此交流、碰撞、妥协、沟通、磋商、协调，最大限度地表达双方的诉求和愿望，最终赢得或维护自身经济利益最大化的过程。其目的是协调利害冲突，实现共同利益。商务洽谈是协调各方关系的重要手段。

一、商务洽谈的原则

（一）以诚待人

商务洽谈本身就是一个沟通交往的过程，在双向传达信息的同时，也可增进彼此之间相互信任的关系。洽谈双方，无论是个体还是团体，都应坚持诚挚相待、实事求是，从而树立自己在公众心目中的良好形象，建立优质信誉。

保持坦率诚挚。坦率诚挚的态度是双方进行商务洽谈的基本准则。俗话说："精诚所至，金石为开。"只有建立在平等合作、互相信任的基础上的交易活动，才能赢得彼此的尊重，为洽谈创造和谐轻松的气氛。将自己的意图、目标、要求摆在桌面上谈，对于对方的合理要求要表示理解和肯定，对于值得斟酌和商榷的地方要明确指出，做到开诚布公。这不仅可以提高商务洽谈的工作效率，还能消除彼此的误会和隔阂，更好地了解事实真相，大大增加彼此合作的成功率。但是，值得注意的是，坦诚相待并不意味着要将自己的想法和要求毫无保留地告诉对方，而是要选择适当的时机，把公正合理的要求提出来共同商议，并不排斥洽谈策略的运用。

坚守信誉至上。洽谈过程中要坚持的重要原则就是信誉至上，洽谈双方严格遵守洽谈所达成的协议，履行各自的诺言，做到"言必行，行必果"。商务洽谈不可避免地遇到激烈的辩论争锋和讨价还价，甚至要做好马拉松式的洽谈准备。但一旦双方就某个问题达成了最终协议，双方就有义务严格遵守签订的协议或合同。不仅对于个人，对于企业和政府，信誉始终是处世的立身之本。

坚持实事求是。在提出自己的要求和条件时，要尽量符合客观实际，充分估量自己条件的可行性，站在对方的角度思考问题。坚持公平合理的原则评价对方的要求和立场，寻求相互利益的平衡，灵活运用对策。不管对对方利益了解多少，也不管采取何种巧妙的解决方案，双方利益冲突的客观事实是不可避免的。只有坚持公正标准，用法律、制度、政策、规章标准以及公共广泛接受的惯例来作为洽谈依据，才更容易达成一个理想的协商结果。

（二）平等互利

从洽谈中的立场出发，无论哪种类型的洽谈，洽谈双方和多方都应是合作者，而非竞争者，更不能视作敌对者。平等互利是建立和维护良好公共关系的基础和前提。因为，如果将对方看成敌手、对手，千方百计想要算计对方，压倒对方，以达到自己的目的，那么即使双方签订了协议，也并没有融洽双方的关系，更未达到双方满意的目的，缺乏合作的长期性和牢固性，甚至最后的结局会是两败俱伤。犹如美国商务谈判专家费雪·尤瑞明说的："每位谈判者都有两种利益：实质的利益和关系的利益。"合作共识，平等互利，能使洽谈双方既得到实质的利益，也收获关系的利益，保持冷静、客观的态度，寻找双方合作的共同途径，来消除达成协议的各种障碍。

在商务洽谈中，要遵循平等互利原则，首先应在思想上达成共识，在制定洽谈计划、确定洽谈步骤时，要将双方在利益上的一致性作为考虑的主要因素。其次，要正确处理洽谈过程中各方长期、短期的利益矛盾，通过多种公共关系手段和技巧来进行合理的协调，尽量减少直接冲突，消除隔阂，以求得洽谈双方的协调与一致，努力做到互惠互利，彼此尊重，相互理解，从而建立友好的长远的合作伙伴关系。

（三）求同存异

洽谈的前提条件，是交易双方在根本利益、思想观念、行为方式等方面存在共同认知。各方在总体上、原则上保持一致，摒弃细枝末节的分歧和意见，由各方综合考虑自己的要求，做出适当的让步，才能让谈判得以成功进行，这就是所谓的求大同、存小异。

当然，谈判让步是讲究一定原则性的，让步必须是双方的，不能有一边倒的局面，其目的是实现共同的目标，所以不可轻率做出让步，更不能为求达成协议而放弃自己的基本权利和要求。

（四）耐心冷静

商务洽谈一般都会持续很长的周期，少则一星期，多则几个月，甚至还是持久战。因此，这就需要洽谈人员时刻保持冷静的头脑，清醒理智地应付纷繁、多变的场合。尤其是别人表露出过激言行或不理解自己时，要通过对双方的利益关系认真分析，找出对方的弱点加以揭示和申述，才能将话语权牢牢掌控在自己手中。因此，在洽谈之前要做好充分的准备，知己知彼，使自己做到"处惊不乱，遇乱不躁"。

只要对方不是故意制造事端，就应该以礼相待，言谈举止和蔼，这有利于消除彼此的戒备心理，促使双方更好地沟通，保证洽谈过程中诚挚、轻松的气氛。

（五）讲究时效

洽谈过程中，要遵循效益与效率的有机统一，既要追求较高的效率，也要保证有更好的效益，谈判最忌讳的是马拉松式的会谈。无休止、机械化的重复谈论，拖拖拉拉而没有结果，既浪费了人力、物力、财力，又失去了先机。双方可以在不违背总体利益的条件下，按照各自的意愿做出适当的让步和妥协，力求在最短的时间内达成双方均可接受的协议，确保时效，抢占商机。

二、商务洽谈的特点

1. 经济利益是商务洽谈的核心

商务洽谈的双方通常为企业或公司，其目的在于满足自身的经济利益需求，追求效益最大化。对于企业或公司来说，集团的经济利益是放在首要位置的，一切忽视和损害自身经济利益的行为都是不容许的。

2. 价格和价值是商务洽谈的中心

以经济利益为核心的商务洽谈，其中心议题必然是围绕价值和价格问题。洽谈双方的需求和利益客观表现在商品的价格上，价格的高低最直接、最集中地表明了洽谈双方的利益分割。除去直接的价格谈判外，对其他条件的商议也是对价值的追求，如商品质量、数量、付款形式、服务项目、物流等。提高价值，降低自身付出的成本，都是追求经济利益最大化。

3. 经济成本是商务洽谈的主要评价指标

商务洽谈属于经济活动的组成部分，因而任何经济活动都是建立在经济效益的基础上，所以，洽谈过程中的经济成本也需要核算，包括谈判桌上的成本、谈判过程中的成本等。

4. 影响洽谈的因素复杂多样

影响洽谈过程和结果的因素很多，大致分为两个层面：一是微观因素，包括个人价值观念、思维方式、经济状况、语言及风俗习惯等；二是宏观因素，包括社会文化背景、政治经济体制、产业前景等。所以，洽谈者需要较多地了解和把握更翔实的现实情况，合理有效地做出正确判断，使洽谈朝有利于自己的方向发展。

三、商务洽谈的准备

俗话说：“知己知彼，百战不殆。”在商务洽谈中，既要清楚自己，又要了解对方，掌握的信息越多、越准确，准备得越充分，谈判的主动权就越大。

（一）信息的准备

1. 信息的收集

商务信息指的是与商务活动有密切联系的条件及其属性，是经过透彻分析后的人工信息。在商务活动中，洽谈者对各类信息的拥有量，尤其是对信息的收集、分析和利用的能力，对谈判起着极其重要的作用。

谈判信息主要包括经济信息、文化信息、法律法规信息和对方信息等。

（1）经济信息。经济信息主要包括宏观经济、行业和市场等方面的信息，其中市场信息对谈判的影响最为直接。如国内外市场分布、市场供求、销售价格、产品竞争、发展前景等。

（2）文化信息。文化信息主要包括洽谈双方的历史文化背景、生活方式、价值观念、风俗习惯、宗教信仰、商业惯例、谈判风格等。

（3）法律法规信息。法律法规信息主要包括各自国家或地区的政治文化、涉及谈判内容的法律规定、各种税收政策以及进出口配额和行业许可制度等。

（4）对方信息。对方信息包括对方公司性质、资金运营状况、商业信誉等，还有对方谈判的目标和时间限度、对方谈判成员的相关背景等。

2. 信息的分析

前期自己收集的信息和洽谈过程中得到的信息有时真假难辨，这需要洽谈者冷静思考，透彻分析，仔细辨别信息的真伪和水分。

首先，要对对方谈判成员进行分析，主要是从职务、权限、性格、背景等方面入手，分析其各自的身份、地位、谈判风格、爱好、从业经验等。

其次，要分析对方的优势、劣势和可控因素，分析一旦谈判失败后，对方会有哪些风险和损失，从而准确判断谈判的成功率和风险系数，有助于提高谈判的主动权。

最后，要将谈判双方的实力进行综合比对分析，包括企业运营状况、经济实力、企业信誉等，正确评估双方的谈判实力。克己之短，扬己之长，制定切实可行的谈判策略，最大限度地取得有利于己方的谈判效果。

3. 时机的选取

在谈判之前，要弄清对方真正的谈判现实需求，是否具有谈判的诚意，是否可以通过谈判来达到预期目标，因此，探询对方的谈判意向十分重要。

要注意谈判时机的选取，时机把握到位，有助于增强谈判实力，掌握谈判的主动权，扭转谈判的局势。洽谈的时机最好选择己方的谈判实力强于对手之时，准备越充分，谈判实力越强，谈判成功的概率才越大。

（二）目标与方案的确定

1. 目标的设定

谈判目标的设定应遵循以下原则：

（1）目标要具体明确。设定的谈判目标应明确、清晰、具体，尽量将任务进行量化，便于操作执行和衡量评价。

（2）目标要具挑战性。设定目标应具有较高的要求，以激发谈判人员努力去实现目标。

（3）目标要科学可行。目标不能好高骛远，应设定在对方可接受的范围内，以免出现双方关系破裂的局面。

（4）目标要有层级性。谈判目标应该具有一定的层级性，以谈判的现实情况为依据，留有适当的弹性空间以适应谈判过程的变化。

洽谈目标通常可划分为三类：最优目标、可接受目标、最低目标。最优目标指的是对洽谈者最佳的期望目标，在满足己方实际需求利益的同时，还有额外的增加值；可接受目标，顾名思义，就是谈判方可以接受的适中目标，是最基本、最主要的利益，也是谈判者要坚守的主要防线；最低目标是谈判者的最低利益需求，一旦这项目标不能实现，那么就意味着谈判会以失败告终，这也是谈判者利益的最后底线。

2. 方案的制定

洽谈方案是洽谈的行动纲领，是为实现洽谈目标而制定的策略性意见，核心内容是就谈判内容所拟订的一些标准和要求。由于谈判的形势瞬息万变，因此，一般会制定若干个方案，主要分为首选方案、次选方案和应急方案。

洽谈方案一般包括洽谈议题、洽谈目标、洽谈策略、洽谈时间和地点等内容。洽谈议题就是洽谈所要解决的主要问题，这关系到洽谈者的基本利益和要求，涉及重点洽谈内容、先谈的内容和不该谈的内容。洽谈目标是拟订要实现的基本利益要求，涉及以价格为标志的总体目标，还有围绕价格的相关交易条件的子目标。洽谈策略是洽谈过程中用以实现目标的思路和方法，包括总体策略、阶段策略。洽谈的时间安排要根据洽谈时机和期限来确定，要为洽谈的最后期限留取适当的回旋余地。洽谈地点主要包括主场、客场和中立场等。

（三）人员组织的准备

1. 洽谈人员的选择

洽谈人员选择是否恰当直接关系到洽谈的成功与否，洽谈团队中每位成员的挑选都应是慎重和严谨的。他们不仅仅要符合一定的素质要求，而且能够结构互补、配合默契。

洽谈人员的组成包括决策者、执行者和服务者。决策者是为洽谈进行决策的人员，他们不一定出现在谈判桌上，但是要全盘掌握谈判情况；执行者是直接参与谈判的人员，包括主洽谈者和洽谈小组成员；服务者是为谈判提供服务和支持的人员，包括销售服务人员、专业技术人员、介绍人员和合作单位人员等。

洽谈人员的数量要依据谈判的内容而定，如果谈判涉及的内容比较重要，问题较为复杂，应多派洽谈人员参与，通常商务洽谈小组的理想规模为 2~4 人。这样既可以保证洽谈的策略需要，也可保证洽谈的效率需要。每次谈判都有特定的内容，这就需要洽谈小组的知识结构能满足洽谈内容的需要。要想组成高质量的洽谈小组，最重要的是使洽谈小组内部通力合作，关系融洽，形成默契。

2. 洽谈人员的管理

对于洽谈人员的管理，应当符合以下几项基本要求：

（1）行动一致性。不论洽谈人员的身份地位高低，台前还是幕后，都必须保持高度一致的口径，即使内部有不同的意见，也应该在私下交流，切勿暴露给对方。

（2）信息保密性。洽谈，说到底就是一场信息战。在洽谈过程中，双方的信息是属于绝对机密的，过早泄露会令自己处于被动地位，甚至会输掉谈判。洽谈人员应严格遵循洽谈规则和纪律，强化保密意识，加强对谈判资料的保管。

（3）纪律严明性。洽谈人员必须有集体意识和组织观念，必须具有维护和争取己方利益、树立自身形象的高度责任感。坚决服从组织的领导，不得擅自行动，更不得收受对方的礼品或接受宴请。

四、商务洽谈的言语

商务洽谈就是语言的针锋相对，是人际交往的一种特殊方式。谈判者语言表达水平的高低直接影响着洽谈的结果和成败。

（一）基本要求

1. 文明用语

洽谈语言必须符合自身的职业道德要求，讲究文明礼貌。无论对方是否存在挑衅或过激的言辞，都应时刻保持冷静和理智，绝不可对他人进行人身攻击，甚至侮辱对方的人格。对不合时宜的语言应理智、幽默、婉转地予以批评，对恶意挑衅性的言辞，要坚决、果断、无情地予以反击。

2. 简洁清楚

在洽谈过程中，洽谈人员要努力做到咬字准确、吐词清晰、口齿伶俐、发音标准、表达流畅，尽量戒除哼哈呢喃、口头禅、习惯性尾语等不良习惯。应注意语言的标准化，讲普通话或英语，尽可能采取对方耳熟能详、能听懂听清、便于理解的词语，少用地方化或生造歧义的语言。语言表达要用最精练的句子传达最多的信息，做到紧扣主题，干净利落，同时，要尽可能表达准确，不可模棱两可、含糊错乱、词不达意，妨碍信息的交流。

3. 合乎时宜

洽谈者要针对不同的洽谈对象、场合、时机，使用不同的洽谈语言，因人、因地、因时制宜，尤其是针对不同洽谈对象的性别、年龄、文化程度、职业、性格、兴趣爱好，还要注意区分个人接受语言的能力和习惯使用的谈话方式。

4. 灵活变通

洽谈语言要根据洽谈的具体情况灵活运用，不可依葫芦画瓢，不加区别。由于每次洽谈的侧重点不同，洽谈者交谈时要为他人和自己留有余地，不可讲话太满、太死。要善于察言观色，从对方的眼神、姿态、动作和表情来揣测对方的意图，灵活调整自己说话的方式和语气，及时调整洽谈策略。要根据不同的场合随时调整语言表达的方式，在有领导在场的会议室时语言表达应较为正式、严肃，表现出对领导的尊重；在公共场合，说话尽量客气、得体，不可过于喧闹，要顾及他人的感受，给足别人面子。

（二）沟通技巧

沟通是两个以上的人进行信息分享的过程，商务洽谈是双方在进行信息交流的同时获得利益分享的过程。洽谈基本上是语言交流，其艺术性就体现在语言的艺术上。用什么样的语言进行沟通，其效果也不一样。成功的洽谈者善于运用语言的沟通方式，这些沟通方式就是听、说、问、答。掌握这些技巧和规律，能让洽谈者在谈判桌上如鱼得水，收放自如，达到预期的目的。

1. 听的技巧

美国前总统富兰克林说过：与人交往成功的重要诀窍就是善听。善于倾听的人能够迅速捕捉洽谈中的关键信息，从而转变成对自己有利的条件，对方也会因为你的诚意报以好感，更加滔滔不绝。这样，对方的信息会向你倾倒而出，心灵之门也为你打开。

（1）再次证实对方的重要信息。当听到对方说出关键的信息或认为重要的信息时，洽谈者可打断一下对方的叙述，耐心询问一下刚才听到的话语。即使听得很明白、很清楚，也可再次证实一下，这样可以避免对方到时候不承认或当时真的说错了。如谈判者可以这样问对方："哦，您刚才说的是……"

（2）敏锐抓捕对方无意中透露的信息并加以分析。当对方无意中透露了对自己有用的信息时，也许对方是无意中说出的，或者是对方话语中包含了重要的潜台词，如果洽谈者不敏锐地捕捉并加以分析，很可能就会将有用的信息遗漏。所以，要养成即时分析的习惯。比如，对方说"我们的产品现在相当热销，供不应求"，这可能是对方给你提供的原料有很大需求的信息。

（3）勤于记录洽谈时的关键词。洽谈者要养成记录谈话内容的工作习惯。俗话说：好记性不如烂笔头。如果能在倾听对方陈述时记录下对方的漏洞，把己方的疑问及时记下，并加以整理分析，这样提出的问题能收到更好的效果。

（4）用录音设备记录下重要内容。对于一些重要场合的商务洽谈，光靠记录是不够的，记录人员有时也会遗漏一些重要内容，此时，录音设备就派上了用场。如果要将洽谈作为资料进行留存，或者担心洽谈者中途变卦，录音就显得尤为重要了。

2. 说的技巧

洽谈的最终目的就是说服对方。既要有充分说服对方的理由，又要把握好说服的时机和技巧。那么，怎样才能说服对方，将对方朝有利于己方的方向引导呢？

（1）用事实说服对方。用事实说服对方，并不是正面的说教，而应该是在无意中将一个事件展现在对方的面前，令对方信服，虚心采纳你的意见。比如，将产品用现场演示的方法呈现在对方面前，然后说服对方。

（2）用经验说服对方。洽谈者可以就某一观点或论据，引用已发生的经典的事例来说服对方，从历史的角度收集相关的案例来论证自己的观点，从而令对方信服。

（3）使对方自我批判说服对方。使对方自我批判就是用对方自己的话来评判他的言行，造成前后矛盾，从而使对方无可反驳，推翻自己的观点，服从己方的意见。这需要洽谈者能从纷乱的话语中找到其矛盾之处。但是不能用自己的言语直接评论对方的话语，要引用对方的话，诱导对方自己评论自己的言行。

（4）用利弊权衡说服对方。洽谈人员要及时分析对方的利弊得失，从利弊对比中发现得失，消除对方的疑虑，劝说对方服从。这种方法要实事求是，给人以可信之感，才容易让人信服。

（5）先易后难说服对方。在说服对方时，要先从容易入手的地方开始，然后逐渐向复杂过渡，逐条逐项攻破。如果一开始就谈难点，又没有成功，那就会影响后面的程序。所以，要讲究循序渐进，一步一个脚印，扎实做好每次应对的准备。

（6）先扬后抑说服对方。洽谈者如果要实事求是地将好的和坏的信息都传达给对方，应采取先扬后抑的方式，先将好的信息传达给对方，给人一定的心理缓冲，即使之后有坏的信息，对方也能在快乐心情中接受。

（7）换位思考说服对方。洽谈者在进行谈判前，要将自己设想成对方，从对方的利益、需求、性格特征方面进行感受，看是否能先说服自己，如果感觉有些话语多余或没有力度，可以及时进行修正。

3. 问的技巧

提问也是沟通的重要方式，是获取信息和传达信息最直接的手段，一场没有提问的洽谈绝不是有效的谈判。提问可以让对方知道你想获取哪方面的信息，通过对方对疑问的解答，可以使己方了解到对方的诚意。

（1）一般性提问。这是一种随意性提问，具有很强的礼节性，常用在开场初的寒暄问候，也出现在洽谈结束之后，通常是客套话。

（2）诱导性提问。这是带有暗示性质的提问。洽谈者用疑问的方式提出来，用以提醒对方将答案说出，使对方在结论面前无力反驳。

（3）直接性提问。通常是洽谈者带有针对性的提问方式，具体针对某一问题要求对方做出解释和说明。

（4）间接性提问。通常是从侧面影响对方的提问。当对手坚持某一立场，态度很坚决时，洽谈者将中间介绍人等第三方搬出来影响对方的判断。

（5）探索性提问。这种提问方式一般带有探询对方信息的意味。洽谈者要求对方回答相关问题或就某一问题要求对方做出进一步的解释和说明。

（6）模糊性提问。洽谈者一般不会表露自己的真实意图，通过设问的方式诱使对方谈出真实的想法。

（7）迂回性提问。洽谈时，对方对某类问题比较敏感，如果突然发问，对方会警觉并绕开话题不予正面回答，此时应采取迂回性提问。

4. 答的技巧

洽谈过程中，回答对方的提问时，既不可轻易答复对方，怕有失诚信，也不能胡乱瞎答，让对方感觉没有诚意。因此，回答需要再三斟酌，搞清什么该说，什么不该说，回答要能准确表达己方的意图，又不泄露秘密。所以，洽谈前要有很多设想，有备无患。

（1）见机巧答。在对方提问时，要时刻保持冷静清醒的头脑，机智应变，既可简明扼要，又可以虚实结合地回答。

（2）沉默不答。在对方提出了过分条件时，洽谈者可保持沉默，用不回答的方式加以拒绝。

（3）声东击西。如果想回避对方尖锐问题时，可以采取避重就轻、声东击西的方法，以此混淆对方的洽谈策略。

（4）缓兵之计。在对方逼迫自己回复某一问题时，为避免犯重大错误导致无法挽回，可先采取缓兵的策略，然后及时采取措施进行回应。

第四节 商务文书礼仪

商务文书是公司或企业在经营运作、贸易交往、开拓发展等一系列商务活动中使用的各种文书的总称。商务文书起着互通信息、联络感情、协调关系、促进合作的重要作用。规范、严谨的商务文书不仅能更好地达到交往的目的，更能体现一个企业或公司的管理水平和素质。所以，商务人士要掌握商务文书的基本礼仪。

商务文书的种类很多，根据商务文书的内容和作用，可以分为商务经营文书、商务事务文书、商务策划文书、商务法律文书、商务运作文书、商务礼仪文书等。

在本章，我们着重介绍商务礼仪文书应该注意的礼仪规范。

商务礼仪文书主要包括邀请信、感谢信、慰问信、祝贺信、欢迎词、答谢词等。

一、基本原则

（一）准确清晰

准确是商务礼仪文书的首要原则。也就是说，写出的文章材料要真实可信，观点要准确无误，语言要恰如其分。写作前一定要下一番工夫，明了写作的意图，准确地传递想要传达的信息，只有这样，才能达到沟通的目的。要做到清晰，除了选用符合文章的格式外，还应该注意文章的整体排版，包括标题、大小写、字符字体、页边距、标点符号的规范等。

（二）言简意赅

商务礼仪文书的篇幅一般都不长，所以，在充分表达自己想要表达的意思的基础上，一定要简洁。可以通过建立思维路标、提炼关键词的方法，字斟句酌，把不太重要的事项删除，把琐碎的、没有太大价值的文字精简掉。真正做到有话则短、无话则免，体现雷厉风行的工作作风。

（三）诚恳礼貌

所谓商务礼仪文书，“礼仪”二字是其核心，与人交往，以诚相待是首要原则，所以体现礼节的关键是诚意。实事求是可以体现诚意，换位思考可以体现诚意，一视同仁可以体现诚意，平等相待可以体现诚意。因此，在商务礼仪文书中，无论是称谓、敬语、道谢，还是致歉、认错，态度都应该诚恳，措辞要礼貌。

二、各种文书礼仪

（一）邀请信礼仪

邀请信，也叫邀请函，是企事业单位与其他社会团体举办重要活动、召开重要会议或举行重要仪式时，邀请上级领导、协作单位和有关人士参加所用的信函。参加庆典、宴会等活动的邀请信也称请柬或请帖。

邀请信的格式是标题+称谓+正文+落款+日期。

（1）标题。标题由事由+文种构成，如“2021 年中国国际人才交流洽谈会邀请信”，事由是“2021 年中国国际人才交流洽谈会”，文种是“邀请信”。

（2）称谓。一般在标题下一行顶格书写被邀请者的姓名或单位名称。姓名后应加上职务、职称或“先生”“女士”等相应的称谓。

（3）正文。邀请信的正文也有一定的格式，通常是问候语+主体内容+敬请语。问候语是邀请信正文开头的内容，如“你好”“您好”等；主体内容包括邀请的事由、活动的地点与时间、活动流程和提出邀请；敬请语是信件结束后，在正文下第一行左空两格的内容，如“敬请光临”“欢迎指导”等。

（4）落款。在邀请信的末尾右下方适当位置写上邀请单位名称或邀请者的个人姓名。

（5）日期。在落款下面写上发出邀请的具体年、月、日。

邀请信通常要根据举办活动的性质和规模而定，如邀请的人较多，应印发请柬；若邀请对方参加重要的会议或商务活动，则应发邀请信。邀请信要注意交代清楚邀请的缘由、会议或活动的具体时间、地点、内容，告知对方活动的安排，让被邀者心中有底，并为活动准备合适的衣着。

邀请信的措辞应当简约、典雅、礼貌，语气要诚恳、热情，令对方感到愉悦，较为重要的邀请信，宜工整地书写，而非打印，以表示郑重和诚意。

（二）感谢信礼仪

感谢信是公司、机关、企事业单位、社会团体和个人，对帮助和支持自己工作的单位或个人表示感谢的信函。信函的作者一般是受助者本人或受助方的单位，目的在于感谢对方的关爱和帮助，肯定对方的事迹，从而表达自己的感谢和敬意。

感谢信的内容通常充满了热情洋溢的感激之情，既能使被感谢方受到鼓舞和鞭策，又能使感谢方受到教育和鼓励，对社会及他人也有一定的感染力和号召力。因此，感谢信中提及的对象要真实，姓名和单位都必须是真实存在的，叙述的事情要完整、客观，包括详细的时间、地点、经过和结果。

感谢信的格式是标题+称谓+正文+结尾+落款。

（1）标题。在信件的第一行居中写上“感谢信”或“致某某的感谢信”。

（2）称谓。称谓既可以是单位名称，也可以是感谢对象的个人姓名和称呼。

（3）正文。正文一般包括人物、事件、时间、地点、原因、结果，重点叙述对方关心、支持、帮助的态度和决心。

（4）结尾。结尾应使用表示敬意、感谢的话，如“致以最诚挚的敬意”“致以最衷心的感谢”等。

（5）落款。落款在结尾的右下方署上写信的单位名称或个人姓名，下一行写上年、月、日。

感谢信的措辞应当遵循以下三个原则：

一是语言准确，表达清楚。要把感谢的人物、事件，准确、精练地叙述清楚，让对方具体知晓。

二是热情中肯，评价适当。通篇内容应当富有饱满的热情，字里行间透露着感激之情，突出其深远意义。但评价要实事求是，让人信服。

三是自然朴实，符合身份。表示感谢的话要合乎双方的身份、年龄、职业和境遇，表达谢意的行动要切合实际，言之有物，言之可信。

（三）慰问信礼仪

慰问信是指专门用来安慰、问候、鼓励对方，并表示亲切关怀的书信。通常慰问信是在对方已取得成就、荣誉、做出贡献或庆贺重大节日时使用，也可用于在对方遭到灾害、困难，遭受意外损失时。慰问信能充分体现组织的温暖、合作伙伴和亲友之间的深厚情谊，给人以情感的慰藉、心灵的鼓舞、克服困难的勇气和提振奋进的信心。

慰问信的格式是标题+称谓+正文+结语+落款。

（1）标题。标题应在第一行居中的位置，一般是“慰问信”或“某某致某某的慰问信”。

（2）称谓。称谓应在标题下一行左边顶格写被慰问者的单位名称或个人姓名。如果是写给个人的，则在姓名之后加“同志”“女士”“先生”或职务、职称等称呼。

（3）正文。正文包括开头、主体和结尾三部分。开头一般交代慰问的背景、缘由及表示问候的话语。主体应根据事情和慰问对象不同有所区别。若是写给灾区人民的慰问信，要写明灾害发生后写信者一方的同情和支援活动，并赞扬对方与灾害作斗争的精神，鼓励他们勇敢战胜困难；若是写给做出贡献的集体或个人的慰问信，则要赞扬对方做出的杰出贡献和无私奉献的精神。结尾则要表示共同的愿望和决心。

（4）结语。结语可写上祝福的话语。如“祝你们能够共渡难关，重拾生活的信心”或“愿你们百尺竿头更进一步”等。

（5）落款。落款由署名和日期构成，在慰问信右下方署上单位名称或个人姓名，署名的下一行写上具体的年、月、日。

慰问信一般要求语言简洁，篇幅精短。语气要亲切、热情、诚恳，在热情赞颂对方的高贵品质和可敬风格的同时，也要殷切地提出希冀，鼓励他们继续奋斗，表示对对方的深切关怀，体现写信者与收信者之间深厚的情谊。

慰问信一般是直接寄给对方，也可以通过新闻媒体进行传播。

（四）祝贺信礼仪

祝贺信，也被称作贺电。祝贺信是表示祝贺、赞颂的函文，通常用于领导机关、企事业单位或个人对取得非凡成绩、做出卓越贡献的集体或个人表示祝贺。对国际、国内发生的重大喜事，对一些重要会议、节日、婚礼、寿诞表示祝贺也属祝贺信的范畴。

祝贺信的特点包括：一是要热情洋溢，重在传达祝贺之喜，通过祝贺他人来表达由衷的赞颂和祝愿，以此来增强沟通了解，加深彼此友谊，促进团结合作；二是要格式规范，通过采用书信投递或发送电文的方式达到祝贺的目的；三是要语言热烈真挚，文字简约，篇幅精短，因为庆贺者无法当面宣读，所以要让受贺者收后阅读时如见其人。

祝贺词的格式是标题+称谓+正文+落款。

（1）标题。祝贺信的标题分为几种，有只写“祝贺信”“贺电”的，也有写“给某某单位的祝贺信”的。标题应居第一行的正中间。

（2）称谓。称谓在标题下一行左边顶格书写接受祝贺信的单位名称或个人姓名。

（3）正文。正文包括开头、主体和结尾。开头一般用简练的语言写出祝贺理由，表示道贺。常用“值此××之际，谨代表某某向某某表示热烈祝贺”之类。主体要根据对象不同，内容和措辞也相应有所区别。若是祝贺对方取得卓越成绩，主体内容中就要充分肯定和热情赞扬对方所取得的成绩和意义，并提出希望或勉励；若是祝贺会议胜利召开，则主体内容中要侧重说明会议召开的重要意义和深远影响；若是祝贺项目顺利开工，则主体内容应侧重说明开工项目的内容、意义、期待。结尾应写祝愿或鼓励的话语。

（4）落款。落款由祝贺者的单位名称或个人姓名及发信的年、月、日构成。

祝贺信通常带有强烈的感情色彩，感情真挚饱满，措辞热情洋溢，给人以振奋、鼓舞、褒扬之感。既要客观公正地肯定对方的成绩，不能说过头，浮夸老套，让人觉得是敷衍，又要简洁精练，不能词不达意。

（五）祝词礼仪

祝词，常见于重大节日、重要会议或庆典、宴请招待等大型集会性场合。祝词一般是通过口头传达，或是直接在现场宣读已撰写好的文稿，是表示良好祝愿的一种文体。

祝词的种类繁多，能用于各种不同的场合，其常见的文体包括：

一是祝事，多用于祝贺会议开幕、重大工程开工典礼、商业活动的剪彩仪式等，也可用于外交活动和邻国友好往来中，主要是祝愿对方事业成功，双方友谊与日俱增。

二是祝寿，多用于祝贺老人寿诞。在祝词中祝愿老人健康长寿，赞颂他已取得的功绩。

三是祝酒，多用于喜庆佳节、庆典招待贵宾的场合。

但不论何种事、何种场合的祝词，其格式通常都是标题+称谓+正文。

（1）标题。在第一行居中的位置写上祝词的标题，通常是直接写“祝词”或写出具体的祝贺内容，如“某某八十寿诞祝词”。

（2）称谓。称谓在标题之下第一行顶格书写，写清接受祝贺的对象姓名及身份，以表示对对方的敬意。

（3）正文。正文由开头、主体、结尾构成。开头要写明祝贺的缘由以及致辞者的身份，表示尊敬和感谢；主体要根据不同的祝贺内容而定，有会议性的祝词，有庆贺性的祝词，有祝寿的贺词。结尾要表示衷心的祝愿，也可以表示鼓励和希望。

祝词要带有真挚的感情，表达对对方良好的祝愿。赞颂对方要发自肺腑，不可敷衍了事。祝词一般用词精准，对祝贺者的成绩陈述要精练、概括，既不能夸大其词，也不能故意贬低。语言要求精短，篇幅不宜过长，要言简意赅，避免冗长、啰唆。

（六）欢迎词、欢送词、答谢词礼仪

欢迎词是在迎接宾客的仪式上或开会、举办宴会开始时，主人对宾客或代表的到来表示热烈欢迎的讲话词。

欢送词是对来宾离别或会议结束、学生毕业、援助结束、文艺演出下乡结束等在送别仪式上表示欢送的致辞。

答谢词是在喜庆宴会、欢迎或欢送会上表示感谢，或对曾经帮助过自己的有关单位表示感谢的致辞。答谢词分为两类：一类是交往活动开始时，先由主人致欢迎词，然后由客人致答谢词；另一类是在交往活动结束后，客人对主人的盛情款待与安排表示感谢，具有辞别的意思。

这三种文书的格式都是标题+称呼+正文+结尾。

（1）标题。标题一般由致辞人、致辞场合和文种构成，欢迎词如“某某市长在什么会议开幕式的欢迎词”，欢送词如“热烈欢送外国友人回国的致辞”。

（2）称呼。称呼要写明欢迎、欢送或答谢对象的称呼，后面用冒号。

（3）正文。欢迎词的正文开头要写清致辞人是以什么身份、代表谁、对谁表示欢迎，写明此次活动的意义和作用，说明两个单位之间的友谊和交往。欢送词的正文则要表达真挚和热情的欢送之意，叙述贵宾的成绩和贡献，并再次表达惜别之情等。

（4）结尾。欢迎词的结尾要写祝愿宾客来访或活动取得圆满成功。欢送词要写对宾客再次来访的期盼，并祝福对方一路顺风等。

这三类文书的特点大同小异，开头的称谓要求较为严谨，必须准确无误，还要表示对对方的尊敬，赞誉要恰到好处。欢迎词措辞要热情大方，不卑不亢，一方面要使对方感到亲切、友好；另一方面要坚持立场，坚定原则，不能过分迁就让步，要讲究方法，委婉友好地表达出自己的原则。欢送词要求语气诚恳、自然、慎重、得体，内容要因人而异，不可千篇一律。答谢词既要对双方的交往合作表示满意和赞赏，也要充分表示对未来的美好期盼和祝愿，尤其是辞别时的答谢词要带有依依不舍的惜别之情。

（七）请柬礼仪

请柬，也称请帖，是团体组织或个人邀请对方出席活动而发出的信柬。在日常交际活动中，邀请参加庆典、商务聚会、观赏等活动均可向对方送去请柬。请柬分封面、封里两部分。封面上多用红底烫金字写上“请柬”或“请帖”二字。封里才是活动的具体时间、地点等内容。

请柬的格式是称呼+正文+结尾+落款。

（1）称呼。称呼在第一行顶格书写被邀请人的姓名及称谓，后加冒号。

（2）正文。正文要另起一行空两格书写，写明邀请的缘由、出席活动的具体时间和地址等有关内容。

（3）结尾。在正文之后，写上“敬请光临”等礼貌用语。

（4）落款。在结尾语的下一行右下方写上邀请者的单位名称或个人姓名，再下一行写上请柬发出的年、月、日。

请柬的措辞要力求准确、简洁、文雅、庄重，除讲究一般的礼节之外，还要体现出邀请者的诚意，对邀请活动的时间、地点要详细具体，如有必要，还应详细告知路线图或者衣着上的要求、是否携带配偶等。

（八）聘书礼仪

聘书，也称聘请书，多见于单位在工作、学习、研究活动中，聘请外单位的人员担任本单位的某个职务或承担某项工作时使用的文书。国内许多单位都是使用聘任制，聘请本单位的人员担任某个职务时也可使用聘书。

聘书的格式是标题+称呼+正文+结尾+落款。

（1）标题。标题一般是“聘书”或“聘任书”等。

（2）称呼。称呼写上被聘请者的姓名，姓名后要加上“先生”“女士”或职务、职位等称谓。

（3）正文。正文要写清聘请的缘由、目的、聘期，再写上请被聘请者担任的职务或承担的任务。

（4）结尾。结尾通常是另起一行写上“此聘”，也有不需要结尾的。

（5）落款。落款在正文的右下方，写上聘请单位的全称，加盖公章，并写明年、月、日。

聘书是代表用人单位对应聘者进行邀请的凭证，因此，其措辞要讲究礼貌，态度要热忱，不可居高临下、盛气凌人。它是用人单位与被聘人双方充分协商的成果。

第五节　出行礼仪

出行礼仪，是指人们出行时应该遵守的行为规范，是人们在生活中应当具备的基本素质之一。商务活动中，外出学习考察、谈判会见、营销签约是经常性的，有的企业家往往因为出差的频率高而被人称为“空中飞人”。在熟悉的人面前要表现成功人士的得体形象往往容易做到，可出行时的礼仪礼貌却常常被人忽视。所以，近些年来，我们经常会从电视新闻或网络中看到诸如“某某在飞机上与他人大打出手”“某某在文物上刻上‘到此一游’”等报道或视频。做一个文明的出行人，不仅能够体现个人的素质，更能够体现社会的风貌，甚至民族和国家的形象。

一、行路礼仪

出行时每个公民都应遵守交通规则。过马路，要走人行横道，不乱穿马路，不翻越栏杆。红灯停、绿灯行、黄灯等一等、行人靠右等交通规则要牢记心中。

不要边走路，边接打电话、刷微信、抽烟或吃东西。不可随地吐痰，有痰时要吐在面巾纸上再扔进垃圾桶内，不乱扔果皮、纸屑等杂物。爱护公共设施，不弄脏、弄坏报栏、座椅、电话亭等公物，不翻越护栏，不践踏草坪、攀折树木、采摘花卉，不信手涂鸦。

遇到老人、小孩和行动不便的人要礼让，在人多的地方不要拥挤，依次而过。不小心碰到了别人要及时说声“对不起”，别人碰了自己或踩了自己，不要过分计较，更不可恶语相向，应大度地对待别人的道歉。如果对方毫不知情，且多次妨碍自己，可以委婉地提醒对方“请您注意一下好吗”，不可大声争吵。

在人行道上行走时，自觉让出盲道。行进时与身边的人保持适当的距离，不可过近挨着陌生人，否则会让他人感觉不自在。行进的速度不要太慢，以免阻挡后面的人。需要停下打电话或聊天时，应自觉站到不影响他人的位置。两人或多人行走时，不携手并肩，不嬉笑打闹，以免影响他人通行。

在路上遇到突发事件，或遇别人发生矛盾，不要围观起哄，能为他人解决矛盾时应尽力主持公道，如果自己无能为力则要快速离开或请求援助。

在路上遇到熟人时，应礼貌地主动打招呼，问候对方，不能视而不见，也不要在马路上高声叫喊远处的熟人。

问路时态度要诚恳，使用礼貌用语，如“您好”“请问”，无论对方能否为你指路，都要感谢对方。如果遇到别人问路，要热心回答，不能置之不理、冷漠对待。假如自己也不知道，则要向对方说明，请其转问他人，并表示歉意。

二、行车礼仪

“宁停三分，不抢一秒”“一慢二看三通过”等行车警语，从小就在上学路上天天冲击我们的眼球，但那时的感觉并不明显，因为会开车的人并不多。现在私家车进入了寻常百姓家，开车时更要注意行车的礼仪，除了要认真遵守经常提到的一些交通法规外，特别要强调的是：

（1）开车要系好安全带，会车要变换车灯。

（2）女性不要穿高跟鞋或有防水台的鞋开车，否则，脚部的感觉会很迟钝。

（3）不要对车内过度装饰，又是香水瓶，又是各种挂件和车贴，这些干扰视线，带来安全隐患。

（4）带婴幼儿行车时，不要让他们坐在副驾驶位置，坐后排时也要使用儿童安全座椅。

（5）过斑马线时要礼让行人。下雨天开车，旁边有行人时，要减速慢行，不要把水溅到行人身上。

（6）开车时不要接打电话，不要把车内音响开得太大，更不要向车外抛洒垃圾。遇上会车，要相互礼让。常常看到一些司机为了先过路口而赌气将车停在路中间，令人瞠目。

（7）高速公路行车一定不要占用应急车道，应急车道是救援通道，是生命通道。

三、乘电梯礼仪

（一）乘直升梯礼仪

等候电梯时，应自觉排队并站立两侧，不可堵在电梯门口影响电梯里的人出电梯。

电梯门打开后，应让里面的人先出来，再有秩序地进入电梯。尽量让孕妇、老人、孩子和行动不便的人先进去，不可一拥而上。如果先进入了电梯，应尽量往里站，挪出空间，让后进入电梯的人有地方站。

电梯即将关门时，不要扒门。电梯超载时不要强行挤入，自己靠近门口时要主动退出。如果携带较多物品，则应注意不妨碍其他人。

进入电梯后，应面朝电梯口，可以看电梯门或显示的楼层数字，不要四处张望或盯着某一个人看，避免发生与陌生人脸对脸的尴尬。在电梯中不吃东西，不喝饮料，不大声接打电话，不丢垃圾，不在电梯内蹦跳。即使电梯内装有可以充当镜子的材料，也不要在电梯内整理仪容，无论身边是否有人。

站在电梯楼层按钮旁边时应做好电梯开关的服务工作，可以主动询问其他人要到达的楼层，并代为按按钮。如果你的位置远离电梯按钮，可有礼貌地请按钮旁边的人代劳，不建议自行伸长手臂越过人群去按按钮。别人代劳按了按钮后要表示感谢。按按钮时动作要轻缓。

快到自己所去的楼层时，应提前等候在靠近电梯门的地方，不要等电梯到达时才匆匆挤出人群。出电梯时应遵守秩序，由外而内依次走出电梯，不要争抢。

乘电梯过程中如发生事故，不要惊慌失措，应马上拨打检修电话，耐心等候，不可冒险扒门而出。

陪同客人或长辈乘坐电梯时，先按电梯按钮，电梯门打开后，如果里面有电梯服务人员，则请客人和长辈先进入电梯；如果里面没有电梯服务人员，则自己要先进入电梯，一只手按住电梯“开”的按钮，另一只手按住电梯门，口中礼貌地说“请进”，请客人或长辈安全进入电梯。出电梯时，如果有专门的电梯服务人员，则自己先于客人出电梯，在电梯外指引方向；如果没有专门的电梯服务人员，则自己在内先按住电梯的开门键，让客人先出电梯后自己迅速出电梯并指引方向。

如遇火警，千万不要再乘直升电梯。

（二）乘自动扶梯礼仪

（1）应靠右站立，让出左侧通道，方便有急事的人通过。

（2）手要扶住电梯扶手，以免发生危险。

（3）主动照顾同行的老人、小孩和行动不方便的人。

（4）有急事走急行通道时要确保安全，并向主动为自己让路的人致谢。

（5）不可逆行。

四、乘坐交通工具礼仪

（一）乘坐汽车礼仪

1. 乘坐轿车礼仪

入座时要大方端庄，从容稳重。打开车门后，转身背对车门，先轻轻坐下，将头和身体移入车内，再将双脚轻轻触碰一下，意为将脚底的灰尘抖落，然后双脚并拢收入车内，坐好后可稍稍调整坐姿。如果女士穿裙子，则在坐下之前先把裙子理好，坐下后再将双腿收入车内。女性穿低胸的衣服时，建议披一条丝巾，也可以用手轻按胸前，并尽量保持身体正直。

下车时，先打开车门，转身面对车门，同时将双脚慢慢移出车门。女士仍要注意双脚并拢同时移出车门，双脚落地踩稳后，再将身体移出车外。

雨雪天气时，上车之前要把雨具收好并用袋子装好，把身上的雨雪拍打干净。鞋子上如果有泥，要擦干净再上车。不在车上吸烟、吃零食、喝饮料，以免弄脏车内。不携带有异味的物品上车。不往车外扔东西、吐痰，不在车上脱鞋袜。

如果是主人驾驶车辆，主人应后上车先下车，以便照顾客人上下车。

如果是由司机驾驶车辆，坐在前排者应后上车、先下车，以便照顾坐在后排者。同坐在后排的人，应请尊者、长辈、女士先从右侧车门上车，自己再从车后绕到左侧车门上车。下车时，自己先从左侧车门下车，再从车后绕过来帮助尊者下车。

为了上下车方便，坐在折叠座位上的人应最后上车，最先下车。

乘坐多排轿车时，通常以距离车门远近为序，上车时距车门远的人先上车，其他人依据由远而近的顺序上车，下车时相反。

2. 乘坐公共汽车礼仪

排队候车，先下后上，不要推拉、挤撞他人，遇到老、弱、病、残、孕等行动不便的乘客要让其先上车。上车后尽量往车厢里面走，不要堵在车门口，以免影响他人上车。到站前，要提前向车门移动，要向主动为自己让路的乘客说声“谢谢”，等车停稳后有秩序地下车。

尊老爱幼，不抢占座位，遇到老人、残疾人、孕妇及怀抱儿童的乘客要主动让座。如果自己是站着的，也要把有扶手的空间或空间大的地方让出来，不能熟视无睹。当他人为自己让座时，要表示感谢。

在公共汽车上磕磕碰碰是难免的，不要斤斤计较，应互相谦让。如果不小心碰到了别人，要马上道歉，请别人原谅。如果别人碰到了自己，则要待人宽容，不要不依不饶。

上车后把物品安放到位，不要把自己的行李物品放在旁边的空座上。车上设有老、弱、病、残、孕专座，不属于这类群体时不应坐在这些有明显标志的座位上。

不随意吃东西，不吸烟，不吐痰，不乱丢果皮、纸屑，更不要随手将垃圾扔出车外。不携带危险物品上车，不带宠物上车。在车上保持安静，带着孩子时不可让他们在车上玩闹。在车上遇到熟人时点头示意即可，不必挤过去交谈。

（二）乘坐火车礼仪

候车时保持候车室内安静，不大声说话、接听电话，不旁若无人地聊天和嬉闹。

自觉维护候车室卫生，不随地吐痰，不随地丢弃吃剩的食物，用过的纸巾、喝光的饮料瓶应放入垃圾桶内。

在候车室休息时，一人一座，不可一人占多座，更不要躺在座椅上睡觉。

检票时有秩序地排队，不要拥挤。

进入车厢后，对号入座，如果身边有老、弱、病、残、孕的乘客，要学会礼让。如果你是上铺，不要长时间坐在下铺上；如果你是下铺，则不要冷漠地对待坐在下铺上的乘客。

在车厢内，不要随意脱鞋袜。休息时不要东倒西歪，或把脚搁到对面的座位上。

到了车厢内熄灯的时间，谈话时应小声，不要影响其他乘客休息。

（三）乘坐高铁礼仪

高铁开车前 5 分钟停止检票，而且高铁的安检、实名制车票的核验都需要时间，所以要提前到达高铁站，为乘车预留出充分的时间。万一错过了乘车时间，可迅速到改退票窗口改签。

进站安检时应自觉排队，按顺序将行李物品放在安检仪上，安检后请认准自己的物品，防止遗忘、错拿、丢失或被盗。

要注意保管好自己的物品，最好把行李物品放在自己的视线之内。列车中途停车时，要注意检视自己的物品，谨防被其他乘客拿错或被人故意拿走。

高铁列车在各经停站一般只停车一两分钟，乘客上下车的时间很短，不要下车去休息、抽烟，以免耽误行程。

高铁列车属于全封闭式车厢，全列车禁止吸烟，即使在车厢连接处或洗手间内吸烟，列车监控系统都会自动报警，所以不要在车厢内吸烟。高铁车厢与车厢的连接处设有放置大件行李的地方，上车后可将大件行李放于此处，不要带进过道妨碍他人通行。也不要把雨伞、玻璃器皿等物品放到行李架上，以免掉落伤人。

（四）乘坐地铁礼仪

乘坐地铁应按照标志的提示排队。在站台候车时，请站在两侧的箭头内侧指示区，中间的箭头指示区留给下车的乘客，这样井然有序，更能节约时间。应该让下车的旅客先下来，上车的乘客再依次排队上车。上下班高峰期，乘客很多，通道窄的地方，切不可故意拥挤，一定要按顺序行走，否则，很容易发生危险。

车门的警示铃响起时如果还没上车，则应耐心等候下一趟，而不要不顾一切地往车上挤。如果真的赶时间，最好的办法就是提早出门。

因为地铁的空间比较狭小，所以禁止在车厢内饮食。乘地铁时，坐姿要规范，不可把脚伸到过道，影响他人通过。落座时，一定要注意坐姿的规范，尤其是女性，两腿要收拢、并紧，如果裙子太短，可以把手袋放在腿上稍作遮挡，“走光”是很失礼的。

乘坐地铁不能旁若无人地随意脱鞋袜，不能把垃圾丢在车厢内，不可一人占多席，更不可随意躺在座位上，也不要大声接打电话。

女性不要在地铁内当众化妆，情侣应避免在车厢里当众拥吻。

（五）乘坐飞机礼仪

飞机是目前世界上最快捷的交通工具，速度快、舒适、安全等特点也使其成了众多商务人士出行的首选。但由于空中旅行与地面旅行有诸多差异，因此，掌握一定的乘机礼仪是必不可少的。

乘坐飞机要提前到达机场，国内航班至少提前 1 个小时到达，国际航班则至少提前 2 个小时到达，以留出充裕的时间托运行李、换登机牌及过安检等。

一旦拿了登机牌，要按时登机。如果你不按时登机，可能导致整个飞机不能按时起飞，因为你一旦领了登机牌，就意味着行李可能已经托运，而你又没登机，就需要把所有的行李都清理出来，确认你的行李，看看是否有危险物品，这样会延误飞机上所有乘客的行程。

在候机大厅内要照看好自己的行李。如果用行李车来运送行李，不要把行李车停放在通道上影响他人。

遇上飞机晚点，应听从机场的调度，耐心等候，不要大声吵嚷，更不要与机场工作人员发生争执，甚至做出一些过激的行为。

进出舱门时，都有乘务人员站在舱门口迎送顾客，他们热情、微笑向你问好时，作为乘客，也应点头致意或者问好。

登机后，根据飞机座位上的标示对号入座。

飞机起飞前，应认真听乘务员讲解、示范降落伞和氧气面罩等的使用方法，以便出现意外时使用。听从飞机上广播的提醒，起飞时系好安全带，收起小桌板，打开遮光板，关闭通信工具、便携式计算机等电子设备。遵守“请勿吸烟”的规定。

飞机起飞后可看书看报，也可与同座交谈，但声音不要过大，不要隔着座位和同行的人聊天。

飞机上不宜讨论有关劫机、坠机、撞机等不幸的事件，也不要对于飞机的性能信口开河，这样会对其他乘客的心理造成恐慌。

飞机上的座椅可以调整靠背的角度，便于乘客休息，但调整靠背时要考虑到后面的乘客，不要突然放下座椅靠背，或者突然恢复原位置，以免惊扰到他人。不要坐下后随意脱鞋，以免污染机舱内的空气。

尊重乘务员的劳动，他们的工作非常重要，不要把他们当成保姆随意使唤。如果对他们的服务有意见，可以下飞机以后投诉，而不是在飞机上大吵大闹。

因为飞机上的卫生间是男女共用的，因此一定要保持卫生间的清洁，女性不要长期占着卫生间在里面补妆。不要在供应饮食的时候到卫生间去，因为餐车在通道中间，乘客是无法通过的。

要将垃圾集中放进座位前的垃圾袋内，不要随意丢弃。

下飞机前要把飞机上的物品如耳机、毛毯等整理好，以减轻乘务员的劳动强度。

飞机着陆后，不要急于开启手机，不要马上站起来去拿行李。要等信号灯熄灭以后，再解开安全带，带好随身物品，依次走出机舱。出舱门时，不要忘了向乘务员道谢。

五、入住宾馆礼仪

商务人士经常要出差或者旅行，不论哪种，都会入住宾馆或酒店。宾馆不仅仅为人提供歇脚、住宿，还是出门在外娱乐、购物、用餐、开会办公的绝佳场所，现代化的商务宾馆会同时拥有公寓、写字楼、会议厅、展览厅、商务中心、商场、餐厅、酒吧、歌厅、舞厅、健身泳池等设施设备，并以此向社会提供全方位的服务。因此，入住宾馆要懂得相应的礼仪，给自己和他人营造舒适的环境。

（一）入住前礼仪

要入住宾馆时，最好提前电话预约，告知服务员准备哪天入住，需要何种类型的房间，申请住房人的姓名，并询问清楚房价。如果实际入住时间比预订时间要晚很多，为避免预订被取消，要尽快电话通知宾馆前台。如果要取消房间，礼貌的做法也是及时电话通知前台取消，并表示歉意。

登记时要准备好所需证件。如有预订，同时告诉工作人员相关信息。如果客人比较多，则耐心排队等候，不要焦躁地催促、埋怨宾馆前台接待人员，或者在大厅大声喧哗。

（二）入住后礼仪

入住宾馆后，首先要熟悉的就是房间门后的消防逃生路线图，知道房间的位置和逃生楼梯，查看消防器材的存放位置，检查窗户和门锁是否完好。

要严格遵守宾馆的规定，到房间后仔细阅读宾馆的各项介绍，在享受宾馆服务的同时也要遵守宾馆的规章制度。

高档宾馆通常都会提供比较全面的服务，可以认真阅读房内的宾馆服务指南，了解宾馆提供的有关服务项目、服务内容和联系电话。如果有事可找楼层服务员、前台或大堂经理解决。

对所有的工作人员都要以礼相待，无论在电梯，还是在餐厅，或是在大厅，在接受工作人员提供的各项服务时，要学会尊重、体谅他们，对他们周到的服务表示诚挚的谢意。如果有些地方服务不是很到位，也要尽量包容，可以提建议，但不可语出伤人。

客房也属于公共资源，因此，在客房内不要随地吐痰，不要在宾馆的墙壁上乱涂乱画，不要随意破坏宾馆内的家具设施，更不应该拿床罩或被单擦鞋、抹脏物。用完厕所之后要及时清理干净。

入住同一家宾馆多天，尽量不要服务员每天更换床上用品，这既可减轻服务员的劳动，又可力行环保节约，而且完全没有必要。

宾馆既是休息的地方，也是商务人士临时办公的地方。在客房内，着装可随意点，但如果约好客人来宾馆或房间洽谈业务，则要注重仪表和职业形象，要整理好房间，还要遵守待客礼仪和日常礼仪，为客人准备好茶水等。在宾馆的大厅、走廊、餐厅等公共场所，不要表现得过于随便，不能穿着拖鞋、睡衣出现在这些场合，也不要大声说话和吵闹，以免影响其他客人。

如果是双人间或多人间，应注意出门时随手将门关上，不要在房间里喧哗，以免影响别人休息。休息时，最好在门口挂上“请勿打扰”的标志牌或按开“请勿打扰”的标志灯。去别人的房间找人时，应先敲门，经主人许可后方可进入，不要擅自闯入。

出门时尽量随身携带贵重物品，不要遗留在房间内，比如数码设备、文件、金钱、证件等。

（三）离店的礼仪

提前电话告知宾馆前台退房，感谢他们的周到服务。

如果房间物品有损坏，要主动告知宾馆，如需赔偿，也要勇于承担。

洗发膏、牙刷、肥皂等免费一次性用品可以带走，但是有些物品是有偿使用的，如果盲目带走，结账时会令你非常尴尬。

六、旅行礼仪

随着生活水平的提高，外出旅游变成了人们生活中很平常的事情。假期陪父母、带孩子、携好友外出旅游，欣赏祖国大好河山的同时，放松了心情，增进了感情，不亦乐乎。而作为商务人士，常常会到全国各地考察市场，推介产品，寻求合作，工作之余也会去当地的风景名胜看看。随着近些年媒体曝光的诸多旅游景点出现的不文明行为，如在文物上刻“某某到此一游”、让小孩随地大小便、不按规定排队而乱插乱挤等，人们越来越感受到做一个文明的旅行者是彰显中国人素质的重要窗口。那么，作为商务人士，公私兼顾的旅行到底应该注意哪些细节呢?

(一) 带好出行物品

由于商务旅行带有工作性质，因此，商务人士除了准备一些随身携带的旅行物品外，如证件、衣物、洗漱用品等，还应带上简单的工作用品。这些物品看似可有可无，但是对于商务人士来说，在关键时候也许能派上用场，以便抓住商机。

1. 业务资料

业务资料是商务人士自我展现的必需品。在通常情况下，顾客是通过销售人员对商品的展示来认识和了解商品的，因此，展示直观的实物和资料，能极大地吸引顾客的兴趣，也能达到事半功倍的效果。

(1) 样品。样品就是指商品的实物，给客户示范、试用的产品，以吸引顾客。

(2) 商品说明书。商品的文字、图片等说明材料，让客户对商品有更详尽的知晓。

(3) 商品详细表。印有本公司所出售商品的价格、种类、简介，还可以包括其他公司同类产品的价格比对等。

(4) 资格证书。正规资格鉴定书、权威机构的评价、权威报纸上的宣传、用户的满意评价等。

(5) 合同。随时准备同客户签订成交合约。

对于一名合格而又细心的商务人员来说，应当准备齐全上述业务材料出行，这样，对旅行中遇见的客户提出的一些问题能够给予及时的较为满意的答复，这就是商机，这就是效率。当然，随着信息化时代的到来、手机微信的普及，也可以把很多信息储存在手机中随时调阅，但准备实物材料还是必需的，因为有些人更喜欢看纸质的文档。

2. 办公用品

商务人士在处理公务时，会使用到一些常用的办公用品，包括公文夹、名片、签字笔、计算器等。这些物品在商务活动中不仅能够发挥实用性的作用，还能起到一定的装饰作用，能直接或间接美化商务形象，展现细致、严谨、认真的工作作风，体现商务人士较高的业务素质和可信度，因而旅行时最好带上这些物品。

(二) 制定旅行计划

在商务活动中，有些是为了洽谈生意，有些是为了出席或庆贺新公司开业，有些是为了处理客户纠纷，因此，出差旅行的时间有不确定性。

不论是长期旅行还是短期旅行，也不论是长途旅行还是短途旅行，都应该做好旅行的计划，包括日程安排，预订车、机票和宾馆，预支差旅费等。对于出差过程中的每项日程，应当如放电影一般，熟练地出现在脑海中，这样才能做到有备无患，让周密的计划不打折扣地完成和落实，既有助于提高工作效率，也能够节约成本。

(三) 文明出行行为

1. 爱护公共设施

无论是大型的公共建筑、文物古迹，还是一草一木、一砖一瓦，都要珍惜、爱护。维护墙壁的干净、整洁，不在建筑物上乱写乱画、签名刻字，更不可因为喜欢或认为有收藏价值而将物品占为己有。

2. 保护环境卫生

游览时要备好垃圾袋，不要把果皮纸屑或其他杂物垃圾随手扔在地上，外出野餐或者野炊结束时，要把所有的垃圾处理干净后再离开，带小孩的家长更不可让小孩随地大小便。营造舒适整洁的旅游环境，既能愉悦自己的心情，又能减轻工作人员的负担。

3. 遵守公共秩序

当游客较多时，有些景点会限制人数出入，此时一定要耐心排队等候，听从景点工作人员的安排，不能扰乱秩序、前拥后挤、私自插队。

4. 不得使用明火

很多地方都有明显的禁烟标志，有的景点严禁野炊、烧烤，因为使用明火可能导致火灾，应该自觉遵守规定。在一些人流量大的旅游景点抽烟是对周围人不礼貌和不负责任的行为。

5. 照相要守规矩

拍照时若有人妨碍镜头，应礼貌地请其让一让，或等其走开之后再拍照。如果要穿过别人的拍照地点，应先示意或耐心等其拍照之后再通过。不要骑在景点的建筑物上、雕塑或者树木上照相。不允许拍照的地方，不要强行拍照，也不要偷拍。

6. 尊重当地习俗

在少数民族地区旅游时，要尊重他们的传统习俗和生活中的禁忌，不要因为语言上或行动上的不慎而触犯了当地的禁忌。

第六节 案例分析

案例：在一次中英贸易洽谈会上，中英双方的贸易代表为了当时的皮革价格相持不下。会议休息期间，英国代表顺口问了我方代表一句：“以××的价格，你们可否提供10万张毛皮？”我方代表听到这个自己想要的价格就爽快地说：“没问题。”

洽谈会继续进行，我方代表以这个价格同英国签订了一个小批量的合同。这时，有其他国家也向我方提出了以稍低价格订货，但我方代表总认为世界需求量很大，价格还可以上升，所以这些国家的请求都被拒绝了。就在我方代表等着英国再来购买时，市场上却传来不利消息，那就是英国在国际市场上以较低价格大量抛售他们的存货。

英国为什么会有如此的举动？ 原来，我方代表的一句话告诉他们：“今年中国有大量的皮革出售，国际市场必然会出现供过于求的场面，货价将走低。”因此，他们故意先以高价稳住中方的供货商，然后利用中方待价而沽的机会销售自己的货物。等中方发现真相时，一切都已经晚了。

谈谈你能从上面的案例中学习到哪些礼仪要求。

本章关键词

商务活动（commercial affairs）　迎送（greeting and farewell）

仪式（ceremony）　洽谈（discuss）

出行（travel）

实训练习

1. 一个班分成两个大组，一组作为邀请方，另一组作为受邀方，两组分成若干小组，分别扮演不同身份、地位的角色，双方身份、地位基本对等，模拟迎接送别活动，掌握迎送礼仪。

2. 请以 10 个同学为一组作为主办方，分别模拟剪彩仪式、奠基仪式和开业庆典的现场，其他同学评价他们的安排和言行举止是否合乎礼仪规范。

3. 请同学介绍签字仪式的排序及流程。

4. 完成一份商务旅行计划及旅程表，模拟演示企业总经理办理旅行的相关手续，模拟演示商务人士出行前做的具体准备工作，总结商务旅行时应注意的有关事项和礼仪规范。

思考题

1. 每位同学在本章节介绍的礼仪文书中选择两种进行撰写，教师点名上台宣读，其他同学给予评价。

2. 举例说明商务洽谈中如何恰当地运用不同形式的提问。

3. 举例说明洽谈过程中听、问、答的礼仪要求。

延伸阅读

[1] 比尔·卡波达戈利. 迪士尼魔法：从童话城堡到娱乐王国的经营之道 [M]. 北京：机械工业出版社，2014.

[2] 毕淑敏. 人生终要有一场触及灵魂的旅行 [M]. 长沙：湖南文艺出版社，2014.

[3] 谢亦森. 大手笔是怎样炼成的 [M]. 武汉：长江文艺出版社，2013.

[4] 张玲英. 新编办公应用文全书 [M]. 哈尔滨：黑龙江科学技术出版社，2012.

[5] 清宫普美代. 让会议卓有成效 [M]. 北京：中国人民大学出版社,2010.

[6] 周俊玲. 商务文书写作实务 [M]. 北京：机械工业出版社，2012.

第五章
商务宴请礼仪

拓展资源

更多资源请访问爱课程网→中国大学 MOOC→现代礼仪/袁涤非→第七章餐饮礼仪。

引例

“大家都别走，等会儿我们一起吃个饭，增进一下了解。”几天前，小林和其他 4 名求职者参加某公司招聘面试，正当 4 人面试完准备离开时，人事部经理发出了饭局邀请。

饭局开始，菜不错，公司领导也很热情。5 位同学望着偌大的包间有些不知所措。小林挑了靠门的位置坐下：“这里是上菜位，今天我给大家服务啊！”上菜了，其他 4 位同学胃口似乎都很小，大都闷头吃菜，也不愿意喝酒，唯恐自己吃多了喝多了，留下不好的印象，工作没有了希望。

小林却有些“外向”，他先跟在座的每位打了个招呼，接着向大家介绍了自己。看见大家吃得很沉闷，他还给大家说了个笑话。

在小林看来，这个饭局并不是那么简单，他听说有些单位招聘公关人员，会让他们参加饭局，趁机考查他们的交际能力。他想今天这场饭局大概也是一场考验。饭后，招聘单位负责人告诉大家，刚才设的饭局也是招聘面试的一部分。惊讶写在了每个人的脸上，除了小林。人事经理表示，小林被录取了。据一位负责人透露：“第一轮面试 5 位同学水平不相上下，难以取舍。刚好临近吃饭时间了，于是就有了通过饭局进一步考查的想法，找到我们需要的人。小林在饭桌上的表现虽然稚嫩，但他正努力地调动气氛，希望打破沉闷。我们需要的正是这种意识。”

应聘者小蒋说：“没想到吃个饭，还有这么多的礼数。”现代社会需要复合型人才，包括与人沟通交际的能力。企业在招聘面试中加入交际能力的考查，或许能更加全面地了解自己未来员工到底能适应怎样的工作。

本章知识结构图

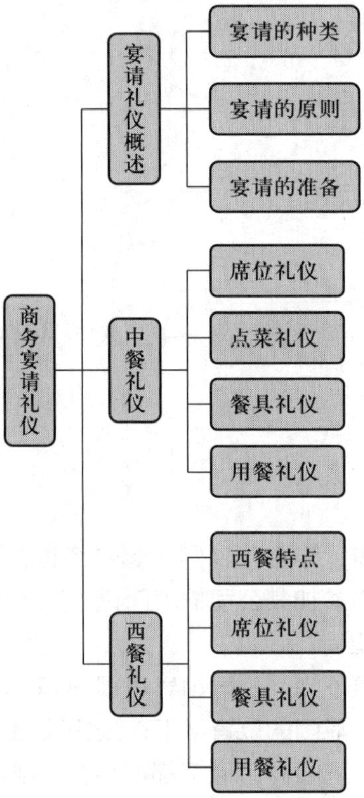

中国有一句古话“民以食为天”。可见，对于大多数中国人而言，吃饭是第一要务。随着经济的发展，宴请更是成了商务交往应酬中迎送宾客、结识新友、畅叙感情、增进交流的重要形式，发挥着无可替代的作用。所以，餐饮礼仪也成了商务人士必须懂得的常识。

第一节　宴请礼仪概述

一、宴请的种类

宴请的种类可以按形式来分，也可以按宴请的目的来分。一般根据宴请的目的、宴请的对象以及经费开支等因素来决定用哪种宴请形式。

(一) 按宴请的形式分

1. 宴会

宴会是属于较为正式而隆重的招待，是主人请宾客吃饭、喝酒，一般是正餐，出席者按主人安排的席位就座，由服务员顺次上菜。

宴会有国宴、正式宴会、便宴、家宴之分。

按举行的时间，又有早宴（早餐）、午宴、晚宴之分。

宴会的隆重程度、出席规格以及菜肴的品种与质量等要根据宴会的种类而有所不同。一般来说，晚上举行的宴会比白天举行的宴会更隆重。

(1) 国宴。国宴是国家元首或政府首脑为国家的庆典，或为外国元首、政府首脑来访而举行的正式宴会，因而规格最高，程序、安排、礼仪上都有十分严格的要求。宴会厅内悬挂国旗，安排乐队演奏国歌及席间乐，席间有致辞或祝酒词。

(2) 正式宴会。正式宴会除不挂国旗、不奏国歌以及出席规格不同外，其余安排大体与国宴相同。有时也安排乐队奏席间乐，宾主均按身份排位就座。对餐具、酒水、菜肴道数、陈设，以及服务员的装束、仪态都会有相应的要求。通常菜肴包括汤和几道热菜，中餐一般用四道，也会视用餐的人数而定，但均为双数；西餐用两三道，另有冷盘、甜食、水果。席间一般用两种酒，一种甜酒，一种烈性酒。如有条件，可设休息室，餐前可先在休息室稍事叙谈，通常上茶水、果汁等饮料。如无休息室，也可直接入席。餐后一般不再回休息室座谈，也不再上饭后酒。

(3) 便宴。便宴，即非正式宴会，常见的有午宴、晚宴，有时亦有早上举行的早宴。这类宴会形式简便，可以不排席位，不作正式讲话，菜肴道数亦可酌情，但仍需双数。便宴较随便、亲切，宜用于日常好友交往。

(4) 家宴。家宴，即在家中设便宴招待客人。西方人喜欢采用这种形式，以示亲切友好。家宴往往由主妇亲自下厨烹饪，家人共同招待，气氛很温馨、融洽。

2. 招待会

招待会是指各种不备正餐，形式较为灵活的宴请形式，通常备有食品、酒水饮料，一般都不排席位，可以自由活动。常见的有以下几种：

(1) 冷餐会。冷餐会又称自助餐，是较为通行的西式宴会，多见于大型的商务活动中。应邀者可在用餐时自行选择喜欢的食物或饮料，随意就座，可与他人一起，也可独自用餐。其主要特点在于能充分调动用餐者的主观能动性。冷餐会提供的食物以冷食为主，包括一些具有地方风味的冷菜、饮料。冷餐会规格隆重程度可高可低，举办时间一般在中午 12 时至下午 2 时、下午 5 时至 7 时。

（2）酒会。酒会又称鸡尾酒会，其形式较活泼，便于广泛接触、交谈。招待食品以酒水为主，略备小吃，不设座椅，仅置小桌或茶几，以便客人随意走动。酒会举行的时间也较灵活，中午、下午、晚上均可，请柬上往往注明整个活动延续的时间，客人可在其间任何时候到达和退席，来去自由，不受约束。

鸡尾酒是用多种酒调配成的混合饮料，酒会上不一定都用鸡尾酒，但通常用的酒类品种较多，并配以各种果汁，不用或少用烈性酒。食品多为三明治、面包、小香肠、炸春卷等各种小吃，以牙签取食。饮料和食品由服务员用托盘端送，或部分放置小桌上由宾客自取。

近年国际上举办大型活动采用酒会形式日渐普遍，庆祝各种节日、欢迎代表团访问以及各种开幕、闭幕典礼，文艺、体育招待演出前后往往举行酒会。自 1980 年起我国国庆招待会也改用酒会形式。

（3）茶会。茶会是一种简便但不失高雅的招待形式，举行的时间一般在下午 4 时左右，也有上午 10 时左右举行的。茶会的地点通常设在客厅或休息室，而不用餐厅。室内设茶几、座椅，不排席位。但如果是为某位贵宾举行的活动，入座时，有意识地将主宾同主人安排坐到一起，其他人随意就座。茶会，顾名思义是请客人品茶，因此，茶叶、茶具的选择要有所讲究，或具有地方特色，一般用陶瓷器皿，而不用玻璃杯。

3. 工作餐

工作餐是现代人际交往中经常采用的一种非正式宴请形式，有的甚至由参加者各自付费，采用 AA 制。大家利用进餐时间，边吃边谈工作中的问题。工作餐不必拘泥于形式和档次，重在创造一种有利于双方进一步接触的愉悦、和睦、友好的氛围。由于平时商务活动比较频繁，能聚餐的时间也较少，一起共进工作餐是商务人士较常见的沟通交流方式，通常都安排在工作日的午间或工作间歇时段。

（二）按宴请的目的来分

1. 礼节性质的宴请

这是指为迎接重要的来宾或政界要员的公务性来访，或为庆祝重大节日或重要的仪式而举行的宴会。这种宴请有一定的礼宾规格和程序，有较严格的礼仪要求。

2. 交谊性质的宴请

这主要是指为了沟通感情、表示友好、发展友谊而举行的宴请，如接风、送行、告别、聚会等。

3. 工作性质的宴请

这是指主人或参加宴会的人因为工作关系而举行的宴请，以便在餐桌上商谈工作。

二、宴请的原则

宴请通常遵循国际通用的“5M”原则。

（一）meeting——约会、定时

首先要确定宴请的时间，时间要尊重宴请对象的选择。

（二）money——节俭、务实

强调宴请的花费量力而行，不要铺张浪费，不要过度消费。

（三）menu——菜单

注意选择菜品，要考虑被宴请人的喜好、习惯、禁忌等，不可自作主张。

（四）mediun——介质，即宴请的环境

环境很重要，它决定了宴请的档次和水准。

（五）manner——举止

宴请是一种较高档次的交往活动，一定要注意自己的行为举止。

三、宴请的准备

宴请对宾客而言是一种礼遇，必须按照规格及有关礼仪礼节的要求来做好充分的准备。

（一）宴请的目的和对象

宴请的目的不是单一的，它可以是为某一个人，也可以是为某一件事。较为正式的如为感谢对方的帮助，为某人的到任或者离任，为某项工程的动工或竣工，等等；不太正式的如朋友间的宴请，领导与下属之间加深印象、拉近距离的宴请，老同学的聚会，等等。

宴请的对象是指请哪些人，请多少人，请什么人来作陪，等等。

明确了宴请的目的和宴请的对象之后，如果是比较正式的宴请，则要准备邀请函，被邀请人的姓名、职务、称呼甚至对方是否有配偶参加都要核对准确。

（二）宴请的形式和规格

宴请的形式和规格，在很大程度上取决于当地的习惯做法。一般来说，正式的、规格高、人数少的以宴会为宜，人数多则以冷餐会或酒会更为合适，妇女界活动则多用茶会。

目前，秉承厉行节约的原则，很多的商务活动都在简化，宴请范围趋向缩小，形式也更为简便，提倡多举办冷餐会和酒会以代替宴会，而且中午举行的酒会往往不请配偶。不少国家招待国宾的宴会也只请身份较高的陪同人员，不请随行人员。

（三）宴请的时间和地点

宴请的时间应尽量满足主、客双方的需求。

宴请地点的选择要按活动性质、规模大小、形式、客人意愿及实际可能而定，选定的场所要能容纳全体人员。举行小型的正式宴会，在条件可能的情况下，宴会厅外可另设休

息厅，又称等候厅，供宴会前简短交谈用，待主宾到达后一起进宴会厅入席。

社交活动中的用餐不再仅仅是吃饭而已，它是以联络感情、沟通信息为目的的，那么用餐地点的选择就非常重要，它直接影响着用餐的效果。选择用餐地点时要综合考虑环境、卫生、交通三个方面的因素。

就餐环境要优雅、安静。宴请不仅仅是吃东西，也是吃文化，如果就餐环境乱糟糟，档次很低，即使菜肴再美味，也让人没有心情。而好的就餐环境可以让人心情愉悦，使宴请锦上添花。宴会环境包括室内场地大小、室内陈设和装饰、餐厅灯光与色彩等因素，在选择用餐地点时都要考虑到。

外出用餐时，人们最担心的就是是否卫生、健康，所以在选择宴请地点时，一定要考虑到卫生的因素，尤其是菜品的环保卫生，当然也包括环境、餐具等的卫生。

宴请时还要充分考虑宴请地点周围的交通是否便利，停车是否方便。如果兴致勃勃地来到一家餐厅，但由于没有车位，来回转上很多圈，未免让人扫兴，也很浪费时间。

（四）请柬的制作和使用

请柬一般被广泛应用在政界或商界档次很高、精心安排组织的大型宴会中。请柬上要写清楚宴请的名义、时间、地点，有的还要对服装进行要求以及是否需要带异性伴侣。如果是招待会，则要写上开始和结束的时间。

如果多桌宴会对赴宴者的座次有要求，还应在请柬上注明对方所在的桌次，并在宴会厅悬挂桌次排列示意图，或安排引导员引导来宾就座，或者在每张餐桌上摆放桌次牌。

国际上习惯给夫妇两人送一张请柬，在国内需要凭请柬入场的场合注意要给每人都送一张。请柬的送达至少要提前三天或更早，以便被邀请者做好各种准备。

第二节 中餐礼仪

一、席位礼仪

在中餐宴请中，常常采用圆桌布置。圆桌的摆放不同，位次的尊卑也不同。

（一）桌次礼仪

由两桌组成的小型宴会，餐桌的排列分为横排和竖排两种形式。

横排时，由面对正门的位置来定，以右为尊，以左为卑，即右边的桌子要比左边的桌子尊贵（图 5-1）。

竖排时，讲究以远为上，以近为下。这里的远近，是以距离正门的远近而言的，即距离正门远的桌子比距离正门近的桌子更尊贵（图 5-2）。

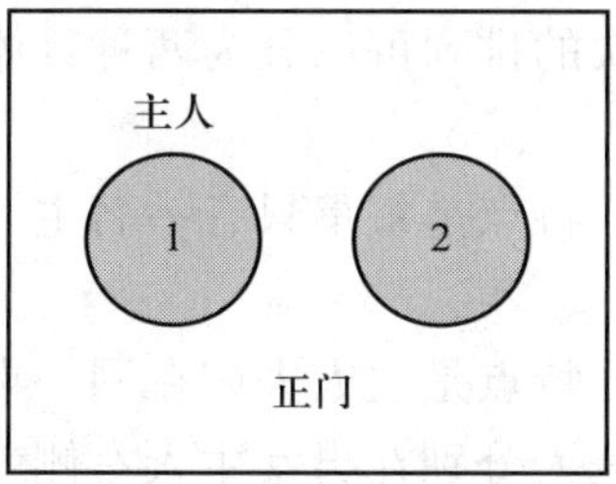

图 5-1　两桌横排

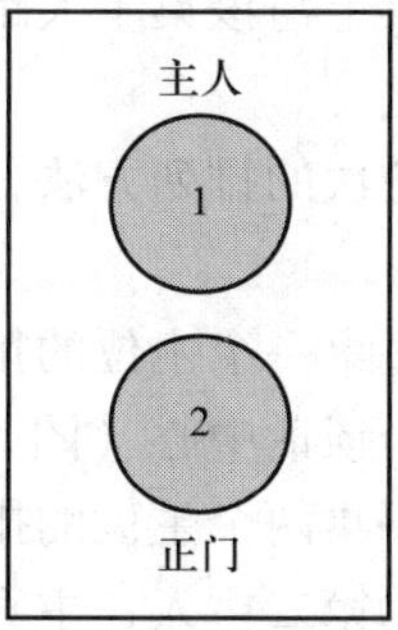

图 5-2　两桌竖排

由三桌或三桌以上组成的宴会，也叫多桌宴会，它的排列方法除了要注意“面门定位，以右为尊，以远为上”外（图 5-3），还要兼顾其他各桌与主桌距离的远近。一般来说，距离主桌越近，桌次越高；距离主桌越远，桌次越低。这种规则也称为“主桌定位”（图 5-4）。

在桌子的选择上，所用桌子的大小、形状要基本一致。除了主桌可以略微大一些以外，其他餐桌都应大小一致。

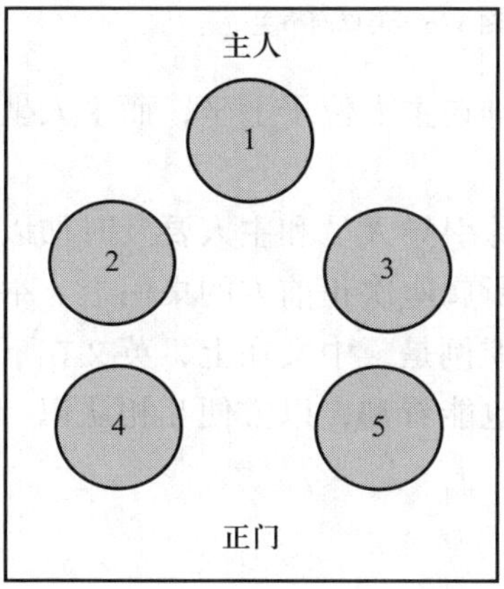

图 5-3　多桌宴会

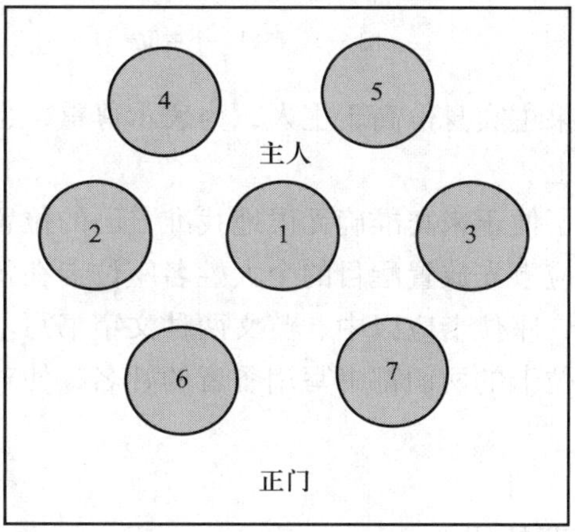

图 5-4　主桌定位

（二）位次礼仪

宴请时，除了桌子的位置有尊卑高低之分外，每张餐桌上的具体位次也有主次尊卑。排列位次的基本方法有四种，但实际生活中它们往往交互使用。

方法一：主人大都面对正门而坐，并在主桌就座。

方法二：举行多桌宴请时，每桌都有一位主人的代表在座，也称各桌主人，其位置一般应与主桌主人同向，有时也可以面向主桌主人。

方法三：各餐桌上位置的尊卑，应根据其距离该桌主人的远近而定，以近为上，以远为下。

方法四：各餐桌上与该桌主人距离相同时，以右为尊，即以该桌主人面向为准，他的右边为尊，左边次之。

根据上面四种位次的排列方法，圆桌位次的排列可以分为两种具体情况，它们都和主位有关。

第一种情况：每桌一个主位的排列方法。特点是每桌只有一名主人，主宾在主人右侧就座，每桌只有一个谈话中心（图 5-5）。

第二种情况：每桌两个主位的排列方法。特点是主人夫妇在同一桌就座，以男主人为第一主人，女主人为第二主人，主宾和主宾夫人分别在男女主人右侧就座，每桌客观上形成了两个谈话中心（图 5-6）。

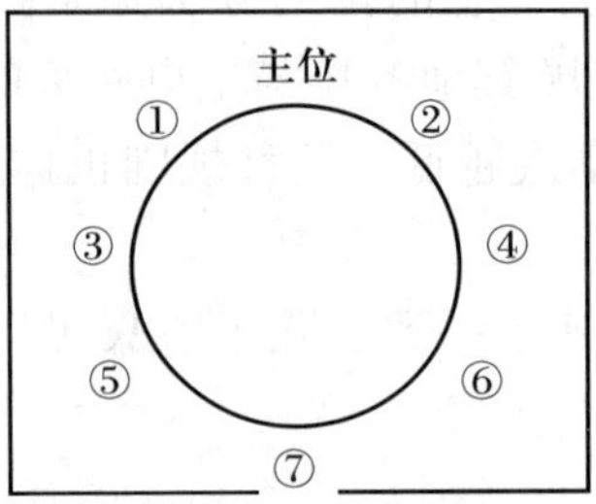

图 5-5 每桌一个主位

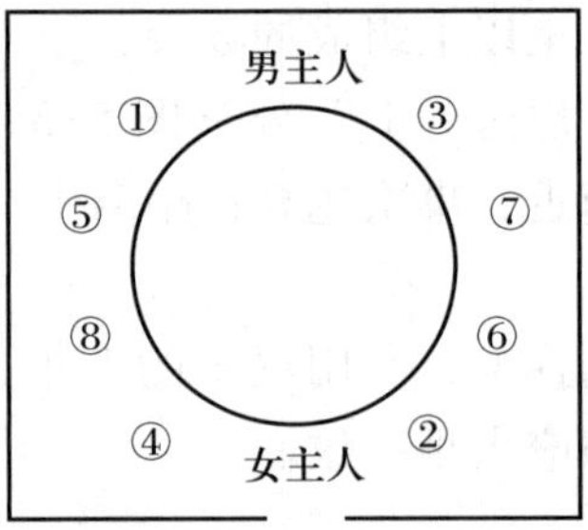

图 5-6 每桌两个主位

如果主宾身份高于主人，为表示尊重，也可以安排在主人位子上坐，而主人坐到主宾的位子上。

为了便于来宾准确无误地找准自己的位置就座，除引导人员和主人要及时加以引导指示外，应事先放置醒目的个人姓名座位卡在每位来宾所属座次正前方的桌面上。举行涉外宴请时，座位卡应以中、英文两种文字书写。中国的惯例是，中文在上，英文在下。必要时，座位卡的两面都书写用餐者的姓名，使对面的人也能看到，以方便互相认识。

二、点菜礼仪

请人吃饭，往往觉得点菜是一件难事，如何让所有用餐的人都吃得满意、吃得舒服，确实很有讲究。

首先要充分考虑到宴请的对象，再来决定点哪些菜。一般来说，要优先考虑三类菜肴：第一类是有中国特色的菜肴，如炸春卷、狮子头、宫保鸡丁等。这些具有中国特色的菜很容易受到外国客人的喜爱。第二类是有本地特色的菜肴。这一方法在宴请外地客人时比较适用。第三类是本餐厅的特色菜，一般都是这家餐厅的招牌菜，口碑都会比较好。

点菜时不仅要考虑口味，还应注意菜肴搭配。如一桌菜通常会有汤、热菜、凉菜，品种上包括肉类、海鲜、素菜，这六个要素的搭配必须均衡合理，做到烹饪方法不同，菜品不重复。比如点了鱼汤，就不再适合点清蒸鱼、糖醋鱼及其他鱼；点了老鸭汤，别的肉菜就不能再以鸭肉为主。在热菜和凉菜的搭配上，以热菜为主，凉菜为辅。

菜品的数量不能过多或过少，应以吃饭人数为基准，略微多1~2个菜为宜，同时也要注意数量要双不要单。比如，4个以下的人吃饭，点三菜一汤较为合适；6人时点七菜一汤比较合适；多于8人时，按照人数加2的数量点菜比较合适。

点菜时也可参考季节，尽量点当季菜。虽然现在交通发达，加之大棚的普及让很多菜四季都有，但时令菜的新鲜和营养还是大棚菜无法替代的。早春时节的香椿、春笋，夏天的苦瓜、苋菜、莲子，秋天的百合、菱角、莲藕，冬天的羊肉、莴苣等。点时令菜，不仅可以显示出点菜人的水平，也能让客人尝尝鲜。

点菜时还有一项不可忽视的因素要考虑，那就是用餐人的年龄和性别。老年人一般牙齿不好，应点一些易咀嚼的菜；儿童肠胃功能较弱，宜点一些好消化的菜；为女性则点一些养颜滋阴的菜，如百合、木瓜等，可以适当点一些甜品。

颜色也是点菜时要考虑的，要注意桌上菜肴色彩的搭配，尽量让菜品的颜色和品相丰富多彩，红的辣椒、绿的黄瓜、黄的玉米、白的莲藕……看上去赏心悦目，秀色可餐，也能增加食欲。

点菜还有禁忌，比如穆斯林通常不点猪肉，信奉佛教的人通常只吃素。各个地方的人在饮食偏好上也有不同，湖南人爱吃辣，山西人爱吃酸，四川人爱吃麻，江浙人爱吃甜，北方人爱吃面食。英美等国家的人害怕吃动物，尤其是动物的内脏、脚爪和头部。点菜时要把宾客的禁忌、喜好充分考虑到，尽量让桌上的每个人都能找到喜欢的菜肴。

不要让客人自己点菜，这样既不礼貌，也让客人很为难；也不要让在座的每一个人都点一个菜，这样不仅浪费时间，也显得自己很没主见。

三、餐具礼仪

中餐使用的餐具通常有筷子、勺子、碗、碟和辅助餐具如杯子、盘子、湿巾等，这些餐具在使用时都有一定的礼仪规范。

（一）筷子

中国人使用筷子源远流长，古代称筷子为“箸”。在现代商务中式宴请中，筷子的运用也是十分讲究的。

通常，正确使用筷子的方法是右手执筷，大拇指和食指捏住筷子的顶端至中部的1/3处，其余手指自然弯曲扶住筷子，且两根筷子的两端要对齐。筷子通常是成双使用而不能只用一根，要整齐摆放在筷子架或菜盘上，不要让筷子一根横放、一根竖放或交叉摆放。要让同一桌的筷子长、短、粗、细一致，忌讳用嘴吮吸筷头。筷子掉落时，应立即拾取，换双干净的筷子，不可用掉落地上的筷子再次夹取食物。

使用筷子有很多禁忌，下面列举十忌：

忌舔筷：夹菜前将筷子放入嘴中舔舐，或当牙签；

忌迷筷：举筷不定，不知夹什么菜好；

忌脏筷：用筷子在盘里翻捡夹菜；

忌指筷：拿筷子指人；

忌泪筷：夹菜时不干净，菜上挂汤淋了一桌；

忌插筷：将筷子插在饭菜上；

忌粘筷：筷子上还粘着东西又去夹别的菜；

忌连筷：同一道菜连夹 3 次以上；

忌敲筷：用筷子敲击餐具或桌面；

忌分筷：将筷子分放在餐具左右，只有在吃绝交饭时才这样摆。

（二）勺子

中餐的勺子以短柄瓷质为主，主要用来喝汤和羹，有时也可以用勺子辅助筷子取菜，但尽量不要用勺子单独取菜。

用勺子取食物时，不要过满，以免溢出来弄脏餐桌或自己的衣服。在舀取食物后，可以在原处停留片刻，汤汁不再往下流时，再移回来享用。

用勺子取食物后，要立即食用或放在自己碟子里，不要再把它倒回原处。如果取用的食物太烫，不可用勺子舀来舀去，也不要用嘴对着吹，可以先放到自己的碗里等凉了再吃。

当菜碗中摆放了公勺时，要用公勺取菜，但不要忘了放回去。

（三）碗

碗主要用于盛放主食，或者羹、汤。使用碗时尽量不要端起碗来吃东西，要用筷子或勺子取碗内的东西吃，不可端起碗往嘴里倒食物，更不能去吸碗。碗如果暂时不用，不可以盛放杂物。不要把碗倒扣过来放在桌上。

要注意端碗的姿势，不可用手掌托着碗，也不要把碗抱在胸前。

（四）盘子（碟子）

在餐桌上使用的盘子通常比较小，又称作碟子，也有的称骨碟。它起到一个中转的作用，可以暂放从餐桌上取来的菜肴，也可盛装骨头等弃物。

不要一次性夹放太多菜放到盘子里，这样会显得像是没吃过菜一样。也不要堆放很多品种不同的菜，以免看起来很杂乱。不要将食物的残渣、骨头、鱼刺等直接吐在餐桌上或碟子里，而应用筷子夹着轻轻放在盘子前端。如果盘子堆满了弃物，则要请服务员及时更换。

（五）其他

1. 湿毛巾

比较讲究的正式宴会在餐桌上会放两条湿毛巾，一条餐前用来擦手，另一条餐后用来擦嘴。也有的是由服务员餐前递送，看到客人用脏后不断更换。餐前的湿毛巾是用来擦手的，只用来擦手，不能擦脸、擦汗；结束前的湿毛巾是用来擦嘴的，所以也不能用来抹脸、抹汗，更不要往湿毛巾上吐脏物。

2. 水盂

有时在吃中餐时需要直接用手抓食物，比如吃海鲜或带壳的食物，遇到这种场合，桌上往往会摆上一个水盂。为了消毒和美观，会在水盂中放几片柠檬，水盂里的水只能用来洗手。洗手时注意动作要轻柔，不要让水溅出，洗过手后用毛巾或餐巾纸擦干，不要甩干。

3. 牙签

牙签主要用来剔牙，有的食物也需要使用牙签。不要当众剔牙，如果非要剔的话要用手或餐巾遮住嘴巴。剔出来的东西千万不要拿来看或再次放入口中，也不能随手乱弹或随口吐出。不要叼牙签，否则会让人觉得玩世不恭。

四、用餐礼仪

（一）喝汤礼仪

喝汤时不能发出咕噜咕噜的声响，有些人对此不太注意，不以为然，这是十分粗鲁、缺乏教养的表现。

不可对着热汤吹气，应该用汤勺舀出部分盛入碗中品尝，待汤羹稍许降温后，用汤勺舀取一勺轻轻对着汤勺吹，慢慢送到嘴边咽下。

不可直接端碗一饮而尽，此举虽豪迈，但实为不雅，而且与正式宴会的品位格格不入。正确的做法应该是用左手扶碗，右手持汤匙舀汤喝。

（二）饮酒礼仪

酒在宴会中能起到开胃助兴的作用，尤其跟相应的美味菜肴搭配后，两者相得益彰。正式的中餐宴会上一般饮用白酒或葡萄酒，其中葡萄酒多用红葡萄酒，因为红色代表喜庆，其味道也较为甘甜。因此，餐桌上通常会摆放大小不等的三种杯子，从左至右，依次是白酒杯、葡萄酒杯和水杯。

1. 斟酒礼仪

正式用餐前，主人为表示对来宾的敬重和友好，会亲自斟酒，应注意当场启封酒，斟酒时一视同仁。要按照顺时针的方向，先为尊者和嘉宾倒酒。所斟酒量要适度，除白酒外，其他酒不必斟满。为他人斟酒之前，要充分尊重对方的意愿，如果对方因信仰、习惯或身体健康等缘故不能喝酒，可为其提供饮料或茶水代替，不要非让对方喝酒不可，毕竟祝酒干杯，是需要两厢情愿的。

2. 受酒礼仪

主人斟酒时，客人应端起酒杯致谢，可起身站立或欠身点头致谢，也可使用“叩指礼”，即右手拇指、食指、中指一起，指尖朝下，轻叩桌面以示谢意。也不要左右躲藏，敲击杯口，尤其不要当别人斟满酒之后又倒入他人杯中，这也是失礼行为。实在不能喝酒，可礼貌地向主人说明原因。

3. 敬酒礼仪

宴席间的相互敬酒是用餐时必不可少的环节。饮酒前，主人通常会说一段祝愿或祝福类的话语，对来宾表示欢迎，祝酒词越精练越好，切忌长篇大论。如果是正式的祝酒词，应选择在宾客入席后和用餐前开始。

敬酒可随时在用餐过程中进行。敬酒时，敬酒者应起身站立，面朝被敬者，右手端持酒杯，或以左手托扶杯底，面带微笑，眼神柔和，并致以简短的祝福。

敬酒前应充分考虑好敬酒的顺序，分清主次，应以年龄长幼、职位高低、宾主身份为先后顺序，特别是跟不熟悉的人在一起，最好事先打听对方的身份和称呼。与人碰杯时，应将自己的酒杯低于对方的酒杯，以表示尊敬之意。与对方距离较远时，可以用酒杯轻磕桌面，表示相互碰杯，但如果是向长辈或职位高的人敬酒，应该端杯走到他跟前。

不论在哪种场合饮酒，都应该保持适量原则，努力保持风度和仪态，切忌争强好胜、非一醉方休不可。饮酒超量，很容易伤身，而且容易引起事端，出洋相就十分失礼了。

一定遵循“喝酒不开车，开车不喝酒”的原则。

（三）品茶礼仪

喝茶是中国人自古就有的习惯。在许多正式宴请的场合，饭前餐后，喝茶是必不可少的。所以，品茶礼仪也是宴请礼仪中的重要组成部分。

1. 斟茶

泡茶是品茶过程中很讲究的阶段，主人最好不当着客人的面用手取茶冲泡，应该用茶勺舀取茶叶，或用茶罐盖轻磕茶罐将茶叶倒入茶壶或茶杯。

要充分考虑宾客的喜好，条件允许的话，可以事先多准备几种茶叶供宾客选择，询问宾客有无禁忌，如果宾客回答“随意”的话，应尽量选择茶味适中或具有特色的茶叶。如果对方不喜欢喝茶，可以询问宾客是否喝其他饮料。通常，不习惯喝茶的人，也会及时向主人说明。

看茶时，应当遵循“茶不宜满，七分最好”的原则。水温不能太烫，避免宾客喝茶心切或不小心打翻而被烫伤。茶不宜冲泡太久，茶叶不宜太多，否则泡出来的茶比较浓厚、苦涩。

一般待客时，可由晚辈为宾客奉茶，待见重要客人时，主人应该亲自奉茶。而在工作场合待客时，一般由秘书为宾客上茶。宾客较多时，应遵循先客后主、先主宾后次宾、先长辈后晚辈、先女后男的原则，也可以将茶水全都泡好，随宾客自取。

为宾客斟茶续水时，不要妨碍他人，应一手拿起茶杯，在远离宾客身体、座位和桌子的地方把水续上。如果是围坐在桌旁喝茶，则应示意对方即将续水，请宾客注意茶壶。

2. 品茶

若对方奉茶的是身份高或长辈，应起身站立，双手捧接。对方为自己续水时，也应以礼相待，面带微笑，点头示意，并说“多谢”。端茶时，应用一只手持握杯柄，另一只手托住杯底或杯口，不能直接用一只手拿握杯口或托起杯底。

品茶时，应小口细心品尝，每饮一口茶后，茶水应在口中稍停留片刻再吞咽，这样才能品出茶叶的香味。同时，还应称赞茶味的香浓可口，不可一饮而尽，也不能喝出“咕咚”的声音来。茶水太烫时尽量不去吹，应放置待其自然冷却再喝。不要用手去掏杯中的茶叶嚼吃。

在喝茶的过程中，主人也许会向宾客介绍所饮的茶叶，宾客应细心听主人讲解，仔细品完之后应加以赞赏，不能随口加以贬低，更不能说“没听说过这种茶的名字”“这茶喝起来也不过如此”“这茶叶没泡好”等失礼的话语。

（四）应注意的细节

用餐时，如果不知道自己该坐哪个座位，最好等主人指引后入席，以免坐了不该坐的位置。

菜上来后要等主宾夹第一筷后，众人才能动筷。

吃饭时细嚼慢咽，不可狼吞虎咽或发出很大的响声。

让菜不布菜，可以为别人推荐好吃的菜，但不要自作主张，硬给别人夹菜。

尽量让餐桌中间的转盘顺时针方向转动。

不要用自己的筷子去捞汤中的食物。

不要高谈阔论，唾沫四溅。

不要当众修饰仪表，如整理头发、化妆补妆、宽衣解带、脱袜脱鞋等，如确实有需要可以去化妆间或洗手间整理。

不要碰到自己喜欢的菜，就拼命夹很多而不考虑别人用过没有。够不到的菜，可以请人帮助，不宜起身甚至离座去取。

第三节 西餐礼仪

随着东西方文化不断渗透与交融，吃西餐也成了我们日常生活中很平常的事。西餐厅一般比较宽敞，环境幽雅，桌与桌之间离得较远，所以相对中餐厅更安静，更便于交谈。因此，在宴请中，西餐颇受现代人的青睐，尤其是年轻人、出国留学回来的人及商务人士。西餐文化源远流长，讲究规矩，注重礼仪，所以，了解一些西餐方面的礼仪知识是十分必要的。

一、西餐特点

西餐，是我国对西方国家菜肴的统称，但各地还是有些差异的。一般可以粗略地分为两类：一类是以英、法、德、意等国为代表的西欧式西餐，又称欧式西餐，其特点是选料精纯，口味清淡，以款式多、制作精细而享有盛誉；另一类是以苏联为代表的东欧式西餐，也称俄式西餐，其特点是味道浓，油重，以咸、酸、甜、辣皆具而著称。此外，在英国菜基础上发展起来的美式西餐也有其特点，并且日益风行。如果细分，则可以分为英国菜、法国菜、俄国菜、美国菜、意大利菜以及德国菜等。各国菜系自成风味，其中尤以法国菜最为突出。但不管是何种风格的西餐，与中餐相比，至少具有以下几个显著的特点：

1. 讲究营养，注重搭配

西餐极重视各类营养成分的搭配组合，充分考虑人体对各种营养如糖类、脂肪、蛋白质、维生素和热量等的需求来搭配菜肴。

2. 选料精细，用材广泛

西餐烹饪在选料时十分精细、考究，而且用材十分广泛。如美国菜常用水果制作菜肴或饭点，咸里带甜；意大利菜则会将各类面食制作成菜肴，各种面片、面条、面花都能制成美味的席上佳肴；法国菜，选料更为广泛，诸如蜗牛、洋百合、椰树芯等均可入菜。

3. 重视调味，凸显色泽

西餐烹饪的调味品大多不同于中餐，如酸奶油、桂叶、柠檬等都是常用的调味品。法国菜还注重用酒调味，在烹调时普遍用酒，不同菜肴用不同的酒做调料；德国菜则多以啤酒调味。在色泽的搭配上则讲究对比、明快，因而色泽鲜艳，能刺激食欲。

4. 工艺严谨，器皿讲究

西餐的烹调方法很多，常用的有煎、烩、烤、焖等十几种，而且十分注重工艺流程，讲究科学化、程序化，工序严谨。烹调的炊具与餐具均有不同于中餐的特点，特别是餐具，除瓷制品外，水晶、玻璃及各类金属制餐具占很大比重。

二、席位礼仪

（一）基本原则

1. 恭敬主宾

在西方宴会中，主宾是极受尊敬的，即使宴请的宾客中有身份、年龄高于主宾的，主宾也仍是邀请方关注的中心，在安排座次时，主宾通常紧靠着主人就座。

2. 女士优先

西方国家特别注重对女性的尊重，所以，在西餐礼仪里，往往是女士优先。排列位置时，一般是女主人为第一主人，而男主人为第二主人。

3. 距离定位

西餐桌上席位的尊卑，是根据其距离主位的远近决定的，距主位近的位置要高于距主位远的位置。

4. 面门为上

按西餐礼仪的要求，面对餐厅正门的位置要高于背对餐厅正门的位置。

5. 交叉排列

西餐排列席位时，讲究交叉排列的原则，即男女应当交叉排列，熟人和生人也应当交叉排列。在西方人看来，宴会是拓展人际关系的场合，交叉排列的用意就是让人们能多和周围客人聊天认识，达到社交目的。

（二）位次排列

西餐的位次排法与中餐有一定的区别，中餐多使用圆桌，西餐则以长桌为主。长桌的位次排法主要有以下两种方式：

1. 长形桌排列

长形桌排列时，男女主人分坐两头，门边是男主人，面门一端是女主人，男主人右边是女主宾，女主人右边是男主宾，其余依序排列（图 5-7）。

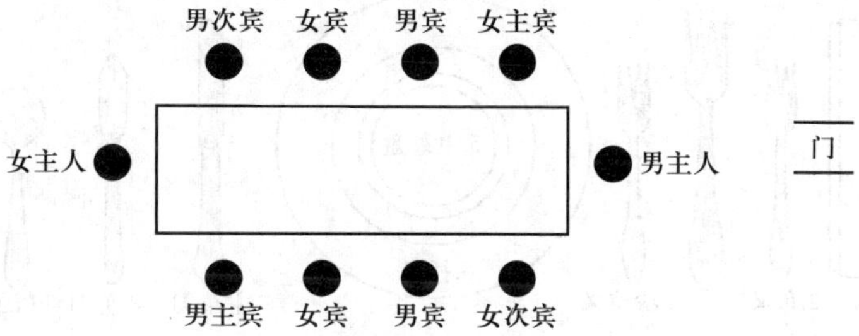

图 5-7　长形桌位次排列

2. T 形或门字形排列

桌子是 T 形或门字形时，横排中央位置是男女主人位，身旁两边分别是男女主宾座位，其余依序排列（图 5-8）。

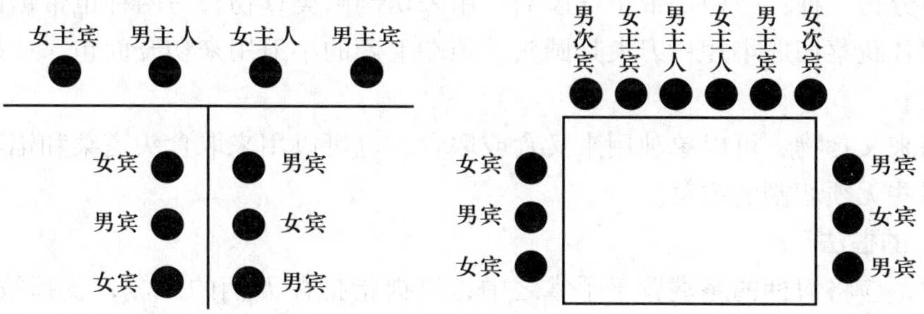

图 5-8　T 形或门字形桌位次排列

三、餐具礼仪

（一）餐具的种类及摆放

西餐所用的餐具主要是餐刀、餐叉、餐匙、餐巾等。

在正规的西餐宴会上，通常都讲究吃一道菜换一副刀叉，品尝每道菜肴时，都要使用专门的刀叉，不可乱用。根据食物不同，刀叉的形状也不同，有吃鱼专用的刀叉、吃肉专用的刀叉、挑抹黄油专用的餐刀、吃甜品专用的刀叉等。

刀叉的摆放一般是餐刀在右，餐叉在左，纵向摆放在餐盘的两侧，供用餐者方便使用。叉如果不是与刀并用，叉齿应该向上。如果不懂哪种形状的刀叉如何使用，只要记住依次从两边由外侧向内侧取用即可（图 5-9）。

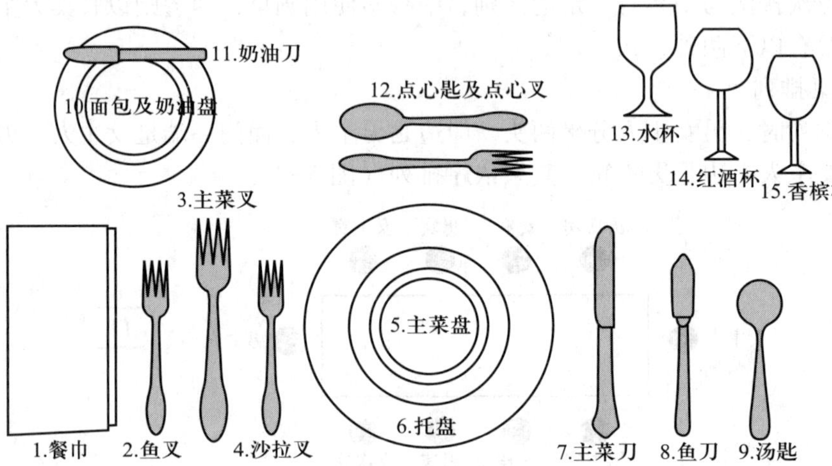

图 5-9　刀叉的摆放

（二）刀叉的用法

1. 刀叉的区别

西餐的主要工具是餐刀和餐叉，既可以配合使用，也可以单独使用。餐刀主要用来切割食物，可分为 3 种：一种是带小锯齿的，用来切割肉类食物。另两种也带锯齿，刀较大者用来将大片蔬菜切成小片；刀尖是圆头、顶端上翘的小刀用来切开面包、挑抹果酱或奶油在面包上。

餐叉用来叉食物，可以单独用来叉食或取食，也可以用来取食头道菜和馅饼，还可以用来取食那些无须切割的主菜。

2. 刀叉的握法

用刀时，应将刀柄的尾端置于手掌之中，以拇指抵住刀柄的一侧，食指按在刀柄上，其余三指则顺势弯曲，握住刀柄。持叉应尽可能持住叉柄的末端，叉柄倚在中指上，中间则以无名指和小指为支撑。

3. 刀叉的使用

刀叉的使用一般有两种方法：一种是英式方法，另一种是美式方法。

英式方法要求用餐者在吃饭时，始终右手持刀，左手持叉，边切割边取食，将食物叉起时，叉尖是朝下的。美式方法要求用餐者右刀左叉，一次性把餐盘中的食物全部切成小块后，将刀放在盘子上，注意刀刃要朝内，然后叉子从左手换到右手，用叉子叉起已经切成小块的食物食用，吃的时候叉尖朝上。但无论哪种方法，都不要用刀挑食物吃，动作要轻缓，不让刀叉磕碰牙齿或餐盘而发出声响。

在西餐宴会上，客人很少直接传唤服务员，受过训练的服务员会根据用餐者刀叉使用所传达的信息去为客人服务。比如餐盘中的食物还未吃完，要继续用餐，则应将刀叉分开呈三角形摆放；如果餐盘的食物已经吃完，还想添加饭菜时，则应将刀叉分开呈八字形摆放；如果已经用好餐，虽然盘中还有食物，但已经不想再吃了，可将刀叉一起纵向摆放在餐盘上，服务员看到这些，会过来有针对性地服务的。

（三）餐匙的用法

在正式的西餐宴会中，每套餐具中会摆放两把或两把以上的餐匙。这里主要介绍两种餐匙，一种是汤匙，另一种是甜品匙，两者形状不同，用途也完全不一样。形状较大的是汤匙，它一般纵向摆放在用餐者的右手边；较小的是甜品匙，它一般横向摆放在吃甜品专用刀叉的正上方。

在使用餐匙取食时，动作要干脆，不可将甜品或汤羹来回翻搅，一旦舀出部分品尝时，要一次性吃完，切忌一餐匙的食物反复品尝几次。使用餐匙时，要尽量保持餐匙的干净，不要弄得匙面和匙柄到处是食物。餐匙除了可以喝汤和吃甜品外，不可直接舀取其他菜肴。使用餐匙后，应将它放回原位，不可放在甜品或汤碗中。

（四）餐巾的用法

餐巾看似普通，在餐桌上却发挥着多重作用。不同的餐巾可以根据宴会的性质叠成不同的图案，如扇形、皇冠形、长方形等，形状各异的餐巾可与就餐环境相得益彰。一般餐巾会放置在水杯中，也可平放在用餐者左侧的桌面上或底盘上。

餐巾一般是在开始用餐时取用，先将餐巾对折，将褶线朝向自己，平铺在并拢的双腿上，主要是为了防止进餐时掉落的菜肴、汤汁弄脏衣物。不能将餐巾当作围兜系在身上或裤腰上。用完餐后，餐巾可用来擦拭嘴巴。一般是用餐巾的末端顺着嘴唇轻轻擦拭，弄脏的地方可向内侧翻卷。餐巾还可以在剔牙的时候作为遮挡，剔出来的食物残渣可直接包在餐巾上，并将餐巾向内折起。特别值得注意的是，餐巾不可用来当毛巾使用，不能擦汗，也不能擦脸，更不能用来擦拭餐具。

在西方的宴会上，餐巾就是用来擦拭之用，宾客尽量不要拿出自己的手帕或者纸巾来代替餐巾，这不仅违反用餐的礼仪，而且会让主人觉得这是在嫌弃餐巾不卫生。离席的时候，应将餐巾脏的一面朝餐桌，用盘子或刀具压住餐巾的一角，让其从桌沿自然垂下，这样比较雅观。

四、用餐礼仪

（一）用餐场合

1. 鸡尾酒会

鸡尾酒会的形式比较活泼、简单，也方便人们进行交流。宴会上主要用酒水来待客，备些小食品，如面包、点心、蛋糕等。服务生端着托盘，把饮料或点心拿给顾客。国际上许多大型活动都会用鸡尾酒会的形式招待客人。

在鸡尾酒会上，最好手中揣着餐巾，以便随时擦手。左手持酒杯，见到熟人或打招呼的人，随时可伸出右手与之相握。

2. 晚宴

在西方，人们习惯将正式宴会安排在晚上 8 点后举行。举行这类宴会，说明主人对宴会很重视，或庆祝某个重大节日，或庆祝某项活动，或欢迎某位重要人物。正式晚宴一般要事先排好座次，并送出请柬。宴会上还有小型乐队进行现场演奏，主人与宾客间会相互祝酒、致辞。

另外一种是家庭便宴，这种宴会气氛亲切友好，一般邀请的都是主人的亲朋好友，地点选择在家里，服饰、餐具、布置都较为随意。

西方的习惯，晚宴一般都会邀请夫妇一同出席。

3. 自助餐

自助餐是招待会较为常见的宴会类型，可以是早餐、中餐、晚餐，也可以是茶点。饭菜会一一装盘放在餐桌上，供客人自行挑选。举行的地方可以在室内，也可以在室外，比如花园里、院子里。如果邀请的人数较多，自己又难照顾周全时，自助餐是最佳的选择。

参加自助餐的宴会，需要遵循“少吃多跑”原则，一次不要取用太多食物，可以多跑几次，取食物时要排队等候。用完餐后，要将餐具放回到指定的地方，以减轻主人的工作量。

（二）餐桌礼仪

1. 入座礼仪

入座是西餐礼仪的第一步。在比较正式的宴会上，应从椅子的左边入座，首先站立在椅子的左边，左脚先往前迈出一步，然后右脚迈至椅子前方，最后左脚往右迈一步。这样简单的三步就是最标准的入座姿势。如果座位在最左边靠墙的地方，无法从左侧进入时，可以从右边入座，步伐同左侧入座刚好相反。

如果男士和女士一同用餐，男士应为女士挪开椅子，协助女士入座，以显绅士风度。

2. 举止礼仪

就座后，坐姿应端正，女士双腿应并拢。

吃面包时，要用食指和拇指把面包撕下来一小块放入口中食用，不要用刀切面包，也不要用叉子叉着吃。如果需要抹上黄油，不要把整块面包全都抹上黄油，而是将黄油抹在撕下来的小块面包上。

吃硬面包时，用手撕不但费力而且面包屑会掉落，此时可用刀先将面包切成两半，再用手撕成块来吃，避免像用锯子似的锯面包。

喝汤不能吸着喝，一定要用汤匙舀汤，而且舀汤的方向应该是由内向外，然后把汤送入口中，尽量不要发出声音。

用餐期间，如果餐具不慎掉落到地上，可招手示意服务员代捡，并送一份新的过来，不要自己低头弯腰去捡。

西餐是吃文化、吃氛围，西餐厅一般都很安静，光线柔和，伴有舒缓的轻音乐，所以用餐、交谈、走动都要尽量轻缓，不要破坏其他用餐者的雅兴，更不要大声呼唤服务员或高声劝酒。

3. 饮酒礼仪

在正式的西餐宴会中，酒是餐桌上的主旋律，一般有餐前酒、进餐酒、餐后酒三种。

餐前酒，也叫开胃酒，是在正式用餐前饮用的，一般有鸡尾酒、威士忌、伏特加、啤酒、葡萄酒等。开胃酒不宜喝太多，喝多反而影响食欲。

进餐酒是正式用餐时饮用的酒，通常是指葡萄酒。正式西餐，在每道菜上来之时，服务生都会倒上酒，酒随菜不同而不同，通常是“白酒配白肉，红酒配红肉”。白肉，是指鱼肉、鸡肉、海鲜等，一般搭配白葡萄酒；红肉则指牛肉、羊肉、猪肉等，一般搭配红葡萄酒。白葡萄酒宜在 7 ℃左右喝，可以加冰块；红葡萄酒的饮用最佳温度是 18 ℃。因此，在饮用葡萄酒时，一定要用高脚的玻璃杯，并用除小手指以外的四个手指捏住杯脚。

餐后酒是有助餐后消化的酒，比如白兰地，其酒精浓度在 42°~43°。这种酒的品尝方式，是用手掌握住酒杯，用手心的温度将酒加温，待其香味四溢时，再小酌品味，不可一饮而尽。

通常，饮用不同的酒会选用其专用的酒杯，在每位用餐者桌面上右边的位置，大都会横摆着三四只酒杯，取用顺序是依次从外侧向内侧。

4. 喝咖啡礼仪

在西方，除了在餐桌上吃饭喝酒外，还有另外一种宴请方式，就是喝咖啡，最常见的地点有休息厅、咖啡厅等。喝咖啡时，要特别注意个人的行为举止，主要从饮用的数量、配料的添加、品用的方法等方面加以注意。

喝咖啡时要注意适可而止，所点咖啡每人不要超过三杯，因为喝咖啡不是为了解决口渴。

根据个人口味的需求，喝咖啡时会往杯里添加一些改善口味的配料，比如牛奶、糖块等。某种配料用完时，不要大声呼叫，也不可给他人添加配料。添加砂糖时，要用小勺舀取进行添加；若是添加方糖，则应用夹子先夹取方糖放置咖啡碟上，再用咖啡勺将方糖加入杯中。添加任何配料，动作都要尽量轻缓，避免咖啡溅出而弄脏衣物。

喝咖啡是一种很惬意的交际方式，所以举止应得体、文雅。握住咖啡杯时，要用右手的拇指和食指拈住杯把，不可双手握杯或用手托住杯底，也不可俯首就杯喝。坐着喝咖啡时，只需端起杯子，只有起身站立或走动时，才将咖啡杯和碟一起端。用勺搅拌配料时动作要轻缓，使配料和咖啡充分融合均匀，搅拌完后，应将勺靠近杯子的内沿，使咖啡顺势滴下后再放回碟子。不能用咖啡勺舀着咖啡喝，也不可将杯中咖啡一饮而尽。

第四节　案例分析

案例 1：由于市场竞争激烈，蓝天和创意这两家策划公司对某机电公司即将进行的车展策划都志在必得。于是，蓝天公司的李总就约了机电公司的王总在银都酒店三楼中餐厅吃饭。

李总和秘书小刘刚到银都酒店三楼中餐厅的一号房间，王总也到了。双方问好就座后，小刘便叫服务员开始点菜。15 分钟后，小刘点好菜对王总说：“王总，我也不知道这些菜合不合您的口味，您看还要再点些其他的吗？”王总说不必了。

在吃饭过程中，小刘为了表示热情就用自己的筷子不停地给王总夹菜。当两位老总因谈话逐渐深入时，小刘把筷子随意地横放在碗上为两位老总添加饮料，由于加饮料时没有给予提示，差点把饮料泼在王总身上。

不久，李总收到了王总发来的邮件，内容是：本来我还在犹豫该选择哪家公司为我公司策划车展的事，现在我已经决定了，我是不会和一家礼仪如此差的公司合作的。李总有些莫名其妙。

请问：为什么王总认为他们不懂礼仪呢？从哪些地方可以体现出来？

案例 2：李云在一家著名跨国公司的北京总部做总经理秘书工作，中午要随总经理和市场总监参加一个工作午餐会，主要是研究未来一年市场推广工作计划。这不是一个很正式的会议，主要是利用午餐时间彼此沟通一下。李云知道晚上公司要正式宴请国内最大的客户张总裁等一行人，答谢他们一年来给予的支持，她已经提前安排好了酒店和菜单。午餐是自助餐的形式，与总经理一起吃饭，李云可不想失分，在取食物时，她选择了一些都是一口能吃下去的食物，放弃了她平时喜爱的大虾等需要用手帮忙才能吃的美食。她知道自己可能随时要记录老板的指示，没有时间去补妆，而总经理是法国人，又十分讲究。

下午回到办公室，李云再次落实了酒店的宴会厅和菜单，为晚上的正式宴请做准备。算了算宾主双方共有 8 位，李云安排了桌卡。因为是熟人，又只有几位客人，所以没有送请柬，可是她还是不放心，就又拿起了电话，找到了对方公关部李经理，详细说明了晚宴的地点和时间，还认真询问了他们老总的饮食习惯。李经理告诉说他们老总是山西人，不太喜欢海鲜，非常爱吃面食。李云听后，又给酒店打电话，重新调整了晚宴的菜单。

李云还是决定提前半个小时到酒店，看看晚宴安排的情况并在现场做点准备工作。到了酒店李云找到领班经理，再次讲了重点事项，又和他共同检查了宴会的准备情况。宴会厅分内外两间，外边是会客室，是主人接待客人小坐的地方，已经准备好了鲜花和茶点；里边是宴会的房间，中餐式宴会的圆桌上已经摆放好各种餐具。

李云知道对着门口桌子上方的位子是主人位，但为了慎重，还是征求了领班经理的意见。从带来的桌卡中先挑出写着自己老板名字的桌卡放在主人位上，再将对方老总的桌卡放在主人位子的右边。想到客户公司的第二把手也很重要，就将他的桌卡放在主人位子的左边。李云又将自己的顶头上司市场总监的桌卡放在桌子的下首正位上，再将客户公司的两位业务主管分放在他的左右两边。为了便于沟通，李云就将自己的位子与公关部李经理放在了同一方向的位置。

应该说晚宴的一切准备工作就绪了，李云看了看时间还差一刻钟，就来酒店的大堂等候。提前 10 分钟看到了总经理一行到了酒店门口，李云就在送他们到宴会厅时简单地汇报了安排。李云随即又返身回到了酒店大堂，等待着张总裁一行人的到来。几乎分秒不差，她迎接的客人准时到达。

晚宴按李云的精心安排顺利进行着，宾主双方笑逐颜开，客户不断夸奖菜的味道不错，正合他们的口味。这时领班经理带领服务员像表演节目一样端上了山西刀削面，客人看到后立即哈哈大笑起来，高兴地说，你们的工作做得真细致。李云的总经理也很高兴地说，这是李云的功劳。

请分析李云哪些地方做得很好。

案例 3：郭先生是一位外贸公司的业务经理。有一次，他因为工作上的需要在国内设宴招待一位来自英国的生意伙伴。有意思的是，那一顿饭吃下来，令对方最为欣赏的，倒不是郭先生专门为其所准备的丰盛菜肴，而是郭先生在陪同对方用餐时的一处细小的举止表现。用那位英国客人当时的原话来讲就是：“郭先生，你在用餐时一点儿响声都没有，使我感到你的确具有良好的教养。”

本章关键词

宴请（fete）　　中餐（Chinese food）　　西餐（western-style food）

实训练习

1. 假设你所在的公司要组织一场 50 人的中餐宴会，邀请的嘉宾是市管领导、刚签了协议的合作公司及自己公司的领导、同事，请对此次宴会进行座次和席位排序。

2. 男女各四人一组，模拟进西餐厅用餐，实训入座、刀叉使用、餐巾使用、饮酒、喝咖啡的礼仪规范。

思考题

1. 请口头阐述宴请的“5M”原则。
2. 宴请的方式有哪些？各有何特点？
3. 若你设宴款待宾客，应该做哪些准备工作？
4. 结合实际，谈谈你在就餐时应注意哪些问题。

延伸阅读

[1] 李世化. 商务宴请礼仪规范 [M]. 北京：企业管理出版社，2015.

[2] 黄伟迪. 如何成为一名出色的点菜员 [M]. 南京：江苏美术出版社，2012.
[3] 游宇. 商务宴请赢在点菜 [M]. 北京：中国轻工业出版社，2008.
[4] 纪亚飞. 优雅得体中西餐礼仪 [M]. 北京：中国纺织出版社，2014.
[5] 陈弘美. 用刀叉吃出高雅——西餐礼仪 [M]. 北京：生活·读书·新知三联书店，2012.
[6] 坎托. 鸡尾酒经济学：酒会闲话经济循环 [M]. 北京：中信出版社，2009.

第六章
商务涉外礼仪

拓展资源

更多资源请访问爱课程网→中国大学 MOOC→现代礼仪/袁涤非→第八章涉外礼仪。

引例

随着经济全球化进程加快，中国的对外贸易不断增加，此时，已经是“中国鞋王”——双星集团总裁的汪海，在中国已难觅敌手。为了让双星能够潇洒地走向世界，1992 年，汪海在美国纽约召开了新闻发布会。

在发布会上，记者询问了汪海许多问题，汪海都对答如流，气氛也很热烈。就在发布会的最后，有一名来自某鞋业杂志社的记者问：“你们生产的运动鞋为什么取名叫双星？ 是不是代表了精神文明和物质文明？”汪海微笑着回答道：“也可以这样理解，双星其中一颗星代表着东半球，另一颗星代表着西半球，我们要让双星运动鞋潇洒地走向全世界。”这位记者并未被这番豪言壮语打动，她观察很仔细，看到汪海身着西装，脚穿皮鞋，立马问道：“请问先生您脚上穿的是什么牌子的鞋？”这句话用意很明确，如果你穿的是双星鞋，那是理所应当；如果穿的是其他牌子，或者是洋货，那就说明连你自己都不愿穿双星鞋，还谈什么潇洒走世界。汪海见此情况，并未慌张，而是沉着自信地回答道：“谢谢这位女记者的提问，在公开场合脱鞋是非常不文明的行为，特别是我们中国，以礼仪之邦著称，但是你问的这个问题，我只能破例了，也谢谢你给我公开场合脱鞋的机会。”说着，他把自己的鞋脱了下来，高高举起，指着鞋内的商标，大声说道：“Double Star（双星），这里面就是双星，要不相信你拿去看看。”此时，全场响起了热烈的掌声，不少记者纷纷拍下这个镜头，还说笑道：“这是脱鞋打广告呀！”

第二天，美国纽约的各大报纸纷纷刊登出这幅图片。《纽约时报》的记者这样评述道：“在美国脱鞋的共产党国家的人有两个，一个是苏联的领导人赫鲁晓夫，他脱鞋敲桌子是表明了一个共产党大国的傲慢无礼；一个是来自中国的双星集团总裁汪海，他脱鞋是表明了中国的商品要征服美国市场的雄心！”

本章知识结构图

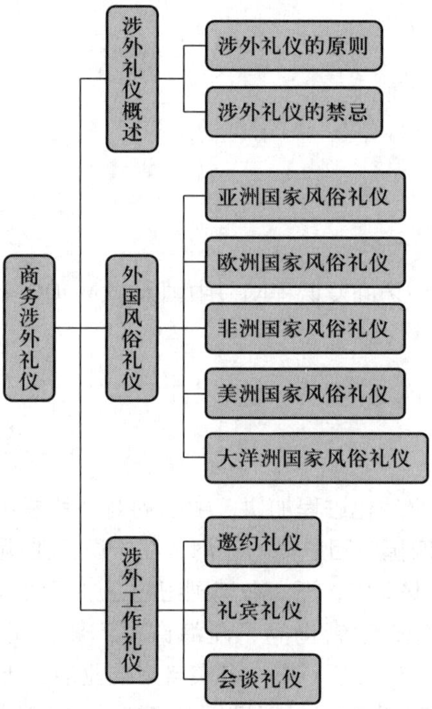

商务涉外礼仪是公司或企业在与境外机构交往或合作时，用以维护自身和国家形象，并向外宾表示尊重、友好、礼貌等的各种礼节和仪式。它不仅是企业的文化内涵、员工素质及管理水平的集中反映，也是国家的国际形象和国际地位的客观写照，是在长期的国际交往中逐步形成、国际上通用的约定俗成的行为规范。

第一节　涉外礼仪概述

随着经济不断发展，我国与其他各国的交往越来越密切。尤其是“一带一路”倡议的提出，更加强了中国与世界各国的交流与合作，也给各行各业带来了更多的商机。作为商务人士，在与世界各国交往的过程中，应该自觉遵守并应用有关国际交往的行为准则。但全世界200多个国家和地区，宗教信仰、文化背景、风土人情、生活习惯等各不相同，要想对每个国家、每个地区、每个民族的礼仪礼节都掌握并熟练运用，几乎是不可能的。我们可以先了解一些共性的基本原则和禁忌，以确保实际工作中不犯低级的错误。当面对具体的外国朋友时，再作进一步的深入了解。

一、涉外礼仪的原则

虽然不同的国家、不同的民族有各自不同的文化和生活习惯，但互相交往时还是有很多需要共同遵循的礼仪原则，因为人类具有很多的共性。

（一）维护国家利益原则

这是对外交往最重要的原则。每一位涉外工作人员最基本的素养是对国家忠诚，有颗爱国的热心。祖国的利益高于一切，要坚决维护国家的主权和民族的尊严。应时刻意识到，在外宾眼里，自己是国家、民族、单位组织的代表，自己的一言一行，有可能给国家带来荣誉，也可能带来耻辱。在原则问题上，要坚持不懈，决不让步，决不做有损国格和人格的事情。

（二）入乡随俗原则

不同的国家、地区或民族在历史发展的进程中，会形成各自的宗教、文化、语言、风俗和习惯，了解这些习惯和文化差异，允许彼此文化背景差异的存在，是对交往对象表示友好和敬意的表现。为此，要做到以下两点：

（1）要充分了解与交往对象相关的习俗，做到“入境即问禁，入国即问俗，入门即问讳”，做到心中有数。

（2）要无条件尊重交往对象所特有的习俗，而且不可以评头论足，当然，也不必刻意模仿。对于自己的传统习俗，要继承、发扬、传播。

（三）不卑不亢原则

涉外活动中，要充分了解外宾所在国的特有讲究与禁忌，充分尊重外宾习俗，但也不可妄自菲薄、低声下气、曲意逢迎。应充满自信，大方从容，充分展现自己团队的凝聚力。当然，我们也不能自大狂妄、我行我素、目中无人。谦虚谨慎、戒骄戒躁、不亢不卑才是应持的态度。

（四）遵时守信原则

信守承诺、取信于人是建立良好人际关系的前提，也是做人的基本品德。在涉外交往中，说话务必算数，许诺一定兑现，所以，一切要三思而后言，三思而后行，说到做到。时间上的约定要牢记心间，没有理由可以作为迟到、缺席的托辞，一个连时间观念都没有的人谈何诚信？

（五）尊重他人隐私原则

国际礼仪强调以人为本，要求尊重个人隐私，维护人格尊严，这也是尊重和体谅交往对象的基本方式和最起码的礼貌。每个人都会因为个人尊严或其他原因，不愿外界了解自己的个人秘密或私人事情。所以，涉外活动中，凡涉及交往对象年龄、收入、婚恋、经历、政治见解、宗教信仰等话题均属个人隐私，不宜询问。

（六）女士优先原则

女士优先，这是国际公认的礼仪原则，广泛适用于社交活动中。在一切社交场合中，男性有义务主动为女士提供方便，尊重女性，照顾女性，体谅女性，保护女性。不仅对待熟悉的女性要如此，对待陌生的女性也应如此。要一视同仁，无关乎相貌、年龄，无关乎地位、金钱，也无关乎民族、信仰。保护女性，并不是将女性视为弱者去同情、怜悯，而是将她们视为母亲、姐妹，是对女性表达感恩之情。

懂得尊重女士的男性，被公众视为有绅士风度。

（七）以右为尊原则

依照国际惯例，多人排序时遵循“以右为尊”的原则。大到政治会晤、文化交流、商务谈判，小到社交应酬、私人交往，但凡需要排序时，都应以右为上，以左为下，以右为尊，以左为卑。这与中国的政界排序正好相反，中国的政界历来崇尚“以左为尊”。

二、涉外礼仪的禁忌

涉外礼仪的禁忌有很多，因国家、地区、民族、地域不同而不同，有的礼仪是这个国家的禁忌，但在别的国家偏偏是礼貌的做法。所谓“三里不同音，十里不同俗”，可见风俗习惯差异之大。但也有一些禁忌是较普遍的，带有共性的。以下就是一些带共性的禁忌。

1. 数字禁忌

西方国家普遍认为“13”是凶险的，甚至每个月的 13 日，有些人也会惴惴不安。尤其是 13 日又逢星期五，他们会觉得诸事不宜，总担心不好的事会发生。日本、韩国等东方国家则对“4”特别忌讳，所以，这些国家的医院都不会设 4 号病房和病床。而“3”和“7”在东西方国家普遍被喜爱。

2. 问话禁忌

很多国家都讲究个人隐私权，所以，凡是涉及个人隐私的话题，交谈时都应回避，具体做到“五不问”，即不问年龄、不问家庭、不问收入、不问经历、不问住址。

3. 花卉禁忌

在国际交际场合，一般忌用菊花、石竹花、杜鹃花以及带黄色的花献给客人。尤其是意大利和南美洲各国，更是把菊花视为“妖花”，只能用于墓地和灵前。

第二节 外国风俗礼仪

俗话说："他山之石，可以攻玉。"来自不同国家的人，由于价值观不同，生活环境差异，在不同民族文化的影响下，其礼仪风俗也具有多国性和多民族性。当我们与不同国家和地区的人交往时，在不违反基本原则的情况下，能因人而异，了解并尊重对方的风俗礼仪，一定能事半功倍。

下面选择一些有代表性的国家和地区，对它们的风俗礼仪作简单介绍。

一、亚洲国家风俗礼仪

下文主要介绍韩国、日本、泰国、菲律宾、马来西亚、新加坡及阿拉伯国家的风俗礼仪。

（一）韩国的风俗礼仪

韩国人重视礼节，勤劳勇敢，尊师重道，爱护老幼，讲究职务和头衔，具有强烈的民族自尊感。

1. 礼仪规范

（1）社交礼仪。韩国的社交活动中最可贵之处便是尊老爱幼。在韩国的公共场合，年轻人同年长者打交道，都会表示应有的礼节。不论是熟知的还是陌生的，年轻者都会为年长的人让座，使用敬语，谦恭有礼。年长者在人前要表现出尊严，对不合乎规矩的事或人可当面指责。因此，在韩国，很少看见目无尊长的人，因为在他们看来，目无尊长是粗俗无礼、缺乏教养之辈。

在社交场合，韩国男士一般先鞠躬再握手，女士通常很少握手，女士见到男士一般只行鞠躬礼。男士不能主动去握女士的手，除非女士先伸出手，男士才能去握她的手。下级见到上级，晚辈见到长辈都要先鞠躬，待上级或年长者主动伸出手来，下级或晚辈才能去握，而且须左手轻置右手之上，躬身相握，这样以示对人恭敬。

在公众场合，韩国人不会大声说笑，甚至嬉闹，以体现稳重有礼。即使是笑，女性也会用手或手帕捂着嘴，防止发出声音失礼。与异性同坐一起时，一般是男性位于上座，女性位于下座。多人聚会时，则根据身份高低和年龄长幼依次排定座位，地位高、年长者优先在前。

（2）妆容礼仪。在韩国，不管是男教师还是男学生都必须穿戴整齐，老师都是身着西服、打领带，即使是在炎热的夏季，只要穿短袖衬衣，就必须系领带。在他们看来，教师是份神圣的职业，是为人师表，是礼仪的遵行者，教师必须衣着端庄、仪表整洁才能走进课堂，这也是对学生的尊重和负责。此外，韩国的公务人员或公司职工，也十分讲究着装礼仪。

韩国的女性十分注重化妆整形，她们认为，素面朝天与人会面是极不礼貌的行为，甚至父母送给女儿的成人礼就是整形的费用。

（3）饮食礼仪。韩国人用餐时，一般都要等长辈先动筷，晚辈才能动筷。吃饭时，要安静地坐着吃，不能大声喧哗吵闹。晚辈不能正面对着长辈饮酒，而应侧身 90 度喝酒，以表示对长辈的尊重。韩国人比较注重环保低碳，环保意识较强，倡导消费者尽量少使用或不使用一次性木筷和纸杯，因此，韩国的多数餐厅为用餐者提供的是金属制品的筷子和器皿。

2. 礼仪禁忌

（1）数字禁忌。韩国人同样忌讳“4”这个数字，因为在韩语中，“4”与“死”的发音相同，因此在韩国的楼房中，是不设置第 4 层的，餐厅也没有 4 号桌。

（2）谈话禁忌。韩国人说话比较直率，但是在公共场合和社交活动中，他们谈话的内容都忌谈国内政治问题和宗教信仰问题。韩国人在聚会时，忌讳随便邀请女性唱歌，当然专业女歌手除外。

（二）日本风俗礼仪

在日本，礼仪教育都是从娃娃抓起，孩子们从小就接受来自父母和其他亲属的礼仪教育。在学校也会受到礼仪教规的熏陶，小学就会把待人接物等礼仪常识写入课本；到中学，礼仪是日本学生的文化必修课。特别是日本青年步入社会后，在上岗前，工作单位都会组织岗前的礼仪培训。因此，许多外国游客到日本游玩归来，都会称赞日本的民众具有较高素质和文化礼仪修养，这个国度里处处体现着文明礼貌的气息。比如，在日本的大街上或地铁里，没有人会当众吃食物。你可以观察到，小到他们出门的发型、衣着、坐立姿态、鞠躬角度、打电话或接电话的语气，大到他们同国家高层之间的谈话、会晤或其他礼宾活动等，都具有一定的规矩。比如，在正式的场合，女性一般都会身着和服，因为这是她们最喜爱的传统的民族服装，可以极容易地表示着装者的国籍，体现她们的民族特色。在日本民间，还有不少团体和个人积极倡导和组织开展礼仪活动。

1. 礼仪规范

（1）社交礼仪。日本人在平时见面时都会互相问候，行礼鞠躬。在他们看来，这是最平常不过的礼节了。鞠躬弯腰成 15 度是一般礼节，30 度是普通礼节，而 45 度则是最尊敬的礼节了。只有认识多年的老朋友才会一边握手，一边鞠躬致意。

日本人在公共场合非常注意自身形象，勤修边幅，时刻保持衣冠整洁。比如，他们在天气炎热的时候即使穿衬衫，也不会将袖子上挽，在街道或公共场合不会只穿背心。与人交谈时，他们总是低声细语，措辞含蓄严谨，委婉却不失礼节。尤其在接听电话时，都是首先自报姓名和工作单位，等他人挂断电话后，自己才放下话筒。

日本人根深蒂固的等级观念早已渗透到社会活动的方方面面。日本人相当重视上下级的关系。比如，在工作单位里，下级对上级或者地位比自己高的人都要用敬语称呼。日本人最常用的敬语有“拜托您了”“请多多关照”“打扰您了”等。在交际场合，与会者都会相互谦让，按最适合的等级次序就座。此外，日本人还有很强烈的集团维护意识，就算某位员工对自己集团的领导有意见或看法，但与集团外的人打交道时都不会表露出来，而是尽力维护本集团的利益。

日本人为了增进友谊、融洽关系，在新年到来之际都会给亲友、老师、长辈、客户寄送贺卡。许多日本人都讲究礼节性的书信往来，依照不同的时令和情况寄送相应的信件表达慰问和关心。

（2）馈赠礼仪。日本人在交际活动中非常重视送礼答谢，走亲访友、做客赴宴都会携带礼物。平常过节时，下级给上级、晚辈给长辈、儿女给父母都会送礼表示谢意；每到年末之时，上级也会给下级、长辈给晚辈、父母给儿女送礼，以示关怀。日本人对送礼的内容也有一定的考究，他们送礼喜欢送单数，讲究礼物的包装，往往包上几层之后还要系上一条精美的彩色缎带。他们很注重礼尚往来，一般受人馈赠之后都会尽快还礼，或等待适当时机给予回报。

（3）待客礼仪。到日本人家里做客，一定要提前和主人约定时间并按时赴约拜访，在日本人的思想观念中，不守时和冒昧地登门拜访都是失礼的行为。做客者进门前都会先按门铃，告知姓名，进门后会主动摘取衣帽、脱鞋，动作缓慢文雅。见到主人会先寒暄片刻，再将礼品双手赠给主人。做客者在受到主人的盛情款待后，最好是端庄跪坐在席边，女性可以选择侧坐或侧跪坐，切忌盘腿大坐。在未经主人允许的情况下，不得擅自进入卧室和厨房。被拜访者见有宾客将至，都会提前泡好茶水，准备食物，待引宾客入座后，双手递奉茶杯，做客者也会双手捧茶享用。在交谈结束或茶余饭后，客人会主动表示谢意并提出告别，回到目的地后也要拨打电话报平安，再次表示致谢，以便他日回访。

2. 礼仪禁忌

（1）语言禁忌。参加他人的葬礼时，忌说“频繁”“又”等敏感类的词。对年老的长辈忌用“年迈”等字眼。同残疾人说话时，不要用“残疾”之类的话语，应称盲人为“眼睛不自由的人”，称聋哑人为“耳朵和嘴不自由的人”，不可随意讨论他人的生理缺陷或是非。用餐时，他们也忌问“您吃完了没有”之类的话语。在日本，“先生”这个称谓只限用于称呼教师、医生、长者或有特殊贡献的人，如果在平常有人称对方“先生”，会使对方处于尴尬境地。

（2）数字禁忌。日本人对数字有着天生的敏感，他们忌讳“4”和“9”这两个数字，因为“4”在日本话里跟“死”字的发音相同，而“9”跟“苦”字谐音。因此，在安排住宿或者选择购房时都不会安排 4 号楼、第 4 层或 4 号房间，他们会认为这都是不吉利的征兆。日本人不喜欢偶数，却对奇数有好感。

（3）衣着禁忌。在正式的场合，如果有人衣冠不整，那是一种失礼的表现，所有人都会投来异样的眼光。在参加他人的婚礼时，女性宜穿色彩明快的服饰，但艳丽程度不宜超过当天新娘的服装。而参加葬礼，则应穿着黑色的套装或衣裙，切忌穿戴华丽。

（4）馈赠禁忌。在日本送礼，有种物品是不可以馈赠的，那就是梳子，因为梳子在日语中发音与“苦死”同音，寓意极其辛苦，所以送梳子意味着会给人送去苦痛。

（5）其他禁忌。日本人忌讳绿色，他们认为绿色是不吉祥的征兆，因此，他们忌用绿色作为房屋的装饰颜色。日本人也不喜欢紫色和黑白相间的颜色，他们认为紫色代表着不牢靠，忌用紫色来包装物品。

日本人也忌用荷花来作为商品的图标，他们认为荷花出于淤泥，是不洁之物。他们也忌用狐狸等图案，认为狐狸代表着狡黠、贪婪。

（三）泰国风俗礼仪

1. 礼仪规范

（1）合十礼。在泰国，朋友见面，都是双手合十，稍微低头，致意问好，并道声“安乐吉祥”，这种行礼的方式源于佛教的合掌礼。行礼时要双手合掌，十指并拢，置于胸前，手掌尖对鼻尖，微微低头。晚辈向长者行礼时，要双手合十举过前额，长辈再回礼表示接受对方的行礼。地位较低或年纪较轻者应先行礼，年纪大或地位高的人还礼时，双手不可以超过胸部。行礼时动作要缓慢有度。现在，泰国的政府官员和知识分子见面时常用握手礼问好。

（2）社交礼仪。在泰国，若有年纪较大的尊者在座，其他人无论或蹲或跪，头部都不能超过最长者的头部，否则就是失礼。给长者递东西必须用双手，给他人递东西都要用右手，因为，在他们看来，左手是不洁的。传递物品是不能扔过去的，否则也是不礼貌的行为，即使不得已这么做，那也要说声“对不起”。

泰国人在新屋建成后会举行庆祝仪式，以求平安。仪式主要请求僧人来诵经，为房屋驱除邪恶，祈福居住此屋的人能躲避灾害，房屋的主人在这天会向僧人布施斋饭以及日常用品，并宴请前来祝贺的亲友。

泰国人比较重视生日，在过生日的前晚都要举办燃烛的仪式，祈求过生日者健康长寿。

2. 礼仪禁忌

（1）头部禁忌。泰国人最忌讳的就是别人触摸头部，因为，他们认为头部是人的智慧所在，是身体最核心的部位，是绝不能容忍外人触碰的。随便用手触摸他人的头部，都将被视为对他人的极大侮辱。大人对小孩亲昵也不会随便抚摸头部。如果打了小孩的头部，在他们看来，这是会给小孩带来疾病的。

（2）门槛禁忌。到泰国人家里做客，进门时要小心迈过门槛，最好不要当面踩踏门槛。泰国人认为门槛下住着神灵，踩踏门槛会冒犯神灵，是不吉利的征兆。

（3）颜色禁忌。在泰国，人们只有给死者写名字的时候才用红色的笔，因此，泰国人忌用红色的笔签名，他们认为红色不吉利。此外，他们也很忌讳褐色。

（4）其他禁忌。泰国人不喜欢鹤、龟、狗的形象作为图案。他们忌讳在别人面前盘腿而坐，忌讳用脚底冲着他人，忌讳用脚将东西踢给他人，也忌讳用脚踢门。忌讳睡觉时头朝向西方，他们认为头朝西方意味着死亡。

大多数泰国人都是信奉佛教的，他们非常尊敬佛祖，他们认为随意触摸寺庙里的佛像是对神灵的亵渎。女性不许同僧侣握手，即使在公共场合也不能与僧侣邻座，遇到僧侣打招呼时也要礼貌地拉开距离。若是某位女士想递奉物品给僧侣，宜托男士转交；如果要亲手赠送，那么僧侣会拿出一块黄手帕来承接女士递来的东西，而这个过程是绝不容许触碰女性的。

（四）菲律宾风俗礼仪

1. 礼仪规范

菲律宾人都很讲究礼貌，同辈人相见会握手问好；晚辈见到长辈时，有的要恭恭敬敬地向对方欠身鞠躬，有的则会上前轻吻对方的手背，以示敬重之意。年轻的女士见到长辈时，往往会上前轻吻对方的两颊以表示问候。

菲律宾人在访亲拜友时，进屋前要先敲门，主人如果在家，应轻声而有礼貌地回答："有人！"

2. 礼仪禁忌

菲律宾的年轻人恋爱时，喜欢相互馈赠礼品和鲜花，花的颜色一般都是以白色为佳，茶色和红色属于禁忌的颜色。

同菲律宾人交谈，可以选择谈论教育、孩子等较为大众的话题，忌讳谈论时事、政治、宗教等敏感的话题。

（五）马来西亚风俗礼仪

1. 礼仪规范

马来西亚人友好和善，他们在见面时通常是鞠躬行礼，类似于信奉伊斯兰教的国度。女性行礼时，应双膝微微弯曲，然后再鞠躬示意。

到别人家做客，要衣冠整洁，按时赴约，不能失礼。马来西亚人的内厅一般是祈祷或礼拜的地方，进屋前要脱鞋。穿鞋进厅，被视为对神灵的亵渎，也是对主人的不尊重。

在马来西亚人家里做客，主人会用食物热情款待。这时，客人要适当地吃一点，以表示领受主人的情意。客人如果谢绝主人的殷勤款待，会引起主人的反感。

2. 礼仪禁忌

马来西亚人不喜欢被人触摸头部，他们认为头部是神圣不可侵犯的。

马来西亚的民众忌用黄色，他们不穿黄色的衣裤，因为黄色是马来西亚王公贵族们的专用色。他们也不单独使用黑色，不会穿一身黑色的服装，他们会觉得只有消极颓废的人才这么穿。他们忌用白色来包装礼品，因为他们认为只有办丧事才用白色包装东西。

（六）新加坡风俗礼仪

1. 礼仪规范

（1）见面礼仪。新加坡人在礼貌、礼节方面同我国非常接近，他们见面时大多使用传统的礼节——相互作揖，行拱手礼。

（2）红包礼仪。新加坡人过春节时，亲戚朋友间会互赠红包，联络感情。有些上司在员工春节返工时，每人分发一个开门红包，预示着开门吉利。

（3）待人礼仪。在新加坡，人们非常尊重长辈，他们对父母或其他长辈要用亲切的尊称。在父母和其他长辈面前，不随意打断他们的谈话，要细心聆听他们的教诲。对于长辈的呼唤，应随叫随到。

在日常生活中，大多数新加坡人都遵从邻里礼貌，都会相互问候，逢年过节请邻居来访，随时随地为邻里着想。

同新加坡的商人打交道，要以诚相待，还要考虑给对方面子，多说几句“多多指教”“多多关照”之类的谦语。新加坡人也非常讲究诚信，只要许下承诺，他们都会认真履约。

2. 礼仪禁忌

新加坡人忌说“恭喜发财”，他们将“发财”视作“不义之财”，认为这句话是教唆人发不义之财，挑逗、煽动他人干损人利己的事，是侮辱别人财路不正。

新加坡人忌用数字 4、7、8、13、37、69。

新加坡人喜欢用红色、绿色和蓝色，忌用黄色、紫色、黑色和白色，他们认为这几种颜色不吉利。

在商业活动中，新加坡人反对使用如来佛的头像。在图标上，也禁止用宗教词语作为标志，他们喜欢用“囍”字、大象和蝙蝠作为图案。

（七）阿拉伯国家风俗礼仪

阿拉伯人热情好客、慷慨大方，他们具有沙漠人的性格特点，保守、固执，有严重的家庭主义，不轻易相信他人。他们信奉伊斯兰教。跟阿拉伯人打交道，一定要入乡随俗，注重礼仪礼节。

1. 礼仪规范

（1）见面礼仪。阿拉伯人初次见面或关系一般的见面时行握手礼，同性的亲朋好友见面时才行亲吻礼，关系特别要好或十分合得来的女性除握手礼外，还会互相亲吻对方的脸颊，先亲对方的右脸颊，再亲左脸颊，之后再亲一下右脸颊，以示友好。当然，也有些比较特殊的，如科威特人，除见面握手外，还会亲吻对方的额头和鼻子，因为他们认为这是礼拜真主时头部最先着地的两个部位，这既表示对对方的尊重，也期望双方吉祥如意。有的地方还行碰鼻尖礼。

（2）家庭礼仪。绝大多数阿拉伯人都很注重家庭礼仪，包括尊重双方父母，敬老爱幼，亲人之间相互关心，互相扶持。不过，阿拉伯人重男轻女的传统观念比较严重，男主女从的现象较为普遍。男性和女性各自的服饰都有严格的规定，女性外出时一般要佩戴纱巾或披巾，绝不可露出腿部。女性不可以到海滨游泳。乘坐公共汽车时，女士只能坐在后面。就连宾馆里的电梯，也是男女分开使用。

（3）公共礼仪。阿拉伯人较为注重公共道德，出门时会确保衣冠整洁才出行，购物时都会自觉排队等候，而且在公共场合，男士都会特别尊重和照顾女士。

步行者会先问候骑车者，年轻人会先问候年长者，站着的人会先问候坐着的人，后至者会先问候先到者。他们彼此说话时会注意看着对方，声音不大不小，语言含蓄、婉转，听者会聚精会神听对方诉说，不轻易打断讲话。

阿拉伯人在逢年过节的时候都会邀请亲朋好友到家里做客，盛情款待，对萍水相逢的人也会以礼相待。如果有人待客冷淡或将人拒之门外，则会受到众人的批评。

2. 礼仪禁忌

阿拉伯人大多都是伊斯兰教的信奉者，他们禁食猪肉，忌饮酒，以表示内心的虔诚。

大多数阿拉伯人在交往中忌问对方的女眷，否则，会显得很唐突，也是一种失礼的表现。

许多阿拉伯人都习惯用左手清洁身体，所以他们认为左手是不清洁的，忌用左手传递东西给他人或用左手行握手礼。

到阿拉伯人家里做客时，一般都是盘膝坐在地上，不能让脚底板朝向对方。

拜访对方时，不能给对方的妻子送礼物。交谈过程中，也不能讨论对方的妻子，否则就是冒犯对方。

应该特别注意的是：同阿拉伯人进行商务谈判时，一定要特别有耐心，因为他们对于时间观念较为淡薄，他们不可能只通过一次交涉或短暂的电话交谈就谈成生意。他们在商务场合第一反应是保护自己，当商务交往进入僵持阶段，他们会用“神的意志”“改天再谈”来抵挡对方。因此，同他们打交道时，绝不可操之过急，要耐心地取得他们的信任和好感，建立良好的朋友关系，才能为商务谈判营造和谐融洽的气氛，促成交易顺利进行。他们一旦与你签订了合同，是非常注重信誉的。

二、欧洲国家风俗礼仪

下文主要介绍俄罗斯、德国、法国、英国、意大利和西班牙的风俗礼仪。

（一）俄罗斯风俗礼仪

1. 礼仪规范

（1）见面礼仪。俄罗斯人比较注重礼貌礼节，见面会互相问好，同事相见通常会行握手礼，女性之间会亲切地拥抱，关系密切者会亲吻，男士一般以亲吻手背的方式问候女士。

俄罗斯人刚相识时，一般都是称呼某某同志，等关系慢慢密切之后就会互相用昵称，对晚辈和至亲好友可直呼其名。

（2）社交礼仪。俄罗斯人非常注重服饰的体面、整洁。

在地铁或公交车上，年轻人都会主动给老人、小孩、孕妇、残疾人让座。人们在交谈中常会使用“请”“谢谢”等敬语。

自觉遵守公共秩序，注意保持公共场合的卫生也是俄罗斯人具有良好公共道德的体现。

俄罗斯人都非常好客，喜欢在节假日或工作之余邀三五好友小聚。在客人到来之前，主人往往会提前收拾好房屋，餐桌上摆上鲜花，待客人到来时，再摆上精美的餐具，端上丰盛的食物和饮料。

作为应邀出席的客人，一定要准时赴约，因为这是俄罗斯人最基本也是最看重的礼节。进屋要先敲门；进屋后，客人要先摘取衣帽，脱去鞋子、围巾等，向主人鞠躬问好。用餐时动作要缓慢、文雅，咀嚼食物时要微闭嘴唇，不能发出声音。席间还可以不时赞美食物的丰盛和美味，称赞主人的好客热情。

（3）馈赠礼仪。每当逢年过节、婚丧嫁娶或探望病人等特殊日子时，俄罗斯人也有向亲友馈赠礼物的习俗。他们讲究送礼要及时、应景、合乎时令、因人因事而异，如对方是女性朋友可以选择送鲜花、首饰，对方是儿童可以选择玩具、书籍。俄罗斯人十分在意礼品的美观和实用。

2. 礼仪禁忌

（1）颜色禁忌。俄罗斯人最忌讳的颜色便是黑色。在他们看来，黑色是不吉祥的象征；其次是黄色，因为黄色寓意背叛、分手。因此，送花的时候一定要避免这两种花色。

（2）数字禁忌。俄罗斯人同西方人一样，忌讳“13”这个数字，因为他们认为这个数字代表凶险和死亡。而数字“7”则预示着吉祥，代表幸福和成功。

（3）动物禁忌。俄罗斯人忌讳兔子这种动物，他们认为兔子是胆小无能的，是不吉利的。他们认为马能驱邪，能给人带来好运。他们也喜欢猴子、熊等动物，因为这些动物都代表吉祥如意。

此外，俄罗斯人还有打翻瓶子、打碎镜子的忌讳。他们忌讳送花送双数，但不送一支，只有参加葬礼的时候才送双数花。

（二）德国风俗礼仪

德国人素来以严谨、认真、细致的做事风格被世人称道。他们生产的产品精细度高，品质好。他们的思维具有很强的逻辑性和系统性，性格稳重，坚韧不拔，但缺乏灵活性。因此，同他们进行商务往来时，一定要事先做好充分准备，方案要详细、具体，安排要周到、完整，态度要一丝不苟，否则很容易让对方失去交谈的兴致。他们在交易中很少妥协，哪怕是签订合同的最后一刻也绝不让步半分，因而在与他们洽谈时要注意分寸，讲究技巧和策略，在不失原则的基础上适当做出让步，以此满足对方的求胜心理。

1. 礼仪规范

（1）见面礼仪。德国人见面一般用握手礼。如果是两对夫妇会面，先是女性相互致意，然后男性分别向对方的女眷致意。在拜访他们的时候，对称呼和见面礼仪等细节之处要格外注意，对具有一定社会地位的人，要称呼其官衔或相应的职称。离开的时候都要行握手礼。

（2）交谈礼仪。德国人交谈时眼睛会看着对方的眼睛，讲话慢条斯理、口齿清楚，不会虚张声势、信口开河，也不会随便许下承诺。说话的时候，不会将两手插在衣兜里，更不会对人指指点点。即使是他人提出不同的观点或异议时，他们也会保持平和的心态。

德国人喜欢谈论个人的兴趣爱好等话题，比如足球、篮球、橄榄球等球类运动，又或者是旅游过程中的乡土风貌、奇闻趣事等。

大多数德国人都不喜欢夸夸其谈，待人接物秉承以诚相待。

（3）待客礼仪。每周日的下午是德国人在家接待宾客的时间，主人会将屋子打扫清洁，随时准备迎接客人的到来。客人到来后，主人会细心地询问客人喜欢吃什么食物、喝什么饮料。德国人会敬客人烟，但不会劝烟。客人告别时，都是由客人自行开门，以免产生主人逐客的误会。

2. 礼仪禁忌

（1）符号禁忌。德国人最忌讳的符号是“卐”，因为这曾经是希特勒为纳粹党设置的符号，人们一看到这个符号就会想起第二次世界大战时期纳粹党令人发指的暴行，因此，德国人对这个符号非常反感。

（2）颜色禁忌。德国人不喜欢茶色、红色、深蓝色和黑色的物品，也不喜欢用这几种颜色作为包装，因为，红色在德国被视作色情的颜色，而黑色是悲哀的颜色。

（3）饮食禁忌。德国人不喜欢吃蟹等高蛋白的食物，忌食核桃。

（三）法国风俗礼仪

1. 礼仪规范

（1）握手礼仪。法国人温文尔雅，又极具浪漫，不论什么场合都要握手。当你走入某个法国人的办公室时，你必须与见到的所有人都一一握手致意，离开的时候还要重复一遍。

（2）绅士礼仪。法国的男士极具绅士风度，在公共场合，女性都会受到男士的礼待。女士走进房间，男士会起立打招呼；到别人家拜访时，男士会问候女主人，告别时，也会先向女主人道谢；男女共餐时，都会遵行“女士优先”的原则；在地铁或公交车上，男士会主动为女士让座、让行，会将靠窗户的座位腾给女士；打的或者开车送女士时，会主动为女士开车门。

（3）交谈礼仪。法国人都比较注重交谈时的礼貌，因为这是体现他们内在涵养的主要方式。同他们交谈时，你会发现，法国人都是态度热情大方，语气自然平和，言辞婉转文雅，声音高低适度。他们总喜欢谈论文化、教育、体育等大家都感兴趣的公共话题，从来不把自己的观点强加于人。因而，在听他们讲话时，应当神情专注，眼睛注视对方，不能随意打断他人的谈话。

2. 礼仪禁忌

法国人忌讳灰绿色，这是因为在第二次世界大战期间，希特勒用灰绿色作为他们军队服装的颜色。他们也讨厌紫色，这是西方公认的属于同性恋者的颜色。他们喜欢天蓝色或淡蓝色。

在法国，人们通常用菊花来吊唁死者，因此，送亲友鲜花都忌讳送菊花。

（四）英国风俗礼仪

1. 礼仪规范

（1）见面礼仪。英国人一般对刚认识的人，会根据不同情况使用不同的称呼。对地位较高或年长者，称为 sir（先生）或 madam（夫人），这是一种正式也带有敬意的称呼。一般情况下则使用 Mr.（先生）、Mrs.（夫人）或 miss（女士），并附带对方的姓氏。接触一段时间后，双方关系密切些，就会直呼其名或直唤昵称。

英国人通常只会在初次见面时或久别重逢的朋友行握手礼，平日里很少看到行握手礼，仅会寒暄几句，略评论下变化无常的天气等。有时会摘下帽子示意一下，点到为止，对不常见的朋友会问“身体近来可好”等话语。

（2）交谈礼仪。在日常交谈中，英国人会将“请”“谢谢”“对不起”挂嘴边。他们每每谈及自己都比较谦虚，一般不会和他人进行无谓的争论。在倾听别人建议时，会保留自己的看法，但不随意打断对方说话，也不会用手指点对方。相对于严肃的说话方式，他们更乐意使用风趣幽默的谈吐，而且很健谈，但不会拿他人的短处进行调侃。因此，如果有英国人在场的话，绝对不用担心冷场。

（3）宾客礼仪。在英国，没有提前预约的不速之客是不受欢迎的，因为英国人觉得自己的个人隐私是不容侵犯的，随便闯入别人的房屋是很不礼貌的行为。应邀赴约时，首先要衣冠整洁，要讲究仪容仪表；要准时赴约，既不能迟到，也不能很早到，太早到会令人难堪。进门前要先敲门，经过主人允许后方可进入。如果是礼节性的拜访，客人应该注意掌控拜访的时间，不宜停留过久，以 20 分钟左右为宜。

（4）餐饮礼仪。英国人在饭桌上讲究敬茶或敬酒。他们喜欢在某个下午的时间邀两三位好友喝茶，用以增进友谊，舒缓工作压力。英国人也喜欢喝酒，他们非常乐意邀请朋友去酒馆小酌两杯，而且喜欢请人喝酒，喜欢劝客人喝得尽兴。即使是寒冷的冬天，你也常常可以看到酒吧外的长廊或露天吧台上，几位英国人在兴致勃勃地喝着冰啤酒，谈笑风生，这也往往成了英国街头的一道风景。

（5）公共场合礼仪。大部分英国人都会自觉遵守公共秩序，比如等车排队、购物排队等，很少看到乱挤起哄的现象。他们在看电影、看舞台剧、听音乐会时，特别注意保持会场的安静，很少看到有人随意走动、说话吵闹。在演出过程中，他们会选择在每一幕结束或舞蹈完毕时鼓掌表示演出的精彩。

（6）尊重女士礼仪。英国是一个对女性极度尊重的国家，社交场合都遵循“lady first”（女士优先原则）。你细心去听每次的报告，都是“ladys and genltman”，先说女士们，再说先生们。在宴会上或者餐馆里，服务员都是先给女士上菜，再给男士上菜。在公共场合，男士也应让女士先行。在《泰坦尼克号》这部电影里，就有这么一幕，当轮船遇到危难时，是让妇女和儿童先上救生艇。

2. 礼仪禁忌

（1）问候禁忌。英国人最忌讳的就是过问他人的私事，尤其忌讳打听女性的年龄和婚配状况。在日常交往中，他们从来不问你去哪儿或是将要去干什么，也不过问他人的收入、存款、房租等，还忌问宗教、党派。

（2）动物禁忌。英国人喜欢小动物，喜欢饲养狗、猫等动物，但是很少有人养纯黑色的猫，他们认为纯黑色的猫会给主人带来灾难。英国人不喜欢孔雀，他们认为孔雀空有一身华丽的羽毛，开屏只是为了自我炫耀。

（3）其他禁忌。英国人还忌讳吃饭时刀叉碰响水杯而不去终止那种清脆的声音，他们认定这会带来不幸，因此，英国人吃饭都会将这两样餐具分开，避免刀叉器皿碰撞出声，万一发出了声响，就会赶紧用手去握住水杯，使它停止响动。他们还忌讳家中镜子破碎或百叶窗合不上等情况，这预兆着家中会有丧事。

（五）意大利风俗礼仪

意大利人特别注重自身仪表仪容，讲究服饰搭配，注重自己的身份。在社交场合，意大利人热情、好客、爽快、坦率、平易近人，同他们交朋友是件十分容易并且快乐的事情。如果与他们谈话非常投机，那么就意味着生意将有了八九成把握。但他们在对待工作和生意方面也很仔细，容不得半点马虎。

意大利人善于进行商务谈判，也十分重视商务往来，他们会派出工作经验丰富、业务能力较强、具有一定决断能力的人参加。一旦达成协议，主谈判人就有代表高层领导的权利进行签字。所以，与意大利人谈判时，不妨将精力放在主谈判人身上，取得他的信任和好感，这样谈判会事半功倍。

意大利人普遍喜欢和爱护动物。在他们国家，广场上随处可见飞翔和觅食的鸽子，路人对此十分喜爱，鸽子也不惧怕行人，因而时常能看到人们为鸟儿喂食的温馨场面。

意大利人也喜欢音乐，他们的歌唱艺术在全世界都享有盛名。他们特别喜欢被人邀请去参加歌剧演出，这既能显示对他们国家文化的热爱，也能增进彼此的友谊。

（六）西班牙风俗礼仪

1. 礼仪规范

西班牙人天性开朗，性格温顺，既朴实稳健，又精明能干。

西班牙人不注重对事情进行计划性的安排，他们认为计划只是在纸上谈兵，毫无实际意义。他们认为谈判的成功与否取决于运气。他们会从现实效果的角度来考虑问题，不太注重对长远利益的影响。

西班牙人注重社交，但彼此很少共进晚餐。对于交往较为密切的朋友，他们会以家庭为单位进行邀请。如果是萍水相逢，他们很少提出与对方共进晚餐的邀请，以免对方碍于情面，无法拒绝，造成双方尴尬。

2. 礼仪禁忌

跟西班牙人进行商务洽谈时，如果不赞同对方的意见，要避免使用“不”这种字眼，这样会令他们感到难堪，因为他们认为在社交场合，明确表示拒绝是很失礼的行为。

他们也不喜欢被人诱导式提问，比如“你认为这种出行方式不合适吧”，又或者是“照我看，您应该不会赞成这类交易方案吧”，这种带有一定强迫性的提问方式，会让气氛十分难堪，即使得到了肯定的答复，也可能杳无音信。

三、非洲国家风俗礼仪

下文主要介绍埃及、南非和尼日利亚的风俗礼仪。

（一）埃及风俗礼仪

1. 礼仪规范

（1）见面礼仪。埃及人见面都非常热情。通常情况下，不太熟悉的人会先问候一句“安塞俩目尔来库姆”（音译），这是穆斯林通行的问候语，即“你好”的意思。如果见到较为熟悉的朋友，又或者是许久未见面的老朋友，会相互拥抱，并行贴面礼。他们会用右手扶住对方的左肩，左手搂住对方的腰，先左后右，然后脸面相贴一次或者多次，再致以问候。

亲人间的问候则是相互亲吻，他们会亲吻对方的手背来表示尊敬，比如儿女对父母、弟弟对兄长、年轻人对年长者、地位低的人对地位高的或有权势威望的人都喜欢行这种亲吻礼。

（2）宾客礼仪。埃及人非常好客，特别欢迎朋友、亲戚的拜访，甚至引以为荣。但异性之间是禁止拜访的，男女同学、同事也不能随意相互拜访。

到埃及人家里做客，应提前跟主人预约，他们反感不速之客。但如果是特殊情况，他们也不会见怪，他们会始终保持微笑，欢迎客人的到来。一般没有经过主人的同意，埃及人家里的卧室是不欢迎外人进入的。

去别人家做客，如果主人家里有年长者，应主动问候老人并与之攀谈，埃及人都乐于侃侃而谈，话题的选择也比较随意，一般要聊完某个话题后才告辞。

（3）饮食礼仪。绝大多数埃及人都是信奉伊斯兰教的，因此在饮食上他们严格遵守伊斯兰教教规。在斋月里，白天是禁止吃食物的。埃及人吃饭的时候一般不会与人攀谈，喝汤或饮料时禁止发出声音，而且忌讳用左手触摸食具和食品。

埃及人在喜庆的日子喜欢大摆筵席，邀请许多贵宾亲友，甚至平时与主人没有太多交往者赴宴。主人会先摆出巧克力和水果，食用前默诵《古兰经》，然后再上肉汤泡馍、米饭或肉类等，最后再上些点心。

2. 礼仪禁忌

（1）穿着禁忌。遵照伊斯兰教的教义，女性的身体是不能让丈夫以外的人窥见的，即使是同性之间，也不应相互窥视对方的私处，因此，短、薄、透、露的服装是女性不能选择的。即使是婴儿的身体也不能无遮无掩，所以埃及是没有公共澡堂的。在埃及，袒胸露背或穿短裙的女性是严禁到清真寺去的。

（2）颜色禁忌。埃及人大多喜欢绿色和白色，讨厌黑色和蓝色。他们会用“白色的一天”来表示这一天很美好，而不幸的一天则称作“黑色的一天”或“蓝色的一天”。对真诚坦率的人称为“白心”，而称充满仇恨、嫉妒、奸诈的人为“黑心”，丧服也都是黑色的。因此，平常埃及人不穿黑色的服饰，只有地位高的人或年长者喜好黑色或深色服装，以表示庄重和威望。

（3）左手禁忌。在埃及，你会发现做脏活的时候普遍用的是左手，他们认为左手是不干净的。他们认为“右比左好”，右边代表着吉祥。做事干活要从右手和右脚开始，握手、用餐、传递东西都是用右手，穿衣、穿鞋也是先从右边开始，进入家门或清真寺都会先迈进右腿。用左手与他人握手或递东西是极不礼貌的，甚至被视为是带污辱性的。

（二）南非风俗礼仪

1. 礼仪规范

在南非，因种族、宗教、习俗的制约，礼仪可以分为两类，一类是黑人礼仪，另一类是白人的西式礼仪。

（1）见面礼仪。在社交场合，南非人通常采用的见面礼是握手礼。他们对交往对象的称呼主要是“先生”“小姐”或“夫人”。

（2）服饰礼仪。南非人的穿着打扮接近西方国家，正式场合中，他们都讲究着装端庄、严谨。特别是公务交往或商务交往中，大部分南非人会选择样式保守、色彩偏深的西装或裙装，以表示对对方的尊重。而南非黑人通常延续着民族服装风格，不同部族的黑人在着装上也各有其特色。

（3）餐饮礼仪。在南非，当地白人一般以吃西餐为主，他们喜欢吃牛肉、鸡肉、鸡蛋和面包，爱喝咖啡与红茶。而黑人喜欢吃牛肉、羊肉，主食是玉米、薯类、豆类。在南非黑人家做客时，主人通常会为客人准备刚挤出的牛奶或羊奶，对关系较好的客人会拿出自制的啤酒来招待。

2. 礼仪禁忌

南非的黑人都十分敬仰和崇拜自己的先祖，他们特别忌讳外人对自己的祖先言行失敬。同南非人交谈，话题的选择也十分重要，切忌当着南非黑人的面评说白人的优点，也不要谈论黑人部族或派别之间的关系及矛盾，更不要非议黑人的原始习惯。

（三）尼日利亚风俗礼仪

1. 礼仪规范

（1）见面礼仪。尼日利亚人热情而友好，对于任何交往对象，他们都讲究以礼相待，不失敬意。

交际应酬中，一般关系的朋友见面时会采用弹掌礼，这是使用最多的一种见面礼，具体的方法是：用大拇指，轻轻地弹一下对方的手掌，然后再同对方握手言欢。当与关系较好的亲朋好友或久别重逢的老朋友见面时会使用击掌礼，其方法是：彼此伸出自己的右手，并用力拍打对方的右手。如果对方是某部落的酋长，平民百姓会使用跪拜礼，在行礼时，平民应先脱鞋，然后走向酋长跪下请安，未经酋长允许，不能随便站起来。还有一种是屈膝礼，它多见于晚辈拜见长辈，晚辈需躬身走到长辈面前，双膝稍稍弯曲一下，然后再身子前躬一次。

尼日利亚人十分重视称呼。他们的等级观念十分强烈，介绍对方时都会冠之某某职衔、学衔或军衔，如果忽视了这一点，很有可能被对方理解为藐视。

（2）社交礼仪。尼日利亚人非常注重时间观念，不管男女，对事先约定时刻的把握都很准，既不会迟到，也不会早到。

由于尼日利亚以前是英国的殖民地，因此受西方文化的影响较为明显，在尼日利亚拜访政府官员宜穿西装正装，访问商务人士则不必穿西装。

2. 礼仪禁忌

与尼日利亚人交谈时，一般忌谈宗教信仰的话题，他们平常喜欢谈论的是有关尼日利亚的工业成就和发展前景。尼日利亚人喜欢谈论非洲的政治活动，他们喜欢评论对非洲统一组织、西非国家经济共同体以及其他非洲国家所做出的贡献，但一般不愿谈论政治问题。

尼日利亚人忌讳用左手传递东西或食物，他们认为左手是不干净的，左手从事的都是脏活。

四、美洲国家风俗礼仪

下文主要介绍美国和加拿大的风俗礼仪。

（一）美国风俗礼仪

美国人的生活方式比较自由随意，不愿受太多的约束，所以，除了遵守一些共同的礼仪规则外，美国几乎没有很特殊的礼仪风俗。

1. 礼仪规范

美国人与人打交道，形式都比较随意，朋友之间见面通常就打个招呼，一般只会同不常见面的朋友和熟人握手。但在正式的场合，美国人还是比较讲究礼节，见面时行握手礼，遵从女士先伸手、年长者先伸手、上级先伸手、主人先伸手的原则。

美国人讲究时效，计划性很强，这也充分体现在宾客礼仪里。如果想拜访某人，他们会提前预约，而且准时赴约，不让人久等，也不会让人措手不及。做客时彬彬有礼，落落大方。见面时会互相致意，亲切问候，话语间会常带“请”等客气语。若是去亲友家做客，一定会备小礼物送给主人。

通常情况下，美国人是不会轻易拒绝他人的，即使拒绝别人的请求，也会尽量用婉转的言辞来提出自己的意见和顾虑，还会说“非常抱歉”等客套话。

2. 礼仪禁忌

在美国的舞会上，是不能邀请同性跳舞的。如果有两个同性双双起舞，那将被视作是同性恋者的行为。

美国人忌讳在他人面前吐舌头。

美国人在宴会上通常会喝酒，他们会劝酒而不会灌酒，因此，喝酒要根据自己的酒量来，切勿贪杯惹出笑话，尤其是不能酩酊大醉，这会破坏当时的气氛。

（二）加拿大风俗礼仪

1. 礼仪规范

加拿大人热情、随和，懂礼貌而不拘繁礼，相识已久的人见面除互相表示问候外，还会握手或拥抱。

加拿大人在公共场合十分讲究文明礼貌。出门前会整理好仪容。在大街上难以找到随地吐痰、乱扔果皮纸屑的人。他们会自觉遵守公共秩序，认真有序地排队上车或买东西。

加拿大人非常好客，每当佳节来临，都会宴请宾客。他们喜欢将客人招呼到家中做客，而且会准备丰盛的食物，任宾客随意取食，边吃边聊，以此来增进感情。

2. 礼仪禁忌

加拿大人绝大多数都信奉基督教，他们也特别忌讳“13”这个数字，因此，门牌号码、聚会日、宴会都不会用13。

加拿大人在交谈过程中，忌讳谈论死亡、灾难等方面的话题，他们认为这些话题十分破坏气氛。

加拿大人还忌讳在吃饭时把盐洒落，忌讳玻璃被打碎，他们认为这些都是不吉利的象征。

五、大洋洲国家风俗礼仪

下文主要介绍澳大利亚和新西兰的风俗礼仪。

（一）澳大利亚风俗礼仪

近年来，中国与澳大利亚的交往越来越密切，包括国事访问、商务往来、留学生交换等。澳大利亚属于典型的地广人稀的国家，澳大利亚人很注重办事效率，厌恶拖沓，也不愿意将时间浪费在无休止的谈判和讨价还价中。因此，和澳大利亚人做生意，要注重时间观念，行事要果断、干脆，讲究工作效率。

1. 礼仪规范

澳大利亚人通常在见面时会行握手礼，关系要好的女性朋友相聚时常常会互相亲吻对方的脸颊。

澳大利亚人真诚、踏实，不喜欢自夸、吹牛的人。他们交谈时语气平和、婉转，声音高低适中，说话不喜欢拐弯抹角，谈吐精练简洁，言简意赅。

2. 礼仪禁忌

澳大利亚人自尊心很强，不喜欢他人把他们同其他国家的人相比较，或者评论他们之间的异同，他们总以自己独特的民族风格而自豪。

澳大利亚人热情好客，乐于招待远道而来的客人。但他们公私分明，公对公，私对私，他们不喜欢将生意和招待客人相混淆，也不喜欢通过喝酒来拉拢关系。与澳大利亚人交朋友，切忌将工作和聚会联系在一起，尤其在餐桌上避免探讨生意的问题，这样有利于赢得对方的好感和信任。

在日常交谈中，澳大利亚人对话题的选择很随意，但是他们对宗教信仰却十分认真。因此，同他们交谈时，要避免谈论宗教、工会等话题，也不要探讨澳大利亚本土的社会问题，比如袋鼠数量的控制等敏感的话题。

（二）新西兰风俗礼仪

1. 礼仪规范

（1）着装礼仪。在商务场合，新西兰人都会十分注重服饰，盛大的社交场合会穿深色西服或礼服，而女性通常会选择保守式样的西装或套裙，因为她们认为这是对这种严肃场合的尊重。他们的商务活动比较接近英国等西方国家，保守、刻板，这是与澳大利亚的不同之处。

（2）见面礼仪。新西兰人说话都会很轻声，遇见久别重逢的朋友会老远就挥手打招呼。新西兰人见面通常都会行握手礼，有时也会行鞠躬礼。在正式场合一般称呼对方“先生”“女士”“夫人”等，对初次见面或还不熟的人，会称呼对方的姓氏。有些年长的人会保留一些传统习俗，遇到尊贵的客人或地位较高的人，他们会行“碰鼻礼”，双方要鼻尖碰鼻尖两三次，碰鼻子的时间越久，说明礼遇程度越高，越表示欢迎。

（3）用餐礼仪。新西兰人在饮食上追求口味清淡，他们习惯了吃英式西餐，喜欢动物蛋白质含量高的食物。他们用餐时很少交谈，有话都会等到饭后再谈。新西兰人邀请他人到家里吃饭时，应邀方如果应约，那就一定要准时到达，主人不喜欢迟到而让人久等的客人。

2. 礼仪禁忌

（1）话题禁忌。新西兰是一个不干涉他人隐私的国度，在他们国家，是绝不能在背后评论人家是非的，即使是对亲密的朋友，对于对方的宗教信仰和政治立场，也是从来不涉及的。亲朋好友在一起，他们主要的话题就是运动、文艺等大众性的话题，这会令他们兴趣盎然。

（2）社交禁忌。在公众场合，新西兰人特别不喜欢剔牙和咀嚼口香糖等动作，他们认为这是非常失礼的行为。他们一般不当众大声闲聊、吃东西、喝水、提裤带，这些在新西兰都是不文明的举止。

在新西兰，男性和女性是忌讳同场活动的，即使是看电影或戏剧，通常也会分男性场和女性场。

每个国家的国情不同，文化背景不同，因而民俗民风、礼仪习惯也存在较大差异。商务人士在进行涉外商务活动时，可以更有针对性地去了解这个国家具体的礼仪礼节，以确保交往时更加有的放矢，心想事成。

第三节　涉外工作礼仪

近些年来，不同国家企业或公司的交往合作日益频繁密切，各种会见、谈判、签字、赠礼等活动不断，这就需要涉外商务人员熟悉和掌握这些活动形式和礼仪规范，使自己在这些工作场所和活动过程中不出笑话、不失礼，更好地促进相互沟通，实现友好合作。

一、邀约礼仪

在涉外交往中，常常会因为实际工作的需要，对交往对象发出邀请，约请对方出席某项活动，或前来做客，这类活动被称为邀约。邀约实质上是一种双向的约定行为，不论邀请者还是被邀请者，都必须把邀约当作正规的交往活动来看待。对邀请者来说，发出邀请就是发出一种礼仪很规范的通知，不仅要合乎礼节，取得被邀约者的及时回应，还必须使交往活动符合双方的身份和目前的关系。对受邀者而言，受邀是一件很荣幸的事情，但无论是接受邀约还是拒绝邀约，都要注重礼仪规范，在不伤害邀请者自尊的前提下直接或间接说明原因。

（一）邀请礼仪

一般情况下，邀请分为正式和非正式两种。

1. 正式邀请

它适用于正式的涉外交往中，这种邀请既讲究礼仪，又要设法提醒被邀请者准时赴约，因此多采用书面的形式。具体有请柬邀请、书信邀请、传真邀请、便条邀请等形式。其中最常用、档次最高的属于请柬邀请。它一般是由正文和封套两部分组成，在格式和行文上都有一定的规矩。请柬也属于书信，但与一般书信有所区别。书信一般是双方不方便或不适宜直接交谈而采用的交际方式。但请柬不同，即使就在同一办公室、同一栋楼，如果发送请柬，是表示对客人的尊敬，也表明邀请者对此次活动的心意和郑重的态度。请柬既可以购买印刷品，也可以自行制作。

其次，较为方便的应该是便条邀请，即将约定的时间、地点都写在便条纸上，交给或请人带给被邀请者。因为这种方式简便、随意，因此往往会让被邀请者感到亲切、自然。

采用书面邀请的方式时，为了能确切掌握被邀者能否赴约，可在后面注明“盼复”，并附上自己的联系方式和地址。对不熟悉地址的人可以说明来参加活动的乘车路线。

2. 非正式邀请

适用于涉外非正式的接洽场合，多用于较为熟悉的人之间，通常是采用当面口头邀请、电话邀请或托人邀请等形式，这些邀请方式显得随意些。

无论是何种方式的邀请，都应至少提前一个月送达被邀者手中，以便被邀者提早做准备。

（二）答复礼仪

在涉外交往中，接到来自任何单位或个人的邀请，不论能不能接受对方的邀请，均要按照礼仪的规范给予明确答复，对邀请者待之以礼。所有的回函，不管是接收函还是拒绝函，应在接到书面邀请之后三日内进行答复，答复得越早，说明受邀方对邀约方越重视。

回函的内容也是十分考究的。在回函的行文措辞上，应当表示对邀请者的尊重和友好，对能否接受邀约这一关键性的问题，要做出明确的答复，切勿避重就轻，让人感觉模棱两可，产生误会。如果是拒绝，则要说明理由，言辞委婉即可。

二、礼宾礼仪

在涉外商务活动中，礼宾活动一直都是政治性较强而又敏感的问题，它既能体现对不同参与者的身份、地位、年龄特别重视，也能体现对所有参与者平等相待的态度。如果安排不当或不符合国际惯例，会引起不必要的误会，甚至还会影响两国之间的关系。礼宾礼仪，看似是小事，但一旦出现问题，就是大事，正所谓“外事无小事”。因此，要对礼宾礼仪给予高度重视。

礼宾活动包括会见、排序、迎送、签字、赠礼等几个方面。下面逐一介绍这些涉外商务活动中应当注意的礼仪规范。

（一）会见礼仪

会见是涉外活动中常见的形式之一，国际上又称拜会。凡身份较高者会见身份较低者，或主人会见宾客，称为接见。相反，身份低者会见身份高者，客人会见主人，则称为拜见。接见和拜见的回访，都称为回拜。

会见又分为两种：一种是礼节性会见，另一种是专门性会见。专门性会见简而言之就是约见，即事先约定对方某时、某地登门会见。会见大多都是双方，也有可能是多方会见。会见的地点一般选择在办公室或会客室。会见双方按照身份职务的高低、宾主之别分边而坐，主宾坐在主人右侧，其他按照身份高低分别在主人和主宾一侧就座；如果有陪同翻译，则安排在主人和主宾的后方。某些高规格的会见还有其独特礼仪程序，如双方简短致辞、赠礼、合影等。

（二）排序礼仪

会见之时，多半会涉及礼宾次序，即在商务交往中对出席活动的国家、公司企业和各国人士的位次按照特定的规则和惯例进行排列的先后顺序。这体现着东道主对各国宾客所重视的礼遇程度，表示各国主权平等的地位。如果礼宾次序安排不当或不符合国际惯例，将会招致其他各国的不满，引起不必要的争执和交涉，甚至会影响两国之间的友好关系。常见的礼宾次序有以下几种：

1. 身份关系不对等时的排序礼仪

当参与者的身份关系不对等时，应该按照地位高低、职务上下、年龄长幼、实力强弱进行排序。其基本原则是：上级在先，下级在后；身份高者在先，低者在后；职位高者在先，低者在后；长辈在先，晚辈在后；实力强者在先，弱者在后；女士在先，男士在后。由于各国的国家体制不同，部门之间的职务高低也不尽相同，因此，要根据各国的规定，按同等的级别和官职进行安排。

在排位置时，应按照前后排关系排列，在主席台上，前排为高、为尊、为强，后排次之；在同一排时，中间为高、为尊、为强，两边次之。在观众席上，也是前排为高、为尊、为强。同时居中时，按照右边为高、为尊、为强的原则进行排序。

如果两人同时并行，内侧为尊，外侧次之；两人前后行时，前为尊，后为次。多人并行时，中间为尊，两侧依次排序。在上楼梯或者乘坐电梯时，前者为尊，后者次之。

2. 身份关系对等时的排序礼仪

当参与者的关系对等时，可采取以下两种方法进行排序：

（1）按字母顺序进行排序。在多边活动中，按照国际惯例，国家都是按照 26 个拉丁字母顺序进行排序，如国际会议、奥运会等的悬挂国旗以及座位安排。有时为了避免一些国家总是占据前排席位，会采用抽签的办法决定席位的前后，这样就让各个国家都有机会排列在前。

（2）按代表团组成日期先后进行排序。在由多个国家参加的商务活动中，会采用按代表团组成日期先后进行排序的方式安排位次。具体包括以下三种情况：

① 按照派遣国通知东道主代表团组成的日期先后顺序排序；

② 按照派遣国决定应邀派遣代表团参加活动的答复时间的先后顺序排序；

③ 按照各国代表团抵达活动地点的时间先后顺序排序。

不管采用何种排序方法，东道主都必须在各国的邀请书上进行解释说明。实际工作中，遇到的情况往往会比较复杂，礼宾次序不能按照一种方法进行排列，要多种方法交叉并用，要综合考虑国家之间的关系、活动性质和内容、对活动的贡献大小，以及国际社会威望、资历等。

（三）迎送礼仪

迎送礼仪，主要包括因国事访问等公务活动而安排的迎接和送别礼仪。迎送的对象，按照其访问的性质不同分为专程前往和顺道路过；按照国别不同分为国内和涉外工作迎送；按照其来访人员级别分为领导人和普通工作人员。

1. 迎送的规格

来宾迎送规格通常是根据来访者的身份、访问性质和目的，以及两国关系和国际惯例确定的。规格的确定决定了由哪级人员负责迎接，组织安排哪一种礼遇规格，按照何种接待要求迎送。迎送的代表方和来访者身份不能相差太大，宜以对口或对等最佳，以表示对客人的尊重。如果来宾只是过境访问，则规格可适当降低。在特殊情况下，为了两国的外交关系和政治需要，被访者可安排较大的迎送仪式，给予较高的礼遇，但要避免产生误会，造成厚此薄彼的印象。

总之，迎送的规格要遵循礼貌、实际对等的原则，既不可过分渲染夸张，又要充分表示尊重和友善。

2. 迎送的程序

迎送的程序也是迎送过程中的核心部分。一般而言，迎送的程序包括时间安排、人员安排、献花仪式、相互介绍、陪同访问五个方面。

（1）时间安排。为了顺利迎接客人，通常会提前同客人联系，准确获悉客人所搭乘的交通工具的抵达时间，预计从迎接地点到送至目的地的时间。如有变化，应及时通知相关迎送人员，避免出现让客人等候的情形。

（2）人员安排。安排有关迎送人员应先取得主要迎送人的同意，并让他们互相知晓有多少人参加此次迎送。同时，还要确定各位迎送人的身份和正式官衔，以备主迎送人介绍，防止出现差错。

（3）献花仪式。站在来宾的角度，在迎送仪式上安排献花，会感觉受到了重视和尊敬，这也是国际交往中较为重要的仪式。献花一般由儿童或者女青年双手捧送，选择在主人与客人握手之后。献花必须用成束的鲜花，而且要保持整洁、鲜艳。不能用假花，不能用菊花、杜鹃花或黄色花系，可以选择兰花、玫瑰花等名贵花种。

（4）相互介绍。客人与迎送人员会面后，先由主迎送人将迎送人员介绍给来访宾客，然后再由来宾的主介绍人依次介绍来访人员。

被介绍的人当介绍到自己的时候，应主动微笑并点头致意，还可以说声“您好”或“hello”等问候语。眼睛应该注视对方，切勿面无表情、左顾右盼。有时也可递送名片，涉外商务人员使用的名片最好能使用两种语言印刷，这样可以方便对方通过他熟悉的文字了解你的情况，也方便今后更加快捷地找寻你的信息，有助于关系的发展和友谊的加深。

（5）陪同访问。不论何种规格的迎接，都应该安排陪同，有的安排主人陪同，有的安排其他熟悉路况的人员陪同。如果是主人陪车，应该先请客人从右后门上车，然后自己从另一侧上车。在车内应当坐在客人的左侧，翻译人员坐在加座上，也可以坐在司机旁。如果客人已自行坐下，就不要让他更换座位了。

在迎送过程中，所有的程序都应该事先妥善安排，切忌临阵调遣或更换，这样容易给人仓促之感。客人的住处和膳食要事先准备好，在客人抵达之前将住房地点、房号房卡、用膳地点、日程安排、联系方式、联络人等内容做成文字材料分发给客人或者对方的联络秘书，使客人心中有数，主动配合。另外，客人刚抵达目的地时，不宜安排太多活动，应以客人休息为主，避免客人因舟车劳顿得不到休整而对主人的安排产生反感情绪。

（四）签字礼仪

签字仪式是指会谈双方就某一问题或某一类问题已达成共识，最终形成文件后而举行的一种较为隆重、正式的确认仪式。因此，签字双方需要事前做好充分准备，在签字过程中严格遵守礼仪规范。

签字之前，首先要协商好双方参加签字仪式的人数，双方人数应大体相同，身份相符。为表现对该仪式的重视，还可邀请更高层的领导人和有关人员出席，见证签字仪式。

签字场所的摆台、位次安排都应符合相关的礼仪要求。通常情况下，应选择一长方形条桌作为签字台，签字台前放置两把椅子给签字人就座，客人在主人的右边。台上放好文本和相关文具，双方签字人的侧前方摆放好两国的国旗。

签字时，参加签字仪式的人员按主宾各一方，并按照身份不同站在签字人的座位后方。协助签字的人员分别站在各自签字人的外侧，协助翻揭文件，指明签字处。在本方保存的文件上签好后，由协助签字的人员传递文件，再让签字人在对方保存的文件上签字，之后，由签字人握手并互换文件完成签字仪式。

（五）赠礼礼仪

在涉外商务活动中，为表示友善、促进友谊，为赢得更多公众的支持和了解，组织方常常会向对方代表团或公众馈赠礼物。馈赠和接受礼品，对双方来说，都是很愉快的事情。可是，由于地域不同、文化差异以及宗教等因素的影响，涉外赠礼活动常常会触及一些敏感的礼节问题。所以，涉外赠礼要非常慎重。那么，如何才能把好事办好？一是选择礼品时要充分考虑送礼的目的，选择合适的礼品；二是要顾及受礼人的爱好以及当地的习俗和忌讳。

如穆斯林禁酒、猪肉及猪肉制品，甚至禁止谈论同猪有关的话题。在印度、尼泊尔等国信仰印度教的人士，视牛为神，与牛有关的食品、制品，包括牛肉干、牛皮带、牛皮鞋等，都在禁食、禁用之列。所以，向这些国家的人士赠送礼品，一定不能违犯有关禁忌。

在欧洲，礼物过重会被认为有贿赂的嫌疑，受礼方往往会很警惕。而俄罗斯人忌讳把礼物送到办公室或会议室里。

美国送礼则注重实际，讲究礼品的精美包装，即使不太贵重的巧克力，有时也会包装得里三层外三层。

英国人讲究外表，所送的礼品花费不多。合适的送礼时机，一般是晚餐后或看完演出之后。对有公司标志的礼品，英国人普遍不欣赏。我国民间工艺美术品，如风筝、二胡、剪纸、笛子、筷子、图章、脸谱、书画、茶叶等，他们会很喜欢。

巴西、秘鲁忌讳刀剑之类的礼品，这些物品有断绝来往之嫌，与中国的“一刀两断”意思差不多。

三、会谈礼仪

在涉外活动中，会谈是双方或多方就实质性的问题交换意见、进行讨论、阐述各自的立场，或为求得某些具体问题的解决而进行的严肃而正式的商谈。如各国贸易代表、各国企业、公司之间关于商务、经济合作等方面的会谈。会谈通常较为正式，按会谈首席代表的身份、地位，可分为最高层次会谈、专业人员会谈等；按会谈内容性质，可分为实质性会谈、技术性会谈等；按程序又可分为预备性会谈、正式会谈和善后性会谈等。

（一）会谈前的准备

1. 确定会谈的时间和地点

会谈的时间和地点应双方事先约定。如果一方要求拜会另一方，应提前将会谈时间和地点告知对方，接到要求的一方如同意对方的请求应回复对方。不予答复或无故拖延有可能导致关系恶化、合作失败。会谈要在经双方协商确定都认为合适的时间、地点进行。通常，高层领导人间的会谈安排在重要建筑物的宽敞的会客厅内进行，也可以在下榻的酒店的会客室或会议室内进行。

2. 确定会谈的人员和规格

双方确定会谈的时间后，提出要求会谈的一方，应提前将自己一方出席人员的姓名、职务等信息提供给对方，接到要求的一方也应把自己一方参加人员的名单及时通知对方。参加会谈的人数及双方最高领导者的身份、地位应大体相等。

3. 准备会谈的资料

在会谈过程中，不论是主方还是客方，均应了解对方背景资料及其习俗、禁忌、礼仪特征等。参加会谈还应在文字资料方面做好准备，如需提供外方参阅的，还要准备好外文资料。

4. 布置安排会谈的场所

一般商务性的会谈，在国外多在主人的办公室内进行，在我国大多在会客室或会议室进行。

（1）会谈场所的布置。在涉外活动中，东道主应根据来访者的身份和访谈目的，安排人员对场所进行精心布置，坚持以宽敞明亮、整洁舒适为原则，这不仅是对外宾的礼貌和尊重，同时也是向外宾展现自身的整体形象。

会客室的陈设与装饰应简约、实用、美观、整洁。会谈桌上通常摆放两国国旗。会议现场要事先安排好座位表，现场每一个座位的醒目位置要放置中外文座位卡，上用主方国文字，下用客国文字。字迹应工整、清晰，方便与会者对号入座。会谈场地正门口应安排专人迎送，对于级别高的客人，应有专人将其引导至座位，并安排入座。会客室应安排足够的座位，不可临时又去加座椅。

此外，还应备有茶具、茶水、饮料、纸巾以及必要的文具等。为使会谈室显得温馨，可用鲜花装点，营造氛围。

（2）会谈座次的安排。按照惯例，会谈时宾主座次均由主方负责安排。

双边会谈通常用长方形或椭圆形桌子，宾主相对而坐，以正门为准，主人坐背门侧，客人坐面门侧；或者以入门的方向为准，宾客坐右边一侧，主人坐左边一侧。

座位的排定方法是：主发言人居一侧的正中，第一副发言人在主发言人的右侧，第二副发言人在主发言人的左侧，然后以此类推。如果有翻译人员在场的话，则翻译人员在主发言人右侧，第一副发言人在主发言人的左侧，第二副发言人在翻译人员的右侧。其他人员按礼宾顺序左右排列，记录员可安排在后面，如参加会谈人数少，也可安排在会谈桌就座。

我国习惯把翻译人员安排在主谈人右侧，但有的国家也让翻译人员坐在后面。一般应尊重主人的安排。

（二）会谈中的礼仪

主方应提前到达会谈场所，当外宾抵达时，主人应在门口迎接，与客人握手、致意或由专门迎宾人员迎接，主人在主宾左侧，陪伴客人步入会谈厅。

会谈开始，除陪同人和必要的翻译人员、记录员外，其他工作人员安排就绪后均应退出。如允许记者采访，也只是在正式谈话开始前采访几分钟，然后全部离开。谈话过程中，旁人不可随意进出。

会谈双方应本着友善礼貌的态度进行交流沟通，即使意见不一致，也应克制自己的情绪，尊重对方的观点，再谋求达成共识的途径。不可随意发脾气，甚至拂袖而去。

第四节 案例分析

案例 1：国外一投资机构来中国考察时，看中了某县的旅游资源，在与有关部门取得联系和共同努力下，基本达成了斥巨资开发当地独特、优美的旅游资源的意愿。为进一步促进投资等具体事宜，该投资公司的董事长亲自挂帅带团来该县进行实地考察。当地县政府对此次接待活动相当重视，接待规格也超过以往。县政府在代表团到达之际，举办了盛大的欢迎宴会，出席宴会的外方代表团成员有 8 人，县政府则安排了 100 余人奉陪。宴会的菜品也十分丰富，有从海南空运过来的龙虾、鲍鱼，还有北京全聚德的厨师烹饪的北京烤鸭，甚至还有当地野生的山龟和果子狸。

然而，面对东道主热情洋溢的祝酒词以及丰富的山珍海味，外方代表团成员没有我方陪客那样兴奋，似乎对我方的盛情款待并不是很领情。第二天，代表团参观了当地尚未开发的旅游资源，外方虽然赞不绝口，但并没有按照之前期望的那样签订任何协议。

请问：中方在此次招待当中的哪些地方得罪了外方代表团？

案例 2：王先生是国内一家大型外贸公司的总经理，为一批机械设备的出口事宜，携秘书韩小姐一行赴伊朗参加最后的商务洽谈。王先生一行在抵达伊朗的下午就到交易方的公司进行拜访，然而正遇上祷告时间。主人示意他们稍作等候再进行会谈，以办事效率高而闻名的王先生对这样的安排表示出不满。

东道主为表示对王先生一行的欢迎，特意举行了欢迎晚会。秘书韩小姐希望以自己简洁、脱俗的服饰展示中国妇女的精明、能干、魅力、大方。于是她上穿白色无袖紧身上衣，下穿蓝色短裙，在众人略显异样的眼光中步入会场。为表示敬意，主人向每一位中国来宾递上饮料，当习惯使用左手的韩小姐很自然地伸出左手接饮料时，主人立即变了脸色，并很不礼貌地将饮料放在了餐桌上。令王先生一行不解的是，在接下来的会谈中，一向很有合作诚意的东道主没有再和他进行任何实质性的会谈。

请问：王先生一行哪些地方做得失礼？

案例 3：国内某公司正和意大利某公司谈合作，国内公司向合作方赠送小礼品。于是，该公司订购制作了一批真丝苏绣手帕，是杭州制作的，还是名厂生产，每个手帕上绣着花草图案，十分美观大方。中国丝织品闻名于世，料想会受到客人的喜欢。

接待人员带着盒装的真丝手帕，到机场迎接来自意大利的客人，欢迎词致得热情、得体。

在车上，接待人员代表公司赠送给意大利客人包装甚好的手帕作为礼品。

没想到车上一片哗然，议论纷纷，合作方的谈判人员显出很不高兴的样子。特别是一位女士，大声叫喊，表现极为气愤，还有些伤感。公司工作人员心慌了，好心好意送人家礼物，不但得不到感谢，还出现这般景象。

不要以为礼多人不怪，这些意大利人为什么就怪起来了？

本章关键词

涉外工作（foreign affairs）　　外国风俗（foreign customs）

实训练习

每十人一组，制定一份详细的迎送英国某公司董事长一行四人的方案并进行演示，其中四人在最后的演示中扮演英方。 英国某公司董事长一行四人是来考察合作项目的。

思考题

1. 请口头阐述涉外礼仪的基本原则。
2. 请说出世界三大宗教的主要节日。
3. 请草绘涉外会见、会谈、签字时的各种位次安排。

延伸阅读

[1] 关世杰. 跨文化交流学——提高涉外交流能力的学问［M］. 北京：北京大学出版社，1995.

[2] 鲁思·本尼迪克特. 菊与刀［M］. 天津：天津人民出版社，2013.

[3] 金正昆. 涉外礼仪教程［M］. 北京：中国人民大学出版社，2014.

[4] 联合国贸易网络上海中心. 如何和外国人打交道——世界各国商务文化礼仪习俗指南［M］. 北京：世界图书出版公司，1970.

[5] 苏胜. 世界各国习俗大搜集［EB/OL］. 圣才学习网.

综合案例

案例1：虞菊伢，女，1967年8月出生，江苏省常州市溧阳南渡镇梅庄村农民，2011年春节以来被社会各界誉为“信义妻子”。

2011年春节前的一天，溧阳籍包工头施阿林在为工友们结算工资的途中出了车祸，住院后一直昏迷不醒。工友们得知了这一消息后，痛心疾首的同时，也在担心自己的工钱该怎么结算。就在这时，跟施阿林一起干了十多年的老工友陈云根，接到施阿林妻子虞菊伢打来的电话，让他召集一起干活的工友们在第二天，也就是腊月廿八到他家领工钱。原来，施阿林出车祸后，身患肾病多年的妻子虞菊伢，一边顶着压力和伤痛竭力照顾丈夫，一边冒着风雪开始向亲朋好友借钱为工友结算工资。在虞菊伢的努力和亲戚朋友的帮助下，筹到了12.5万元，加上自己家里的2.5万元，终于凑齐了15万元的工钱。

腊月廿八那天，工友们齐聚到了施阿林家。当天，最多的工友唐小麻拿到了3.1万元工资，最少的也拿到了200元。

到底是什么样的一种心态，使陷入巨大苦难的家庭，能够始终怀着一颗讲诚信、守信用的良心？

曾经跟施阿林打零工的村民潘来保告诉我们，他们所在的自然村叫东关村，共80多户人家，干泥瓦匠出身的虽只有五六人，但在施阿林的示范带动下，这里的装修承包活还是远近闻名的。原因是施阿林不仅活干得好，而且讲诚信、守信用，周边民房、厂房翻新改造都找他，想干的活干不完。阿林还带动了一批像潘来保这样年长的村民打零工，带着大家动手致富。邻居李秀珍说：“虞菊伢一团和气，从不与人争执，遇上谁有困难，总是大方帮助。”她感慨地说：“去年，我丈夫生病住院要开刀手术，家里钱不够，就向菊伢开口借2 000元，她二话没说，就把省吃俭用的钱送来了，我感激得连声说谢谢，她说谢什么，谁家都有困难的时候。”

从村民的反映中看出，夫妻二人平常就是一对热心肠，只要别人有什么困难，但凡自己力所能及，一定是不遗余力地帮上一把。在深入了解他们的生活背景后，不禁要对俩人更加钦佩。

案例2：小刘和小陈都是刚大学毕业进入公司的新员工，恰逢办公室装修改造，有几位公司高层也搬到了大办公室和普通员工一起工作。由于平时很少见到这几位公司高层，所以大家都以为这几位也是一起新进公司的新员工。前几日上班，小刘和小陈却有着不同的表现，小刘每次见到所有人都热情地打招呼问好，而小陈只是对职位比较高的领导比较热情，而对办公室里一起工作的同事则有种爱搭理不搭理的感觉。过了一个多星期，大家发现原来在办公室里还坐着几位公司高层，小陈的态度立马就有了一种转变，对这几位高层很热情，还不时端茶送水。

在接下来的一年一度的公司升职加薪中，小刘获得了升职，小陈却没有。为此，小陈很郁闷：为什么我和小刘一起进入的公司，我工作能力比他还强，怎么他升职了我却没有？

案例3：郑伟是一家大型国有企业的总经理。有一次，他获悉有一家著名的德国企业的董事长正在本市进行访问，并有寻求合作伙伴的意向。于是他想尽办法，请有关部门为双方牵线搭桥。让郑总经理欣喜若狂的是，对方也有兴趣同他的企业进行合作，而且希望尽快与他见面。到了双方会面的那一天，郑总经理对自己的形象刻意地进行一番修饰，他根据自己对时尚的理解，上穿夹克衫，下穿牛仔裤，头戴棒球帽，足蹬旅游鞋。无疑，他希望自己能给对方留下精明强干、时尚新潮的印象。然而事与愿违，郑总经理自我感觉良好的这一身时髦的行头，却偏偏坏了他的大事。郑总经理的错误在哪里？他的德国同行对此有何评价？

案例4：王芳，某高校文秘专业高材生，毕业后就职于一家公司做文员。为适应工作需要，上班时，她毅然放弃了“清纯少女妆”，化起了整洁、漂亮、端庄的“白领丽人妆”：不脱色粉底液，修饰自然、稍带棱角的眉毛，与服装色系搭配的灰度高偏浅色的眼影，紧贴上睫毛根部描画的灰棕色眼线，黑色自然型睫毛，再加上自然的唇型和略显浓艳的唇色，虽化了妆，却好似没有化妆，整个妆容清爽自然，尽显自信、成熟、干练的气质。但在公休日，她又给自己来了一个大变脸，化起了久违的“青春少女妆”：粉蓝或粉绿、粉红、粉黄、粉白等颜色的眼影，彩色系列的睫毛膏和眼线，粉红或粉橘的腮红，自然系的唇彩或唇油，看上去娇嫩欲滴，鲜亮淡雅，整个身心都倍感轻松。不同场合的妆容，总能赢得一片赞美声，也带来了愉悦的心情。心情好，自然工作效率就高。一年来，王芳以自己得体的外在形象、勤奋的工作态度和骄人的业绩，赢得了公司上司的赏识和同仁的好评。

案例5：日本人很讲礼貌，与人见面时行鞠躬礼是司空见惯的，可是某留学生在日本期间看到的一次日本人行鞠躬礼却在脑海中留下了深刻的印象。一天，这位留学生来到了日本大阪饭店的前厅。此时正是日本国内旅游旺季，大厅里宾客进进出处，络绎不绝。一位手提皮箱的客人走进大厅，行李员立即微笑着迎上前去，鞠躬问候，并跟在客人身后问客人是否要帮忙提皮箱。这位客人也许有急事吧，嘴里说了声："不用，谢谢。"头也没回径直朝电梯走去，那位行李员朝着那匆匆离去的背影深深地鞠了一躬，嘴里还不断地说："欢迎，欢迎！"这位留学生看到这情景困惑不解，便问身旁的日本朋友："当面给客人鞠躬是为了礼貌服务，可那位行李员朝客人的背影深鞠躬又是为什么呢？""既是为了这位客人，也是为了其他客人。"朋友说，"如果此时那位客人突然回头，他会对我们的热情欢迎留下印象。同时，这也是给大堂里的其他客人看的，他们会想，当我转过身去，饭店的员工肯定对我一样礼貌。"

案例6：进公司的第一天，部门经理带我和同事们认识。每个人都对我微笑、握手，空气暖融融的，让我着实激动了一把。可没想到经理一走，办公室里立刻露"真容"。经理让小李当我师傅，带我熟悉业务，可她只顾埋头写计划书，对手足无措的我根本不予理睬。我天性内向，朋友不多，非常渴望能在集体中找到归属感，获得关注。于是，我下决心改变自己，可越变越崩溃。比如我看了许多星座的书，然后专找星座一样的同事聊天，觉得彼此有缘。"徐姐，你好年轻啊，看起来就像三十多岁。"结果人家脸一黑："我就是三十多岁啊！"我臊了个大红脸。我非常沮丧，觉得职场人际的水好深啊。

我有个亲戚在单位是中层领导，在职场上经历过大风大浪。她说职场中每个人每天跟同事在一起的时间远远超过家人，如果不能和大家和睦相处，日子会过得很灰暗，对事业影响很大。她建议我说话要讲究分寸，让对方感觉舒服；要学会补台，不要拆台；有成绩时说"我们"，犯错误时说"我"；同事聊天插不上话就微笑倾听，"因为倾听也是一种参与"。我从小住校，一直不会做饭，但心里非常渴望做大厨。后来我发现和女同事聊烹饪，是和她们亲近的一个重要途径。只要我咨询红烧肉和各式炒菜的做法，年长的女同事就两眼发光，大谈她的厨艺和营养观，给我出谋划策，好像是我妈。我暗爽，终于在办公室找到像家一样的温暖了。年底联欢会，我为每一位上台唱歌的同事鼓掌。不是刻意拍马屁，而是我五音不全，我觉得每个能唱到调上的都是人才，好羡慕他们，没想到这个友善的举动让大家非常感动。渐渐地，我融入了办公室的氛围中，工作时的心情也轻松愉快了。

案例7：某天中午，一位下榻饭店的外宾到餐厅去用午餐。当他走出电梯时，站在电梯口的一位女服务员很有礼貌地向客人点头，并且用英语说："您好，先生"客人微笑地回答道："中午好，小姐。"当客人走进餐厅后，迎宾员讲了同样的一句话："您好，先生！"那位客人微笑地点了一下头，没有开口。客人吃完午饭，顺便到饭店内的庭院走走。当走出内大门时，一位男服务员又是同样的一句话："您好，先生！"这时这位客人只是敷衍地略微点了一下头，已经不耐烦了。客人重新走进内大门时，不料迎面而来的，仍然是那个男服务员，又是“您好，先生”的声音传入客人的耳中，此时客人已生反感，默然地径直乘电梯回客房休息。谁知在电梯口仍碰见原先的那位服务员小姐，又是一声：“您好，先生!”客人到此时忍耐不住了，开口说：“难道你不能说一些其他的话同客人打招呼吗?”

案例8：据报道，一次某省政府组织驻该省的外资金融机构的20余名代表考察该省的投资环境，整个考察活动是成功的。然而，给这些外资金融机构代表们留下深刻印象的除了各市对引进资金的迫切心情及良好的投资环境外，还有一些令他们费解，同时也令国人汗颜的小片断。在某开发区，在向考察者介绍开发区的投资环境时，不知是疏忽，还是有意安排，由开发区的一个副主任做英语翻译。活动组织者和随行记者都认为一个精通英语的当地领导一定会增强考察者们的投资信心。哪知，这位副主任翻译起来结结巴巴、漏洞百出。几分钟后，不得不换另外一个翻译，但水平同样糟糕。而且外资金融机构的代表们一个个西装革履、正襟危坐，而这位翻译却穿着一件长袖衬衫，开着领口，袖子卷得老高。考察团中几乎所有的中方人员都为这蹩脚的翻译及其近乎随便的打扮感到难为情。

外方人员虽然没有说什么，但下午在某市考察，市里另安排了一个翻译时，几个外方考察人员都对记者说：“这个翻译的水平还行。”其言外之意不言而喻。考察团在考察一家钢琴厂时，主人介绍钢琴的质量如何好，市场上如何抢手，其中一个原因就是他们选用的木材都是从兴安岭林场中专门挑选的一个品种，而且这个品种的树木生长缓慢。一位外资金融机构的代表顺口问道：“木材这么珍贵，却拿来做钢琴，环保问题怎么解决?”没想到旁边一位当地陪同人员竟说：“还没顾上搞环保。”一时间，令所有听到这个回答的考察团中方人员瞠目结舌。

案例9：对于很多公司来说，让顾客持线等候是件迫不得已的事情。有多少公司肯用电话游说或是奖励来代替等候时的音乐甚至忙音呢？美国商用产品公司（Great American Business Products）位于波士顿，为汽车和房地产业提供所需表格。这家公司决定如果客户拨打800购货电话后需要持线等候，他们将会受到奖励。通常接通商用产品公司的电话需要20秒，在等候时间里，客户会听到电话录音提示，告诉他们将会因为等候而获得奖励。“只是让客户满意不够的，”电话中心的培训员萨伦·罗宾逊说，“我们想让客户感到惊奇甚至大惊失色。”通常奖励包括多送一套表格、几支钢笔或者一只咖啡杯。但是罗宾逊让销售员有更多的自由去选择奖品，她最近送给一位客户一张两人用餐券，该公司每年送奖品要送掉大约1万美元，但这笔费用远远物超所值。“客户很喜欢这个办法，”罗宾逊说，“有85%的人索要奖品，这个办法也减少了客户挂断电话的现象，很多客户耐心等候，就是为了搞清楚会得到什么奖励。”

案例10：有位美国商人单身一人到巴西去谈生意，在当地请了个助手兼翻译。谈判进行得相当艰苦，几经努力，双方最终达成了协议。这时美国商人兴奋得跳起来，习惯地用拇指和食指合成一个圈，并伸出其余三指，也就是"OK"的意思，对谈判的结果表示满意。然而，在场的巴西人全都目瞪口呆地望着他，男士们甚至流露出愤怒的神色，场面显得异常尴尬。

无论在什么场合，手势动作都要非常谨慎地使用。因为手势动作虽然表意十分丰富，在语言表达不顺畅的时候，能辅助我们表情达意，但是，由于各国家、各民族的风俗习惯不同，同一手势可能有不同的含义。正如美国人在表示满意、赞赏时喜欢用"OK"的手势，在南美，尤其是巴西，如果做此手势，女性会认为你在勾引她，而男性则认为你在侮辱他，马上会做出戒备的姿态。

案例 11：巴西一家公司到美国去采购成套设备。巴西谈判小组成员因为上街购物耽误了时间，当他们到达谈判地点时，比预定时间晚了 45 分钟。美方代表对此极为不满，花了很长时间来指责巴西代表不遵守时间，没有信用。对此巴西代表感到理亏，只好不停地向美方代表道歉。谈判开始以后美方代表似乎还对巴西代表来迟一事耿耿于怀，一时间弄得巴西代表手足无措，说话处处被动，谈判时也无心与美方代表讨价还价，对美方提出的许多要求也没有静下心来认真考虑，匆匆忙忙就签订了合同。等到合同签订以后，巴西代表平静下来才发现自己吃了大亏，上了美方的当，但已经晚了。

后　记

礼仪于我，是一种爱好更是一种习惯。三十年来，因为对礼仪的探索与传播，我获益匪浅。礼仪使人“内外兼修”，不仅让人的举手投足得体优雅，由内而外的“敬人之心”更拉近了人与人之间的距离。

我与礼仪的故事，还得从参加工作那会儿说起。1987 年 6 月，我从湖南师范大学中文系汉语言文学专业毕业，被分配到长沙师范学校当老师。学生全是初中毕业的女孩子，与这些孩子们相处时，我总是有意无意去观察她们的言行举止是否得体，总是想象，未来她们将以什么样的“颜值”和“言值”来影响她们的学生。1996 年 8 月，我和家人到香港游玩，差点儿因为一条黑色皮短裙遭遇不快。那一刻我感觉到，不懂礼仪，不知入乡随俗将会面临多少不快及尴尬。回到学校，我便向校长提出申请，要求在学校开设礼仪课程。

特别感谢时任校长的王凤野老师，他毫不犹豫地答应了我的请求，课程申请很顺利地得到批准，选课人数远远超出我的预期，我与礼仪教育的故事也真正开始了。20 多年来，无论是学校开课还是校外讲座，我接触了很多热爱礼仪的学生和朋友，真正感受到大家对礼仪的呼唤与渴求，更体会到礼仪在人际交往中的重要性。我孜孜以求，乐此不疲。随着教育方式的推进与改革，礼仪知识的传播也有了新载体、新渠道。从 2011 年 9 月至今，由我主讲的视频公开课“现代礼仪”在“爱课程”和“网易”等平台上线后的浏览量已超百万人次；2014 年 10 月，在视频公开课“现代礼仪”基础上丰富完善拍摄的中国大学慕课“现代礼仪”在“爱课程”“网易云课堂”“智慧树”“清华学堂在线”等学习平台上线，总报名学习人数超 80 万，配套教材《现代礼仪》也同步出版。作为一名礼仪文化的传承者和传播者，看到这么多人学礼明礼，知礼懂礼，心中充满着幸福和期待。

十分荣幸的是，中国大学慕课“现代礼仪”于 2017 年 12 月被教育部认定为“国家精品在线开放课程”，于 2018 年入选“学习强国”平台，于 2020 年 11 月被教育部认定为“国家级一流本科课程”。我的教学成果得到了肯定，并更广泛地惠及受众。我与礼仪的故事将不断续写。

在《商务礼仪实用教程》修订出版之际，衷心感谢我的家人和朋友的关心帮助，衷心感谢高等教育出版社的大力支持！

袁涤非

2021 年 8 月于湘江之滨

扫描二维码，观看袁涤非教授讲解商务礼仪。

礼仪概说　　言谈礼仪　　中餐礼仪

登录“爱课程”网→中国大学 MOOC→现代礼仪/袁涤非，获取更多课程资源。

郑重声明

教学支持说明

建设立体化精品教材，向高校师生提供整体教学解决方案和教学资源，是高等教育出版社“服务教育”的重要方式。为支持相应课程教学，我们专门为本书研发了配套教学课件及相关教学资源，并向采用本书作为教材的教师免费提供。

为保证该课件及相关教学资源仅为教师获得，烦请授课教师清晰填写如下开课证明并拍照后，发送至邮箱：jingguan@ pub.hep.cn，也可通过 QQ：103639388 进行索取。

咨询电话：010-58581020，编辑电话 010-58581783

证　　明

兹证明____________________大学____________________学院/系第________学年开设的____________________课程，采用高等教育出版社出版的《商务礼仪实用教程（第二版）》作为本课程教材，授课教师为____________，学生________个班，共________人。授课教师需要与本书配套的课件及相关资源用于教学使用。

授课教师联系电话：________________　E-mail：________________

学院/系主任：__________（签字）

（学院/系办公室盖章）

20____年____月____日